HERMES

在希腊神话中,赫耳墨斯是宙斯和迈亚的儿子,奥林波斯诸神的信使,道路与边界之神,睡眠与梦想之神,亡灵的引导者,演说者、商人、小偷、旅者和牧人的保护神……

经典与解释 古今丛编
HERMES
中国社会科学院外国文学研究所
古典学研究室 编
主编 刘小枫 贺方婴

智术师列传
Lives of the Sophists

［古罗马］菲洛斯特剌托斯（Flavius Philostratus） 著
附 ［古罗马］厄乌纳皮欧斯 撰《哲人和智术师列传》
马 勇 译

中国社会科学出版社

图书在版编目(CIP)数据

智术师列传 /（古罗马）弗拉维乌斯·菲洛斯特剌托斯著；马勇译. --北京：中国社会科学出版社，2024.6

（经典与解释. 古今丛编）

ISBN 978-7-5227-3555-9

Ⅰ. ①智… Ⅱ. ①弗… ②马… Ⅲ. ①思想家—列传—古希腊 Ⅳ. ①B502

中国国家版本馆 CIP 数据核字（2024）第 101685 号

出 版 人	赵剑英
项目统筹	朱华彬
责任编辑	郝玉明
责任校对	谢　静
责任印制	李寡寡

出　　版	中国社会科学出版社
社　　址	北京鼓楼西大街甲 158 号
邮　　编	100720
网　　址	http://www.csspw.cn
发 行 部	010-84083685
门 市 部	010-84029450
经　　销	新华书店及其他书店
印刷装订	北京君升印刷有限公司
版　　次	2024 年 6 月第 1 版
印　　次	2024 年 6 月第 1 次印刷
开　　本	880×1230　1/32
印　　张	9
字　　数	228 千字
定　　价	65.00 元

凡购买中国社会科学出版社图书，如有质量问题请与本社营销中心联系调换
电话：010-84083683
版权所有　侵权必究

出版说明

1953年2月,新中国成立第一个国家级文学研究所,涵盖中国文学学科和外国文学学科。1955年6月,中国科学院设立哲学社会科学学部等四个学部,文学研究所遂隶属于中国科学院哲学社会科学学部,其外国文学学科下设四个组,即苏联文学组、东欧文学组、东方文学组和西方文学组。

1957年7月,在"古为今用、洋为中用"的文化方针引领下,文学研究所创办《文艺理论译丛》辑刊,"旨在有计划、有重点地介绍外国的美学及文艺理论的古典著作",1959年年初停刊,共出版6辑。同年,文学研究所制订"外国古典文学名著丛书"和"外国古典文艺理论丛书"编译计划。1961年,《文艺理论译丛》复刊,更名为《古典文艺理论译丛》,同时创办《现代文艺理论译丛》,历史地刻写了文学研究所外文组古今并重的学术格局,"为新中国文艺理论界提供了丰富而难得的参考资源,成为公认的不可缺少的资料库"。

1964年9月,为加强对外研究,经毛泽东同志批示,中国科学院哲学社会科学学部以文学研究所下辖的四个外国文学组,加上中国作协《世界文学》编辑部,另行成立外国文学研究所。自晚清以来,我国学界译介西方文明古今典籍的学术生力终于有了建制归属。

时世艰难，国际形势的变化很快中断了外国文学研究所的新生热情。《古典文艺理论译丛》在1965年停办（共出版11辑），"外国古典文艺理论丛书"选题39种，仅出12种。

1977年，中国科学院哲学社会科学学部独立组成中国社会科学院。值此改革开放之机，外国文学研究所迅速恢复"外国古典文学名著丛书"和"外国古典文艺理论丛书"编译计划，"分别删去两种丛书中的'古典'二字"。显然，译介西方现当代学术文籍乃我国新时期发展所亟需。1979年，外国文学研究所推出大型"外国文学研究资料丛书"，开创了经典与解释并举的编译格局（至1993年的15年间，出版近70种），尽管因人力所限无法继续秉持古今并重的编译方针。

1958年出版的《文艺理论译丛》（第四期）曾译介过十九世纪法国著名批评家圣·佩韦（1804—1869，又译"圣勃夫"）的文章《什么是古典作家》，其中对古今作家之别有清晰界定。classique这个语词引申为"经典作家"的含义时，起初仅仅指古希腊的荷马、肃剧诗人和柏拉图等。大约公元二世纪时，罗马人也确认了自己的古典作家——西塞罗和维吉尔。但自但丁（1265—1321）、乔叟（1340—1400）、马基雅维利（1469—1527）、拉伯雷（1494—1553）、蒙田（1533—1592）、塞万提斯（1547—1616）、莎士比亚（1564—1616）以来，拉丁欧洲也有了自己的古典作家，他们与新兴王国或者说领土性民族国家的形成有关。1694年，法兰西学院的第一部词典把classique界说为"具有权威的古代作家"，而十九世纪的圣·佩韦则认为，这种界定过于"拘束"，现在是时候"扩大它的精神含义"了。因为自"拿破仑帝国时代"——如今称为"大西洋革命时代"——以来，只要作品"新鲜"或"多少有些冒险性"就能够成为classique。由此看来，在今天的中国学人面前，实际上有两个品质不同的西方古典文明传统，以及自启蒙运动以来形成的现代欧洲文明传统。

从1959年的"外国古典文学名著丛书"和"外国古典文艺理论丛书"编译计划，到1979年的"外国文学研究资料丛书"编译计划，记录了前辈学人致力于整全地认识和译介西方文学传统所付出的历史艰辛，尽管因时代所限，对两个西方古典文明的基础文本及研究文献的编译刚刚开始就中断了。2002年，古典文明研究工作坊创设"经典与解释"系列丛书和专题辑刊，意在承接数代前辈学人建设新中国学术的坚韧心志，继续积累可资参考的学术文献。

2023年12月，在"两个结合"的学术方针激励下，外国文学研究所正式设立古典学研究室。值此之际，我们开设"经典与解释·古今丛编"，志在赓续三大编译计划的宏愿，进一步型塑古今并重和经典与解释并举的编译格局，同时向普及性整理中国文史典籍方面拓展，为我国的古典学建设尽绵薄之力。

中国社会科学院外国文学研究所
古典学研究室谨识
2024年5月

目　录

译者前言 …………………………………… 1

智术师列传

献词 ………………………………………… 1

卷一

前言 ………………………………………… 3
哲人—智术师合传 ………………………… 8
第一代智术师合传 ………………………… 20
第二代智术师合传之一 …………………… 35
斯科佩利安传 ……………………………… 44
第二代智术师合传之二 …………………… 52
珀勒蒙传 …………………………………… 62

卷二

希罗德斯传 ······ 79
第二代智术师合传之三 ······ 99
阿瑞斯忒德斯和哈德里安传 ······ 117
第二代智术师合传之四 ······ 127
第二代智术师合传之五 ······ 143

哲人和智术师列传

序言 ······ 167
普罗提诺和波菲利传 ······ 172
杨布里科传 ······ 177
杨布里科弟子传 ······ 184
埃德希乌斯弟子传 ······ 204
尤利安努斯传 ······ 222
普罗海勒西乌斯传 ······ 227
利巴尼欧斯传 ······ 245
智术师—医生合传 ······ 251
克律桑提乌斯传 ······ 256

译者前言

一

西方古代文明史上，有三部重要的智识人传记，菲洛斯特剌托斯（Philostratus，公元170—245年）的《智术师列传》（*Lives of the Sophists*）、第欧根尼·拉尔修（Diogenes Laertius，公元200—250年）的《名哲言行录》和厄乌纳皮欧斯（Eunapius，公元345—415年）的《哲人和智术师列传》（*Lives of the Philosophers and Sophists*）。《名哲言行录》早为我国学界所熟悉，另外两部传记迄今尚无译本。

菲洛斯特剌托斯小传

菲洛斯特剌托斯是著名的菲洛斯特剌托斯家族的成员，这是一个公元二世纪和三世纪的世袭智术师家族，家乡在利姆诺斯岛（Lemnos）。就传世文献来说，有两位同名的菲洛斯特剌托斯，《智术师列传》的作者生活年代最早，自称"雅典人"，因为他在雅典求学和生活；另一位同名的菲洛斯特剌托斯可能是《智术师列传》的作者的外孙，著有《论绘画》（*Imagines*，1卷），西方学者称之为［小］菲洛斯特剌托斯。

《智术师列传》的作者的作品占据整个菲洛斯特剌托斯家族的绝大部分。除《智术师列传》外，还著有《论锻炼》（*Gymnasticus*）、《阿波罗尼欧斯传》（*Life of Apollonius of Tyana*）、《情爱书简》（*Erotic Epistles*）、《论绘画》（*Imagines*，2 卷）、《英雄对话》（*Heroicus*）、《论述集》（*Dialexeis*，讨论礼法与自然的关系）、《尼禄》（*Nero*）。

《智术师列传》的作者全名叫弗拉维乌斯·菲洛斯特剌托斯（Flavius Philostratus），出生于 170 年左右，出生地可能是利姆诺斯。先跟随普罗克洛斯（Proclus）、希波多罗摩斯（Hippodromus）和安提帕特（Antipater）在雅典学习，后又跟随年老的达米阿努斯（Damianus）在以弗所求学。正是从达米阿努斯那里，菲洛斯特剌托斯获悉二世纪智术师的诸多传闻。

菲洛斯特剌托斯于 202 年后不久，开始写作他的老师们的传记。可能是受到叙利亚智术师安提帕特的影响——安提帕特是当时的宫廷红人——菲洛斯特剌托斯加入了塞维鲁（Septimius Severus，公元 145—211 年，193—211 年在位）皇帝的皇后尤利娅·多姆娜（Julia Domna，公元 170—217 年）的圈子。尤利娅花大量时间巡游帝国，菲洛斯特剌托斯可能陪同她与塞维鲁皇帝于 208 年前往不列颠岛，212 年前往高卢。塞维鲁皇帝喜欢停驻帕加马、尼科米底亚、安条克三城，尤其是安条克，尤利娅·多姆娜非常喜欢那里。这三座城市是当时智术活动的中心。

塞维鲁皇帝喜欢聚拢各地人才，很注重资助当时的智术活动，尤利娅是他这项事业的得力助手。卡拉卡拉（Caracalla，公元 186—217 年，211—217 年在位）统治时，尤利娅成为真正的摄政者，赋予帝国宫廷很浓的智术气质。尤利娅能平等地与智术师交谈，表明尤利娅必定熟读古希腊经典。在现存的一封写给尤利娅的信中，菲洛斯特剌托斯提醒他们关于埃斯基涅斯（Aeschines）的讨论，为莱昂蒂尼的高尔吉亚（Gorgias of Leontini）辩护。三世纪大混乱时期，帝国宫廷再没有出现过这样的智术热。直到四世纪中期，尤利安（Flavius Claudius Iulianus，公元330—363年，361—363年在位）皇帝统治时期，帝国宫廷才再次充满智术师和哲人，但他驾崩后，这一群体很快分崩离析。

尤利娅倒台后，菲洛斯特剌托斯离开安条克，前往推罗，他在那里完成《阿波罗尼欧斯传》，这部作品是古代神秘学的名著。

从埃利色雷（Erythrae）的一则铭文得知，菲洛斯特剌托斯的妻子名叫茉莉缇涅（Aulelia Melitine）。从同一处铭文还得知，菲洛斯特剌托斯的家族属于元老级，毫无疑问，是菲洛斯特剌托斯服务于宫廷时被授予这一头衔。他一直活到阿拉比亚的菲利普（Philip the Arab，公元204—249年，244—249年在位）皇帝统治时期。像别的利姆诺斯人一样，菲洛斯特剌托斯有雅典公民权，在古代对他有不同的称呼，叫他"推罗人"、"利姆诺斯人"和"雅典人"。他本人更喜欢最后一个称呼，也许是因为他称自己的女婿菲洛斯特剌托斯为"利姆诺斯人"，以避免与他混淆。

厄乌纳皮欧斯小传

厄乌纳皮欧斯公元345年生于萨尔迪斯（Sardis），是著名新柏拉图主义哲人克律桑提乌斯（Chrysanthius）的亲戚。16岁时，厄乌纳皮欧斯前往雅典，跟随亚美尼亚人普罗海勒西乌斯（Prohaeresius）学习。其时，正值尤利安皇帝统治时期。厄乌纳皮欧斯在雅典学习凡五年，然后返回萨尔迪斯，余生都待在那里授业解惑。他在那里追随新柏拉图主义哲人克律桑提乌斯，直到后者离世。因此，他也是一位标准的新柏拉图主义者。厄乌纳皮欧斯在这个世界大概度过70年时光，415年左右离世。

厄乌纳皮欧斯所在的时代，是古典希腊文明一步步衰落的时代，他目睹了这一过程。391 年，罗马帝国彻底禁止异教献祭，并取缔异教。395 年，阿拉里克（Alaric）侵入希腊，摧毁厄琉西斯。

他的主要作品有两部：《普遍史》（*Universal History*）和《哲人和智术师列传》，因此也是一位史家。《普遍史》可以译作《天下史》，因为厄乌纳皮欧斯所谓的"普遍"指罗马这个天下大一统帝国，而 History 这个词的希腊文含义指的是叙述、志记。厄乌纳皮欧斯的这部《天下史》接续德克希普斯（Dexippus）的史书《天下史》（*Universal History*），从 270 年写起，至阿卡狄乌斯（Flavius Arcadius，东罗马帝国皇帝，公元 377—408 年，395—408 年在位）统治时止，全书共 14 卷。不过，这部史书已经散佚，仅有残篇保留在苏伊达斯的《辞海》（*Lexicon*）中。厄乌纳皮欧斯这部史书真正的英雄是尤利安皇帝。佛提乌斯（Photius）说，这部史书总体上是对古典希腊文明的最后希望（指尤利安皇帝）的颂扬。尤利安皇帝早逝，导致异教复兴运动功亏一篑，是当时异教智识人的一个大心结。利巴尼欧斯（Libanius）如是，阿姆米阿努斯（Ammianus Marcellinus）亦如是。他们都亲眼见证了古典希腊文明的衰落和灭亡。

二

菲洛斯特剌托斯将《智术师列传》献给戈尔迪安（Antoinis Gordianus，公元 159—238 年，238 年 3 月 22 日—4 月 12 日在位）皇帝。从内容上来看，《智术师列传》记载的是起自高尔吉亚止于三世纪初年的智术师群体，但实际上主要人物是公元一世纪至二世纪的智术师。简短回顾那些非常雄辩以至于在智术师群体中占有一席之地的哲人后，菲洛斯特剌托斯开始叙述真正的智术师的生平。然后，简短叙述从高尔吉亚到伊索克拉底的"老智术师"群体后，从埃斯基涅斯开始，直接过渡到"新智术师"群体，中间跨度长达3个世纪。菲洛斯特剌托斯称这一群体为"新智术师"，即史称"第二代智术师"的群体，因此菲洛斯特剌托斯这部《智术师列传》是对第二代智术师的记载。

第二代智术师运动是西方古代文明史上，仅有的一次智识人群体积极主动参与帝国文明和政治建构并取得重大成就的运动。他们承担重要的出使任务，拥有巨额财富，皇帝亲自安排他们的婚事，解决他们之间的争吵；他们任皇帝秘书，进入粮食供给委员会，担任高级祭司；他们通过争取豁免权、金钱赏赐和皇帝来访，影响整个城市的命运；他们将自己的财富用于修复正在衰落的希腊城市，还吸引大批来自帝国偏远地区的学生。

智术师的看家本领是演说，因此他们要经受严格的修辞训练。在受欢迎程度上，没有任何其他智识人类型能与他们匹敌。一个成功的智术师必须拥有迷人的外表、举止和声音，时刻准备反驳对手。他所受的一切训练要想导向智术师的最高成绩，就必须能就某一主题进行即兴创作，这些主题是对古代主题的模拟，但在处理时必须显得新颖。演说的主题由听众投票决定，或由一些尊贵的来宾提出，这些主题通常都是演说者的保留节目。智术师必须拥有良好的记忆力，因为他不能重复自己。此外，他们的听众懂得演说规则，能欣赏他们的每一个技巧。

最重要的是，第二代智术师热衷钻研希腊语经典作品，崇拜经典作家。他们对希腊诗人、演说家和史家如数家珍，叙利亚、埃及、阿拉比亚和比提尼亚等地的智识人必须能通过模仿荷马、柏拉图、修昔底德和德摩斯梯尼发表演说。这意味着，第二代智术师实际上是古希腊文明的担纲者和护卫者。

帝国官方支付给智术师的薪酬是他们的收入的一小部分。维斯帕芎皇帝在罗马创立一个修辞讲席，哈德良皇帝和安东尼皇帝在好几个行省资助建立钦定修辞教授和哲学教授制度。在雅典，后来在君士坦丁堡，设有帝国支付薪酬的讲席。各类教授还享有豁免权和免税权。奥勒留皇帝最终确立智术师的职业制度，为修辞学和政治演说术分配钦定讲席，亲自从候选人中任命讲席教授。许多城市也供养领薪酬的智术师，并以此为荣。但是，一旦被任命，一位智术师就必须凭借自己的吸引力吸引学生。教育是完全自由的，任何人只要愿意，都可以开设修辞学校。换言之，第二代智术师掌控着公元一世纪末至三世纪初年罗马帝国的教育。

罗马帝国设立钦定修辞教授和哲学教授的制度，很容易让我们想到汉武帝设立五经博士的典故。汉武帝设立五经博士是"独尊儒术"的制度举措，旨在构建天下大一统文明传统，罗马帝国设立旨在弘扬古希腊文明经典的修辞教授和哲学教授，未必没有这样的抱负。从这个视角来说，像金嘴狄翁、普鲁塔克、路吉阿诺斯等大家，显然属于第二代智术师。尽管路吉阿诺斯讥讽他那个时代的智术师，但并不反对他们的事业，相反，讥讽恰恰出于善意。菲洛斯特剌托斯明确说，第二代智术师不仅口才卓越，而且熟读哲学。

在二世纪和三世纪，演说术领域有两种对立风格：亚细亚风格（Asianism）和阿提卡风格（Atticism）。亚细亚风格华丽浮夸，充满惊人的比喻，非常注重韵律，过分依赖修辞技巧，过分追求影响听众情感。总而言之，亚细亚派演说家追求宏大的风格。阿提卡主义者通常模仿经典作家，旨在追求朴实的风格，是纯粹主义者，谨慎避免古典作家没有提到的典故或语词。阿瑞斯忒德斯（Aristeides，公元117—181年）是阿提卡风格的崇拜者，他没有即兴创作的本领，作为一位教师，并不很受欢迎。时人认为他太乏味，无法像亚细亚风格那样取悦听众，这样的听众一听到那些夸夸其谈的警句，就会欣喜若狂。菲洛斯特剌托斯从未用过"亚细亚风格"一词，不过他批判修辞学的"伊奥尼亚"和"以弗所"类型，这种类型代表"戏剧的无耻"。

想必菲洛斯特剌托斯搜集了那些成功智术师的个人形象、举止穿着、性情和财富的大量信息，以及他们在盛大场合成功应对公共考验的事例。所以，他只展示智术师这一职业的光辉，我们从他笔下看不到这一职业的不幸。他毫不怜悯这一职业的失败者，对那些无法掌控听众的智术师毫不同情，例如早熟的赫摩根尼斯（Hermogenes），他从神童变成一个无足轻重之辈，以致他少年时期的成功也被遗忘。但是，对那些年事已高、家财万贯之人，菲洛斯特剌托斯用各种最高级形容词来形容。他们是诸神的宠儿，拥有俄耳甫斯般的魔力，让他们的家乡或他们屈尊居住的城市名扬天下。

菲洛斯特剌托斯在写作这部传记时，第二代智术师正值荣耀的巅峰，他希望永远保存这个群体的胜利景象，所以没有预感到智术师的这种至高地位劫数难逃。在他看来，第二代智术师运动是一场古希腊文明复兴运动。第二代智术师们致力于恢复古老而纯粹的宗教形式，鼓励崇拜英雄和荷马的诸神。

但是，这场运动被三世纪的大混乱阻断，进而全面衰落。等待戴克里先终止这场混乱，罗马帝国的精神和智识氛围已经大变。尽管现代学者将公元四世纪的智术师仍归为第二代智术师群体，但其使命已经完全不同。这种差异就体现在厄乌纳皮欧斯的《哲人和智术师列传》中。表面来看，最大的差异是厄乌纳皮欧斯将哲人纳入自己的传记中。菲洛斯特剌托斯明确说，他笔下的智术师也熟读哲学，但智术师是最恰当的称呼，他们更多以演说大师的面目示人。可以说，菲洛斯特剌托斯笔下的智术师是古希腊文明经典的阐释者和宣传者。但是，厄乌纳皮欧斯的时代，这一类智术师已经无法承担守护古希腊文明的重任，因为古希腊文明经典的地位已遭到严重怀疑。在这一时代，承担这一重任是哲人，准确而言是新柏拉图主义哲人。这意味着，智术师的新柏拉图主义化。厄乌纳皮欧斯笔下的智术师是新柏拉图主义派的智术师。比如，尤利安皇帝既是新柏拉图主义哲人，也从属智术师传统；厄乌纳皮欧斯本人是新柏拉图主义者，同时也是智术师。

从这一视角来看，第欧根尼·拉尔修的《名哲言行录》恐怕也有不小的文明抱负，即在三世纪的大混乱时期，试图凭靠古代哲学重振智识人对古希腊文明经典的信心。但是，随着时代精神和智识氛围的异变，古典哲学已力不从心。在这种状况之下，普罗提诺通过综合古典哲学各派和宗教传统，创立新柏拉图主义，以应对新的灵魂诉求。正是基于这个原因，《哲人和智术师列传》中的"哲人"不是从古希腊诸大哲讲起，而是始于普罗提诺。

所以，《哲人和智术师列传》是一部新柏拉图主义哲人列传。对厄乌纳皮欧斯来说，新柏拉图主义不是四世纪时的一个哲学派别，而是古典希腊文明的综合体。因此，厄乌纳皮欧斯不是以哲学流派的传人在记述本学派的先辈，而是在讲述那些承载古典希腊文明的智识人的行迹与言辞。

但是，厄乌纳皮欧斯写作这部传记时，古希腊文明最后一次复兴大业已经失败：他心目中的英雄尤利安皇帝驾崩时，他只有18岁。从这部传记中，我们能看到厄乌纳皮欧斯面对古典希腊文明衰亡的那种痛苦。

三

此译本依据洛布本 Philostratus：*Lives of the Sophists & Eunapi-*

us：*Lives of the Philosophers and Sophists*, trans. by Wilmer Cave Wright, London：William Heinemann & New York：G. P. Putnam's Sons, 1922，也参考了洛布本新版，*Philostratus：Lives of the Sophists & Eunapius：Lives of Philosophers and Sophists*, edited and translated by Graeme Miles and Han Baltussen, Cambridge & London：Harvard University Press, 2023。

译者依照传记体例对两部传记进行了章节划分，特别重要且篇幅足够长的人物独占一篇；一笔带过的人物，则将其编入合传。书中涉及不少修辞学术语，译者附上希腊文原文供读者参考。英译注释多涉及参考文献，且文献名多缩写，译者为方便读者查找，写出了全名，且附上了相应的中译。书中所涉事件相当久远，译者添加不少"译注"，多为文史通识类，供读者参考。

译者翻译此书的机缘是研究尤利安皇帝时，阅读到厄乌纳皮欧斯所著的传记，然后沿着厄乌纳皮欧斯追踪到菲洛斯特剌托斯所著的传记。安德森的《第二代智术师——罗马帝国早期的文化现象》（罗卫平译，华夏出版社，2011）有助于理解这部传记。

译者学识所限，难免种种疏漏之处，还请诸位方家指正。

智术师列传

菲洛斯特剌托斯献给最显赫的执政官安东尼乌斯·戈尔狄安努斯（Antonius Gordianus）①

---

① 菲洛斯特剌托斯敬献的究竟是哪位安东尼乌斯·戈尔狄安尚有疑问。同时期叫安东尼乌斯·戈尔狄安的有三位，分别是戈尔狄安一世（公元159—238年）、戈尔狄安二世（戈尔狄安一世之子，公元192—238年）、戈尔狄安三世（戈尔狄安一世之孙，公元225—238年）。戈尔狄安一世公元223年增补为执政官，237年至238年任非洲总督，238年3月22日至4月12日自立为罗马皇帝，后得到元老院认可；戈尔狄安二世与其父同时自立为帝，同时去世。戈尔狄安三世238年至244年任罗马皇帝。

献 词

[479] 我在献给您的这两卷书中叙述了两类人物的生平,①一类是那些既追求哲学又以智术著称的人,另一类是名副其实的智术师。我这样做是因为,[第一],我知道您在智术这门技艺上的祖先可以追溯到智术师**希罗德斯·阿提科斯**(Herodes Atticus,公元101—177年);② [480] [第二],我一直牢记我们曾在安条克(Antioch)关于智术师的诚挚讨论,即在达芙涅的阿波罗(Daphnean Apollo)神庙中的那些讨论。③

凭宙斯起誓,我并非在叙述所有人物时都提到他们的父亲的名字,只在所叙述人物的父亲是显赫之人时才这样做。一方面,我知道智术师**克里提阿斯**(Critias,约公元前460—前403年)提及人物时,通常不以父亲的名字打头,只有提到荷马时才提到他的父亲,因为他不得不叙述的是一个奇迹,即荷马的父亲是一

---

① [译注] 方括号中的数字是原文编码。

② [译注] 希罗德斯是雅典人,二世纪最著名的智术师之一,可以说是第二代智术师的典型人物;143年出任罗马执政官,与马可·奥勒留相熟,是菲洛斯特剌托斯这部传记的核心人物。

③ [译注] 安条克郊外的这座阿波罗神庙非常著名,参尤利安《憎恶胡子的人》(*Misopogon*),346;菲洛斯特剌托斯《阿波罗尼欧斯传》(*Life of Apollonius of Tyana*),1.16。

条河。① 另一方面，对真正想要有所收获的人来说，确切地知道某人的父亲和母亲是谁，却没有搞清楚这个人自己的德性和恶习，他的成功和失败，成功是靠机运还是靠见识，［失败是由于机运还是见识不足，］可不是什么好事。最卓越的总督，我的这部作品将有助于减轻您心头的忧虑，就如用海伦的杯子喝下埃及人的药丸。② 缪斯的领袖，祝好！③

---

① 不知道菲洛斯特剌托斯指克里提阿斯的哪部作品。传说荷马的父亲是莫勒斯河（Meles），位于士麦那，参老菲洛斯特剌托斯《论绘画》，2.8。

② 这是智术师从《奥德赛》4.220 提取的老生常谈，对照菲洛斯特剌托斯《阿波罗尼欧斯传》，7.22；尤利安《慰藉》（*A Consolation to Himself upon the Departure of the Excellent Sallust*），240c。

③ "缪斯的领袖"是阿波罗的头衔。

卷 一

前　言

　　我们必须把古代智术视作以修辞术探究哲学的技艺，因为它讨论哲人们探讨的主题：哲人们设置获取知识的罗网，一步一步推进，直到他们证实所探究问题的次要方面，但声称他们仍然没有获得确切的知识；古代智术师在谈论这些事物时却仿佛拥有这些事物的知识。无论如何，古代智术师以下述语词开始他们的讨论："我知道"，"我清楚"，"我早就懂得"，"对人来说，没有什么一成不变的东西"。这种类型的开场白饱含崇高的表达和智慧，以及对实在（reality）的清晰理解。① ［481］哲人们的方法与人类的预言术和谐一致，这种预言术由埃及人和迦勒底人和他们之前的印度人创建，旨在借助种种星象探究真理。智术师的方法与占卜师和神谕师的预言术和谐一致。的确可以听到皮提亚神谕说：

　　　　我知道海沙的数量和大小，②

　　又说：

---

　　① 柏拉图对智术师的批判，对照《美诺》，70；《会饮》，208c；《泰阿泰德》，180a。
　　② 希罗多德，《原史》，1.147；菲洛斯特剌托斯，《阿波罗尼欧斯传》，6.11。

> 远视的宙斯赐予特里托革涅斯（Tritogenes）一堵木墙，①

又说：

> 尼禄、奥瑞斯特斯、阿尔克迈翁弑母。②

此类神谕还有很多，就像一位智术师在说话。

古代的智术提出哲学主题，常常广泛而详尽地讨论这些主题，③它讨论勇敢、正义、英雄和诸神，宇宙如何形成。但是，后来的智术——我们一定不能称之为"新"智术，因为它也很古老，而是称之为"第二代智术"——受史书的指引，描述穷人和富人、贵族和僭主，以及与著名人物有关的主题。

莱昂蒂尼的高尔吉亚（Gorgias of Leontini，约公元前483—前375年）在色萨利确立智术最古老的类型，④阿特洛摩图斯（Atrometus）之子埃斯基涅斯（Aeschines，约公元前390—前314年），被逐出雅典政界后，在卡里亚和罗德岛居住时，确立第二代智术类型。受埃斯基涅斯影响的人处理他们的主题时严格遵循种种方法；受高尔吉亚影响的人则按照自己认为最好的方法处理他们的主题。

---

① ［译注］特里托革涅斯即雅典娜，在赫西俄德《神谱》中，雅典娜在特里同河岸边从宙斯的前额诞生，所以雅典娜有此别名。Tritogenes字面意思是特里同湖畔的少女，或第三个诞生者。在这句引文里，特里托革涅斯指雅典城，木墙比喻雅典海军。

② 苏维托尼乌斯，《罗马十二帝王传·尼禄传》，39；菲洛斯特剌托斯，《阿波罗尼欧斯传》，4.38。菲洛斯特剌托斯常把修辞术比作神谕的语言。

③ 柏拉图，《智术师》，217c。

④ 柏拉图，《美诺》，70a。

[482] 至于即兴演说辞（σχεδίων λόγων/improvised speeches）的起源，有人说最早起源于伯里克勒斯（Pericles，约公元前495—前429 年），事实上这一说法的原因在于：公认伯里克勒斯是一位口才大师；但是，其他人说，即兴演说辞起源于拜占庭的皮同（Python of Byzantium），德摩斯梯尼（Demosthenes，公元前384—前322 年）说他是唯一有能力抗击皮同滔滔不绝的猛烈言辞的雅典人。① 还有人说，即兴演说是埃斯基涅斯的发明，因为他从罗德岛前往卡里亚的摩索拉斯（Mausolus）宫廷后，用一篇即兴演说取悦这位国王。②

我的看法是，埃斯基涅斯出使他邦、返回复命时，在法庭为委托人辩护时，在议事会就政治议题慷慨陈词时，要比其他演说家更频繁发表即兴演说。但是，我认为他只留下了那些精心编写的演说辞，以免远远落后德摩斯梯尼同样精心编写的演说辞。不过，高尔吉亚似乎是即兴演说的开创者。当他出现在雅典的剧场时，有底气对听众说"请你们提出一个主题"。高尔吉亚是发出这一危险的挑战的第一人，他实际上是在宣告自己无所不知，能对任何主题侃侃而谈，并且所谈皆适合当下时刻。

高尔吉亚产生这个想法的原因如下，开俄斯岛的普罗狄科（Prodicus of Ceos）曾创作一篇令人愉悦（οὐκ ἀηδής）的演说：③美德和邪恶装扮成女人的样子来到赫拉克勒斯面前，一个穿着迷惑人且精致的服饰，另一个则穿得很随意；赫拉克勒斯当时很年

---

① 德摩斯梯尼，《金冠辩》，136。当时皮同作为腓力二世的代表出使雅典，亦参菲洛斯特剌托斯，《阿波罗尼欧斯传》，7.37。
② [译注] 摩索拉斯是波斯帝国卡里亚地区的总督，即著名的世界七大奇迹之一摩索拉斯陵墓的主人。
③ 关于这个故事，参色诺芬《回忆苏格拉底》，2.1.21，菲洛斯特剌托斯在编码 496 处又提到这个故事。

轻,一个向赫拉克勒斯提供安逸和奢华,另一个则提供尘土飞扬的劳作和辛苦。[483]普罗狄科还为这个故事添加一个总结以阐明其含义,用它为付费听众进行演示,然后周游各城,像俄耳甫斯(Orpheus)和塔姆里斯(Thamyris)那样让听众着魔(θέλγων)。① 普罗狄科因此在忒拜很受敬重,在拉克戴蒙更是如此,因为他教授的东西对年轻人有益。

高尔吉亚于是嘲笑普罗狄科的演说频繁重复老掉牙的事,他本人则沉浸于当下时刻。然后,高尔吉亚没有能避开嫉妒。雅典有个人叫凯瑞丰(Chaerephon),不是那位在谐剧中绰号为"黄杨木(boxwood)"的凯瑞丰②——他由于勤奋学习而气色很差——我现在说的这个凯瑞丰举止傲慢、嘲讽别人毫不留情。他凝神注视严肃的高尔吉亚,说道:

高尔吉亚,为什么豆子吹胀了我的胃,却没把火吹旺?③

高尔吉亚对这个问题一点也不惊慌,回答道:

---

① 对柏拉图《普罗塔戈拉》315a 处的模仿。[译注]塔姆里斯是古希腊传说中的游吟诗人,古希腊传统认为他是音乐的发明者。传说他夸口即便缪斯反对,他也能赢得竞赛,结果被缪斯变成盲人。

② 凯瑞丰是雅典谐剧中的笑柄,由于他面黄肌瘦,得到"黄杨木"这个绰号,与"脸色苍白"同义。对照 Eupolis, *Kolakes*, fr. 165 Kock;参看注家对阿里斯托芬《蛙》第 1408 行和《云》第 496 行的训诂;阿忒奈欧斯(Anthenaeus)《智者之宴》(*Deipnosophists*),4.164。凯瑞丰也被称作"蝙蝠"。

③ 此处是对动词——φυσίοω玩的语词双关把戏,这个动词既有"吹气膨胀"的意思,又有"吹风"的意思。阿忒奈欧斯也问了同一个问题,见阿忒奈欧斯《智者之宴》,408,在这两个段落中,"火"似乎都指物质欲望的反面"理智"。谐剧诗人讽刺智术师们探究这类问题。

> 我把这个问题留给你去调查,但我早就知道,大地为你这样的人长出藤条。①

雅典人看到智术师的可怕权能($\delta\epsilon\iota\nu\acute{o}\tau\eta\tau\alpha$),就将他们赶出法庭,因为他们能让不义的论点比正义的论点更强大,他们的言辞比直接的表达更具说服力。这就是埃斯基涅斯和德摩斯梯尼互称对方为智术师的原因,② 并不是因为智术师头衔是一种真正的耻辱,而是因为在充当陪审员的人看来,这个头衔是一种诋毁;在他们的私人活动中,他们自称是智术师。事实上,如果相信埃斯基涅斯的说法,德摩斯梯尼曾向朋友自夸,他曾赢得陪审团投票支持他的观点。而在我看来,[484]埃斯基涅斯在罗德岛时,本来不会把罗德岛人在他去之前一无所知的一项研究放在第一位,③ 除非他在雅典时就已经严肃专注于这项研究。

古人不仅用"智术师"头衔称呼那些凭借高妙的口才赢得光辉名声的演说家们,还用来称呼那些轻松流畅地阐述他们理论的哲人们。关于后一类人,我必须明言在先,尽管他们不是智术师,但由于看起来像智术师,因此也拥有智术师的头衔。

---

① 这个俏皮话的含义在于它的含混不清和这个词在此处的用法,νάρθηξ 这个词的本义是"空心芦苇",普罗米修斯从天宫盗火时用的就是这种芦苇,同时也是用来表示惩罚的权杖的常用词。

② 对照埃斯基涅斯《反提玛尔科斯》(*Against Timarchus*),170;德摩斯梯尼《金冠辩》,276。

③ 埃斯基涅斯在罗德岛创立了修辞术的罗德岛学派。

哲人—智术师合传

1

尼多斯的欧多克索斯（Eudoxus of Cnidus，约公元前408—前355年）尽管沉迷于学园派的教诲，① 却被列为智术师的一员，因为他的措辞秩序井然，擅长即兴演说。在赫勒斯滂和普罗庞提斯地区，在埃及孟菲斯和越过孟菲斯直抵埃塞俄比亚边界的地区，以及在被称作裸体智者（Naked Philosophers）居住的地方，②

---

① ［译注］欧多克索斯，古希腊数学家、天文学家、地理学家，曾在柏拉图学园学习。后前往大希腊（Magna Graecia）地区跟随毕达哥拉斯派的数学大师阿尔库塔斯（Archytas，约前428—前350年）学习。斯特拉波描述过他在赫利奥波利斯（Heliopolis）和尼多斯建立的天文观测台，普鲁塔克称赞他的风格高雅。

② 菲洛斯特剌托斯似乎是第一位将裸体智者的生活区域由印度改为埃塞俄比亚的作家。他对这类苦行僧（Gymnosophists）的详细叙述，见《阿波罗尼欧斯传》，6.5。菲洛斯特剌托斯对欧多克索斯的简短叙述是他兴趣所在的典型体现，即关注修辞术以及与裸体智者的关系，却忽略欧多克索斯在数学上的辉煌成就。［译注］菲洛斯特剌托斯这里用来指Gymnosophists的希腊文原文是 οἱ Γυμνοί。希腊人用这个词指印度苦行僧和上埃及地区的苦行僧。这个表达首次见于亚历山大大帝远征中的一个故事。故事说，亚历山大向十位"裸体圣人"提问，这些圣人给出各种聪明的回答。叙述亚历山大远征的大多数史家皆称印度圣人为婆罗门。

欧多克索斯都被称作智术师。

2

[485] 拜占庭的勒翁（Leon of Byzantium）年轻时是柏拉图的学生，但成年后被称作智术师，因为他在演说中富于变化和创造性，回答别人问题时巧舌如簧，极具说服力。例如，腓力［二世］（Philip Ⅱ，公元前382—前336年）率军攻打拜占庭时，勒翁去觐见这位国王，说道："腓力，告诉我，是什么驱使你对我们开战？"腓力二世回答：

> 你的出生地，这座诸城中最美丽的城市让我爱上了她，这就是我来到我的美人门前的原因。

勒翁回答道：

> 那些值得回报的爱人，不会带着剑来到被爱者的门前。因为爱人不需要武器，而是需要音乐。①

德摩斯梯尼以拜占庭的名义多次对雅典人演说［驰援拜占庭］，而勒翁只是对腓力本人说了这寥寥数语，拜占庭就得以解围。勒翁作为拜占庭使者出使雅典时，这座城市长期受派系斗争的干扰，在无视以往既定习俗的情况下运转。勒翁出席公民大会，引起哄堂大笑，因为他很胖，大腹便便，但他一点也不窘迫，而是说道：

---

① 对照《阿波罗尼欧斯传》，7.42。

雅典人，你们为什么笑？是因为我太胖、太臃肿？我家里的妻子比我还胖！当我们情投意合时，床足够我俩睡，但是当我们吵架时，整个房子都不够大。

于是，雅典人转而团结一心，在勒翁的影响下变得和谐，他巧妙地即兴发挥以适应这一时刻。①

3

以弗所的狄阿斯（Dias of Ephesus）在哲学上属学园派，②但是由于下述原因，也被视作一名智术师。他看到腓力二世粗暴地对待希腊人，[486]就说服这位国王远征亚洲，同时对希腊人演说，说服他们必须跟随腓力二世远征。他说，为了确保内部的自由，外部听命于[马其顿王国]是一件好事。

4

雅典的卡尼阿德斯（Carneades of Athens，公元前213—前129年）也属于智术师。③当卡尼阿德斯以哲学的精确性提出自

---

① 第欧根尼·拉尔修《名哲言行录》4.37讲过同一个故事，故事主人公是柏拉图学园第六任主持阿凯西劳斯（Arcesilaus，公元前316—241年）。

② 参菲洛斯特剌托斯，《阿波罗尼欧斯传》，6.12。兴许菲洛斯特剌托斯将狄阿斯与以弗所的德利欧斯（Delios of Ephesus）搞混了。普鲁塔克提到德利欧斯是亚历山大大帝的同时代人，见普鲁塔克，《伦语》（*Moralia*），1126d。总而言之，除此处的记载外，我们对哲人狄阿斯一无所知。

③ [译注]卡尼阿德斯在此处被归为雅典人，实际上他出生在昔勒尼。他在雅典建立新学园派，前155年作为雅典使节出使罗马，老加图厌恶卡尼阿德斯在罗马的影响，称他是一个智术师。

己的动议时,将言辞的力量发挥到了极致。

5

我很清楚,埃及人菲洛斯特剌托斯(Philostratus the Egyptian)尽管与克利奥帕特拉女王(Queen Cleopatra,约公元前70—前30年)共同研究哲学,① 也被称作智术师。这是因为他构思出一种饱含赞颂和新奇事物的演说形式,这种形式源于他与一个女人为伍,对那个女人来说,即使进行文史研究都旨在放荡地享受。因此,下面这首挽歌就是针对他的戏仿:

> 学学智者菲洛斯特剌托斯的气质,他刚与克利奥帕特拉亲密完,就模仿她的样子。②

6

瑙克拉提斯的忒奥姆涅斯托斯(Theomnestus of Naucratis)

---

① [译注]克利奥帕特拉女王,是埃及托勒密王朝最后一任君主,史称克利奥帕特拉七世。埃及人菲洛斯特剌托斯与利姆诺斯的菲洛斯特剌托斯家族无关。普鲁塔克在《对比列传·安东尼传》80处提到,安东尼战败后,克利奥帕特拉周围的智识人圈子向屋大维请求宽恕,其中有廊下派哲人阿雷乌斯(Areius)。阿雷乌斯请求屋大维宽恕他和其他人,尤其是宽恕菲洛斯特剌托斯。

② 这段戏仿的原版是忒欧格尼斯(Theognis,约公元前585—前540年)的诗句(行215),他在那里建议人们要像水螅一样有适应能力,水螅能够呈现岩石的颜色。这个说法后来变成一条格言,参阿忒奈欧斯《智者之宴》,317;尤利安《憎恶胡子的人》,349d。

显然是一位哲人,① 但是由于他的演说辞范围极广,也被视作智术师。

7

普卢萨的狄翁(Dio of Prusa,公元40—120年),② 各方面都非常卓越,我真不知道该怎么称呼他。正如俗语所说,[487] 他是阿玛耳忒亚之角(horn of Amalthea),③ 他身上混合着最卓越的作家们表达过的最高贵的东西。他汲取德摩斯梯尼和柏拉图的共鸣风格($\mathring{\eta}\chi\omega$),④ 就如琴桥增强乐曲的混响运用此种共鸣,以让他的声音反复回响($\pi\varrho o\sigma\acute{\eta}\chi\varepsilon\iota$),同时还带有一种最诚挚的质朴。

此外,狄翁的演说辞中,他本人的伦理品质($\mathring{\eta}\ \tau o\tilde{\upsilon}\ \mathring{\eta}\vartheta o\upsilon\varsigma\ \varkappa\varrho\tilde{\alpha}\sigma\iota\varsigma$)非常卓越:⑤ 尽管他时常斥责傲慢无礼的城邑,却并非以辱骂为乐之人,也非令人讨厌之人,而是像人用马嚼而非鞭子勒住不守规矩的马。当他赞美良法治理的城邑时,不会吹捧它们,而是引导它们谨记下述事实:如果它们改变生活方式,就会遭受毁灭。他的哲学的其他方面的品质既不粗俗也不嘲讽挖苦,相反,

---

① 普鲁塔克提到,他是一名学园派哲人,在雅典教书,见《对比列传·布鲁图斯传》,24。

② [译注]金嘴狄翁的现存作品不少,有80篇。尽管谴责"邪恶"的智术师,至少他有一段时间是职业智术师,他的很多作品是纯粹智术式的。狄翁本人认为自己是哲人,并且是普鲁塔克的楷模。狄翁的楷模则是色诺芬和柏拉图。

③ "阿玛耳忒亚之角"是一句谚语,形容取之不尽的丰饶,据说属于一只名叫阿玛耳忒亚的山羊,曾给还是婴儿的宙斯喂奶。

④ $\mathring{\eta}\chi\omega$是修辞术语,意思是演说过程中的共鸣音。

⑤ $\mathring{\eta}\vartheta o\varsigma$是修辞术语,意思是演说者打算在演说中呈现的自己的伦理品质。在菲洛斯特剌托斯看来,埃斯基涅斯的演说辞都饱含伦理品质,见下文编码510处。

它虽然严肃，但夹杂着仁善温和，仿佛［给苦涩］添加了调味汁。

狄翁的作品《论盖塔人》(*On the Getae*) 表明他还有写作史书的才华，① 他在被流放期间确实旅行到了盖塔人居住的地区。至于他的《欧波亚演说辞》(*Euboean Oration*)、②《鹦鹉颂》(*Encomium of a Parrot*) 以及所有此类严肃讨论不重要主题的作品，我们一定不能将它们视作微不足道的作品，而是视作智术类作品。因为智术师的典型特征就是对如此微小琐细的主题进行严肃研究。

狄翁生活在泰安那的阿波罗尼欧斯和推罗的幼发拉底斯 (Euphrates of Tyre) 教授哲学的时代，③ [488] 狄翁本人也与他们二人关系密切，尽管他们在争论时，常走向与哲人品质格格不入的极端。他游历到盖塔部落居住的地区，我不能正确地称之为流放，因为他没有被流放，不过那也不是单纯的旅行，因为他从人们的视线消失，躲避人们的眼睛和耳朵，在不同的地方过不同的生活。这是因为他害怕都城［罗马］的那些僭主。在他们手上，所有哲学都遭到迫害。④

狄翁耕种、犁地，打水洗澡和浇灌菜园，为了谋生做许多这类卑微的事务，但他没有放弃研究文史，而是随身带着两本书，一本是柏拉图的《斐多》，另一本是德摩斯梯尼的《论奉使无状》(*On the False Embassy*)。他常常身着破衣烂衫参观军营。图密善 (Domitian，公元 51—96 年，81—96 年在位) 皇帝被刺杀

---

① 这部作品已经亡佚。
② 这部作品以一位遭遇海难的旅客的视角，描述欧波亚迷人的田园生活，狄翁因此得到"金嘴"的绰号。
③ 菲洛斯特剌托斯，《阿波罗尼欧斯传》，5.33、37。《阿波罗尼欧斯书信集》(*Letters of Apollonius*) 记载了他们之间的争论。普林尼称赞过幼发拉底斯，《书简》(*Epistles*)，1.10。
④ 菲洛斯特剌托斯，《阿波罗尼欧斯传》，7.4。

后,他看到部队要兵变,① 看到混乱爆发,他不由自主地脱掉破衣服,跃上一处高台,以下述诗句开始他的慷慨陈词:

这时,足智多谋的奥德修斯脱掉破外套。②

吟完这句诗后,狄翁告诉众人他不是他们以为的乞丐,而是智慧者狄翁,然后慷慨激昂地控诉图密善这位僭主。他让士兵们相信,依照罗马人民的意志行动,才更明智。

的确,他的说服力如此之强,竟连不精通希腊文史的人也被他说服。一个例子是,图拉真(Trajan,公元53—117年,98—117年在位)皇帝让狄翁坐在那辆金色战车上。罗马皇帝们庆祝胜利凯旋时,会举行盛大游行。这时,图拉真就让狄翁坐在金色战车上,常转头对狄翁说:

我不懂你在说什么,但我爱你就像爱我自己。③

狄翁在他的演说辞中完全以智术师的方式运用各种比喻,但是尽管如此,他的风格仍然清晰,与他处理的内容和谐一致。

8

[489] 与狄翁类似,哲人法沃瑞努斯(Favorinus,公元85—

---

① 苏维托尼乌斯,《罗马十二帝王传·图密善传》,23。
② 荷马,《奥德赛》,22.1。
③ 图拉真皇帝懂希腊文。卡斯西欧斯·狄翁(Cassius Dio)在《罗马史》68.3中说,涅尔瓦写给图拉真的一封劝诫信中,引用了荷马。对照卡斯西欧斯·狄翁《罗马史》68.7;小普林尼(Pliny)《图拉真颂》(Panegyric),47.1。

155年），① 也因其口才被视作一名智术师。他来自高卢西部的阿尔拉图姆（Arelatum，今天的阿尔勒）城，此城坐落于罗纳河畔。他生来是双性人，即雌雄同体人，这一点从他的外表就可清楚看出。因为他很老时，仍没有胡子。从他那尖细且锐利的嗓音也可以听出来，他的嗓音还带着自然赐予阉人的声调。② 他对爱欲如此狂热，竟被一个执政官级的人指控通奸。尽管他与哈德良（Hadrian，公元76—138年，117—138年在位）皇帝争吵，却没有遭受不良后果。

因此，他曾以神谕的模棱两可风格谈到他的人生有三个悖论：他是一个高卢人，却过着希腊人的生活；他是一个阉人，却因通奸而受审；曾与一位皇帝争吵，却仍活着。但是，他必须把这归功于哈德良，因为他虽然是皇帝，却平等对待法沃瑞努斯，仅仅对他有权处死的这个人的看法表示不赞同。对一位君王来说，

当他对地位低下的人发怒时，③

如果能控制怒气，才算得上更卓越，又如，只有凭借理智控制住怒气，

---

① ［译注］法沃瑞努斯是高卢人，到罗马学习希腊和拉丁文化。他的一生大部分在小亚细亚度过，与普鲁塔克、弗伦托（Fronto，拉丁语智术师，奥勒留皇帝的老师）以及其他杰出人士交往密切。他的学问受到卡斯西欧斯·狄翁、盖伦（Galen）和奥路斯·革珥利乌斯（Aulus Gellius）的称赞。他的作品涉及历史、哲学和地理学。在哲学上，他属于学园派，但是创作大量演说辞。法沃瑞努斯还著有一部《天下史》（*Universal History*），已散佚。

② 路吉阿诺斯在《阉人》（*Eunuch*）10 中也评论过法沃瑞努斯的声音，不过对法沃瑞努斯更加充满敌意。

③ 此处是对荷马的改写，意思不同于荷马原文，见《伊利亚特》, 1.80。

宙斯养育的国王的怒气才有力量。①

那些以引导和纠正君王们的美德为志业的人，最好把这句借自诗人们的话添加到劝诫中。

[490] 法沃瑞努斯被任命为大祭司时，② 求助出生地的既定惯例，声称根据有关此类事务的法律，他可以免于公共服务，因为他是一名哲人。但是，当他看到哈德良皇帝打算反对他，理由是他不是哲人，法沃瑞努斯以下述方式预先阻止。他对皇帝请求道：

陛下，我做了一个梦，应该告诉您。我的老师狄翁向我显现，就这件事告诫并提醒我，我们来到这个世界，不仅是为了我们自己，也是为了我们出生的祖国。③ 因此，陛下，我遵从我的老师，承担这一公共服务。

哈德良皇帝这样做只是为了消遣，因为他把心思转向哲人和智术师，是为了缓解他对帝国的操心。但是，雅典人很认真地对待这件事，尤其是雅典的地方长官，匆忙将法沃瑞努斯的铜像推倒，仿佛他是哈德良皇帝最大的敌人。听说这件事后，法沃瑞努斯没有抱怨，也没有对这类过分行为显出任何愤怒，而是说道：

---

① 此处也是对荷马的改写，意思不同于荷马原文，见《伊利亚特》，2.196。

② 大祭司负责主持他所管辖各城市的公共竞赛活动，并自费为这类活动举行祈祷仪式。

③ 对德摩斯梯尼《金冠辩》205 的模仿。

如果雅典人当年只是推倒苏格拉底的铜像,而非将他毒死,本来对苏格拉底更好。

法沃瑞努斯是智术师希罗德斯的密友,后者将法沃瑞努斯视作老师和父亲,写信给他:"我何时才能见到您,何时才能舔您嘴唇上的蜜?"因此,他在去世前,将搜集的所有书籍、他在罗马的房产和奴隶奥托勒库托斯(Autolecythus)都赠给希罗德斯。① 这个奴隶是一个印度人,全身黝黑,是希罗德斯和法沃瑞努斯的宠物。当他们俩一起饮酒时,这位奴隶常常用少量印度方言夹杂阿提卡词汇,结结巴巴地说着粗俗的希腊语让他们二人解闷。

珀勒蒙(Marcus Antonius Polemon,公元 88—144 年)和法沃瑞努斯的争吵始于伊奥尼亚,以弗所人支持法沃瑞努斯,士麦那人支持珀勒蒙。二人的争吵在罗马变得愈发激烈。因为有执政官、执政官的儿子们[在听他们演说时]向他们喝彩鼓掌,从而激发二人的竞争,这种竞争竟在智慧之人的内心也激发最强烈的嫉妒和敌意。[491]不过,他们俩的竞争兴许会得到原谅,因为人的本性决定,对荣耀的热爱永不会褪去。② 但是,他们创作出诋毁对方的演说则应遭到谴责。因为人身毁谤堪称野蛮,即使是真的,这样做的人也难免得到耻辱。

此外,人们之所以称法沃瑞努斯是智术师,就在于这一事实:他与一位正牌智术师争吵过,我谈到的这种竞争精神总是直接针对智术这种技艺的竞争对手。

---

① Autolecythus 这个名字的意思是随身携带油瓶的人,这是一个奴隶的标志。对照路吉阿诺斯,《卖弄者》(*Lexiphanes*),2.9。

② 对修昔底德《战争志》2.44 的模仿。

法沃瑞努斯虽以闲散的方式创作他的言辞，但非常博学，听起来也令人愉悦。据说，他能够流畅娴熟地（εὔροια）即兴演说。至于他驳斥普罗克赛努斯（Proxenus）的那些演说，我们必须说，法沃瑞努斯从未构想过，也没有创作过它们，相反它们是一位不成熟的、处于醉酒状态下的年轻人的作品，或者说那些演说是那位年轻人的呕吐物。①

但是，《论废人》（On Trash）、《论角斗士》（For the Gladiators）、《论沐浴》（On the Baths）这几篇演说是法沃瑞努斯的作品。这几篇作品比他的哲学论文更好、更真实，而他最好的哲学论文是讨论皮浪（Pyrrho，公元前 365—前 275 年）学说的论文。② 因为他向皮浪的追随者让步，承认他们能做出合法的决断，尽管他们质疑自己的判断。

他在罗马参与讨论时，对之着迷的听众非常多，以至于那些不懂希腊语的听众也可分享他制造的快乐。因为他仅凭音调、极为传神的一瞥、语调的节奏，就能令他们神魂颠倒。［492］他们也对讲词的收场着迷不已，他们称之为"颂歌"，③ 不过我认为那是纯粹的装腔作势，因为它随意地附在一个已被逻辑地证明的论证的结尾。

---

① 菲洛斯特剌托斯似乎很喜欢这个比喻，对照下文编码 583 处阿瑞斯忒德斯（Aristeides）的说法。

② 法沃瑞努斯的这篇作品名叫《论皮浪的比喻》（On the Tropes of Pyrrho）。

③ 金嘴狄翁在《致亚历山大里亚民众》（To the People of Alexandria）68 中，讽刺了在演说结尾唱诵的习惯。他说，这种习惯甚至侵入诉讼演说术。对照西塞罗，《演说家》（Orator），18。菲洛斯特剌托斯尽管赞同智术师演说时应富有韵律和音乐味，但反对过分追求音乐味。过分追求音乐味是亚细亚风格的特征，阿瑞斯忒德斯猛烈批评这种做法，见阿瑞斯忒德斯《演说辞集》（Orations），34.45—48、55。

据说，法沃瑞努斯是狄翁的学生，但是他与狄翁的差异，就像那些从未做过狄翁学生的人与狄翁的差异。这就是我关于这类哲人—智术师的全部说法，他们尽管追求哲学，却拥有智术师的声誉。不过，那些被正确地归于智术师的人物如下。

第一代智术师合传

9

西西里诞生了莱昂蒂尼的高尔吉亚。我们必须将智术师的技艺追溯到他,仿佛他就是智术之父。如果我们回想一下,埃斯库罗斯(Aeschylus,公元前525—前456年)通过给演员穿上合适的戏服、增加演员高度的半高筒靴、不同的英雄类型、报告家乡和海外所发生事件的信使以及确立幕前幕后必须遵循的惯例,对肃剧贡献良多,那么我们就会发现,这也是高尔吉亚为他的同行做的事情。

高尔吉亚以充满活力的风格、出乎意料的表达、令人难忘的灵感、涉及重大主题时运用的宏大风格,还有他中断从句和突然转折($\dot{\alpha}\pi o\sigma\tau\acute{\alpha}\sigma\epsilon\omega\nu$ $\tau\epsilon$ $\kappa\alpha\grave{\iota}$ $\pi\rho o\sigma\beta o\lambda\tilde{\omega}\nu$)的习惯,① 能让演说甜美和庄严的种种技巧,为智术师树立典范。为了让演说显得光彩和崇

---

① $\dot{\alpha}\pi\acute{o}\sigma\tau\alpha\sigma\iota\varsigma$是一种很难界定的技法,它的基本意思是中断从句,是一种省略连词的修辞技法,能使句子更生动,带来更强的转折感。中断从句后,新的句子在结构上完全独立,以突显强调意味。$\Pi\rho o\sigma\beta o\lambda\acute{\eta}$是转折,指句子突然中断,原来句子的语序被放弃,转而插入意想不到的词语。除了菲洛斯特剌托斯,没有哪个古代智术师这样描述过高尔吉亚的修辞特征。

高，他还用诗意语言来点缀他的风格。

　　我在这部传记开头说到，高尔吉亚的即兴演说多么流畅娴熟。当他年事已高，在雅典发表演说时，毫不奇怪的是，他仍能赢得民众的掌声。我相信，他也迷住了雅典最杰出的人，[493] 不仅有克里提阿斯和阿尔喀比亚德（Alcibiades，公元前451—前403年），他们都是年轻人，还有修昔底德（Thucydides）和伯里克勒斯，① 后二人当时已有些年纪。肃剧诗人阿伽通（Agathon）——谐剧称他是一个有智慧、言辞优雅的诗人 ②——常常在他的抑扬格（iambics）诗句中模仿高尔吉亚。

　　此外，高尔吉亚在希腊的宗教庆典上扮演过显赫角色，曾在阿波罗的祭坛边发表《皮提亚演说》（*Pythian Oration*）。由于这个原因，人们在德尔斐的阿波罗神庙前为他竖立一尊金像。他的《奥林匹亚演说》（*Olympian Oration*）处理一个对希腊来说最重要的主题。看到希腊内讧不已，高尔吉亚挺身而出，呼吁和解，试图将希腊人的精力转向蛮夷，劝说他们不要将武力打赢另一个城邦当作奖赏，而是要把占领蛮夷的土地视作奖赏。③

　　他在雅典发表的《葬礼演说》（*Funeral Oration*）意在纪念那些在战争中阵亡的人，雅典人为这些人举办公共葬礼并发表颂词。这篇演说本身就充满卓越的智慧。尽管他激励雅典人攻击米底人（Medes）和波斯人，就如《奥林匹亚演说》的意图一样，却在这篇演说中对雅典应该友好对待其他希腊人只字不提。之所以如此是因为，高尔吉亚的演说对象是雅典人，而雅典人一心渴望帝国，除非采取一种严厉的政策，雅典人的帝国目标根本不可

---

① 这里是一个明显错误。高尔吉亚到雅典时，伯里克勒斯已经去世。
② 阿里斯托芬，《地母节妇女》（*Thesmophoriazusae*），49；柏拉图，《会饮》195以下，阿伽通以高尔吉亚的风格发表讲辞。
③ 对照伊索克拉底《泛希腊集会辞》（*Panegyric*），42。

能实现。[494] 但是，他却反复强调雅典人对米底人的胜利，称赞他们曾经取得的功绩，明确告诉雅典人，针对蛮夷的胜利才会赢得颂歌，针对其他希腊人的胜利只会得到挽歌。

据说，尽管高尔吉亚活到 108 岁，他的身体并没有因年老而衰弱，而是直到生命终点，都很健康，判断力和年轻人无异。

10

智术师阿伯德拉的普罗塔戈拉（Protagoras of Abdera，公元前 490—前 420 年），是与他同属一城的德谟克利特（Democritus）的学生。薛西斯远征希腊时，普罗塔戈拉也向波斯麻葛（magi）学习过。① 因为他的父亲叫迈安德里欧斯（Maeandrius），比绝大多数色雷斯人都富有，薛西斯大军抵达色雷斯时，在家中款待过薛西斯。通过献上礼物，迈安德里欧斯得以让薛西斯批准普罗塔戈拉跟随麻葛学习。波斯的麻葛不教非波斯人，除非得到波斯大王授命。当普罗塔戈拉说他不知道诸神是否存在时，我认为普罗塔戈拉的这种邪说源于他从波斯麻葛接受的教育。因为，尽管波斯麻葛在秘密仪式中会向神祈祷，但他们避免公开宣称信神，因为他们不想让人们以为他们的权力来自神。正是因为这个说法，雅典人宣布普罗塔戈拉在整个大地上都是罪犯，有人说是经过审判，有的人则说这一法令没有经过正式审判。所以，普罗塔戈拉从一个岛流浪到另一个岛，从一个大陆流浪到另一个大陆，避开雅典人游弋在每一片海洋的战舰。最后，他在乘一

---

① 这是菲洛斯特剌托斯的记忆错误。第欧根尼·拉尔修说，这个故事发生在德谟克利特身上，而非普罗塔戈拉身上。关于德谟克利特的父亲招待薛西斯的事，对照瓦勒瑞乌斯·玛克西穆斯（Valerius Maximus）《嘉言懿行录》（*Memorable Deeds and Sayings*），8.7。

艘小船渡海时溺亡。

普罗塔戈拉是第一个授课收费的人,也是第一个传给希腊人这一不可轻视的做法的人,因为比起不需要花钱的追求,我们更看重需要花钱的追求。柏拉图认识到,① 尽管普罗塔戈拉讲话风格宏大,但这种宏大的风格主要仰赖浮夸的辞藻,[495] 并且他的话冗长,缺乏分寸感。所以,在一则长篇神话中,柏拉图惟妙惟肖地模仿了普罗塔戈拉说话风格的主要特征。②

11

智术师厄利斯的希琵阿斯(Hippias of Elis)拥有超强的记忆力,甚至到了老年,听别人说过50个名字后,仍能够依照听到的顺序重复一遍。他在他的讲辞中引入对几何学、天文学、音乐和韵律的讨论,还讨论绘画和雕塑艺术。这些都是他在希腊其他城邦处理过的主题。但是在斯巴达,他描述不同城邦和殖民地及其活动的类型,斯巴达由于渴望创建帝国,非常享受这类主题。现存一篇他关于特洛伊的对话,这篇对话不是演说,讲的是特洛伊被攻陷后,涅斯托尔向阿基琉斯之子尼奥普托勒莫斯(Neoptolemus)阐述,要想赢得美名,该选择什么样的生活。

希琵阿斯代表厄利斯出使他邦的次数,超过任何希腊人代表母邦出使的次数。不管在何时公开发表演说或交谈,他无论如何都能维护自己的声誉。同时,他积攒巨额财富,被大大小小的城邦登记为自己的公民。③ 为了赚钱,他也访问过因尼库斯(Iny-

---

① 柏拉图,《普罗塔戈拉》349a,《高尔吉亚》,520c。
② 指《普罗塔戈拉》中,普罗塔戈拉讲的普罗米修斯和厄琵米修斯的神话。
③ 他在各个城邦被授予公民权。

cus），这是西西里的一座小城，柏拉图在《高尔吉亚》中挖苦过这个城市的民众。[496] 在余生中，希琵阿斯也赢得了声望，曾在奥林匹亚用他华丽且精心准备的演说，令整个希腊着迷震颤。① 他的风格从不贫乏，相反非常丰富，没有斧凿之痕，很少需要借助诗人们的词汇。

12

开俄斯的普罗狄科（Prodicus of Ceos）以智慧著称，名声大到格律洛斯（Gryllus）之子［色诺芬］，被波俄提亚人俘虏，② 一被释放就跑去听普罗狄科的讲座。他出使雅典，出席公民大会，证明他似乎是最有能力的人，尽管他讲话声音非常低沉，很难听清。③

普罗狄科常网罗出身名门和家境富裕的年轻人，④ 竟至于雇人追踪这类年轻人。这是因为他爱钱，沉迷于享乐。不过，就连色诺芬也没有鄙弃普罗狄科名为《赫拉克勒斯的选择》（*The Choice of Heracles*）的寓言故事，我在这部传记开头提到过这个故事。至于普罗狄科的语言，既然色诺芬已经完整抄录这个故事，我还有什么必要描述它的特征？⑤

---

① 参柏拉图《希琵阿斯后篇》，231；西塞罗《论演说家》，3.32。
② 除菲洛斯特剌托斯此处的说法，没有其他材料显示色诺芬曾经被俘。可能发生于前412年，这一年波俄提亚人占据奥罗普斯（Oropus）。对照修昔底德《战争志》，8.60。
③ 可能是对柏拉图《普罗塔戈拉》316a 的模仿。
④ 柏拉图，《智术师》，231d。
⑤ ［译注］色诺芬在《回忆苏格拉底》中完整抄录了这个故事，见《回忆苏格拉底》，2.1.21—32。

13

[497] 智术师阿格里真托的泡卢斯（Polus of Agrigentum）是高尔吉亚的高足。据说，他为此支付了高额学费。因为泡卢斯的确是一个富有的人。有人说，泡卢斯是第一个使用等长句（τὰ πάρισα）、对偶句（τὰ ἀντίθετα）和相似词尾（τὰ ὁμοιοτέλευτα）的从句的人。这种说法是错的。因为这种修辞技法早已被发明出来，泡卢斯只是将其发挥到极致而已。因此，柏拉图才因泡卢斯这种矫揉造作蔑视他，说道：

> 最好的人，泡卢斯，请用你自己的风格说话。①

14

在我看来，那些将卡尔西登的忒拉叙马科斯（Thrasymachus of Chalcedon）归为智术师的人，没有理解柏拉图的下述说法。柏拉图说，② 诬告忒拉叙马科斯无异于为一头狮子剃毛。因为这句话实际上是在嘲弄忒拉叙马科斯为客户写诉讼演说，花时间在法庭上为控方捏造案情。

15

[498] 至于拉姆诺斯的安提丰（Antiphon of Rhamnus，公元

---

① 柏拉图，《高尔吉亚》，467b。在希腊语中，句子包含双韵，是泡卢斯和他的学派运用的技法。对照柏拉图《会饮》，185。

② 柏拉图，《王制》，341c。

前480—前411年),① 我不确定应该称他为好人,还是坏人。一方面,他兴许可以被称为好人,理由如下。他多次指挥战争,且总是获胜;他为雅典海军增加60艘全副武装的三列桨战舰;在说话艺术和选择主题方面,公认他是最有能力的人。由于这些原因,他应该得到我或其他人的称赞。

但是,另一方面,明显有充分的理由认为他是一个坏人,理由如下:他推翻雅典民主制;奴役雅典民众;他起先秘密站在斯巴达人一边,后来则公开如此;他让四百人僭主破坏了雅典民主政治。②

有的人说安提丰发明出以前不存在的修辞术,有的人则说修辞术早已存在,安提丰只不过拓展了它的范围;有的人说安提丰的智慧是自学成才,有的人则说要归功于他父亲的教导。因为他们说,安提丰的父亲是索斐洛斯(Sophilus)。索斐洛斯教授创作演说辞的技艺,也是克莱尼阿斯(Cleinias)之子[阿尔喀比亚德]和很多其他强大之人的老师。

[499] 安提丰的说服力量达到出神入化的境界,获得"涅斯托尔"的绰号,因为他有能力说服听众相信他提出的任何主题。他开设"治愈悲痛"($νηπενθεῖς$)的系列讲座,③ 宣称没人能

---

① [译注]拉姆诺斯是雅典的一个区。安提丰深受修辞术西西里学派影响。修昔底德说,在构思诡辩和训练学生方面,没人超过安提丰。安提丰是极端寡头派,公元前411年参与雅典的"四百人寡头政变"。政变失败后,安提丰被处死,财产被没收。

② 菲洛斯特剌托斯这里将安提丰说成雅典寡头政变的策划人,可能源于修昔底德《战争志》,8.68。

③ $νηπενθεῖς$是史诗词汇,与海伦用过的 $φάρμακον\ νηπενθές$ [忘忧药]有关(荷马,《奥德赛》,4.221)。菲洛斯特剌托斯在这部传记中数次提到语言作为治愈悲痛的药物的概念,参编码480处。

告诉他一种非常可怕的悲痛,以至于他无法治愈。① 由于在诉讼事务上太过精明、向案情特别不利[极可能败诉]的客户高价出售枉顾正义的演说稿,安提丰受到谐剧的攻击。关于这项指控的性质,我接下来会解释。

在科学和技艺的其他分支,人们授予那些在这些领域获得杰出成就的人荣誉,也就是说,人们更敬重那些技艺高超的医生,而不是那些庸医;在预言术和音乐领域,人们敬重行家。在木匠和所有次一等的技艺领域,人们也是一样敬重行家能手。但是,只有在修辞术领域,即使人们赞扬它,也怀疑它卑鄙、唯利是图、枉顾正义。

不仅民众这样看待这门技艺,就是最富教养的贤人也这样认为。无论如何,人们用"狡猾的修辞家"这个词形容那些选择主题和阐述主题技艺娴熟的人,从而给这种独特的卓越贴上一个绝非奉承的标签。看到存在这样的情形,我认为,安提丰像其他修辞家一样成为谐剧攻击的对象不值得大惊小怪,因为这正是值得谐剧嘲笑的主题。

安提丰在西西里被僭主狄奥尼修斯(Dionysius,公元前405—前367年统治叙拉古)处死。② 我认为,他的死更多是他自己的责任,而非狄奥尼修斯的责任。因为他常常指责狄奥尼修斯创作的肃剧一文不值,尽管狄奥尼修斯更引以为豪的是这些肃剧作品而非他的僭主权力。[500] 有一次,这位僭主对找出最好的青铜是哪里生产的很感兴趣,就问在场的人哪块大陆或哪个岛生产

---

① 对欧里庇得斯,《俄瑞斯忒斯》第1—3行的改写。
② 菲洛斯特剌托斯混淆了智术师安提丰和另一位同名诗人,据普鲁塔克说,后者由于轻率的警句被叙拉古僭主狄翁尼修斯处死。智术师安提丰在公元前411年就被雅典人处死,而僭主狄翁尼修斯直到前404年才开始统治叙拉古。

的青铜最好,安提丰打断对话,说道:

> 据我所知,最好的青铜在雅典,即哈尔摩狄奥斯(Harmodius)和阿里斯托革顿(Aristogeiton)的雕像。①

这一行为的结果是,他被指控策划阴谋反对狄奥尼修斯,煽动西西里人反对狄奥尼修斯,而被处死。

实际上,首先,既然他选择生活在僭主统治之下而非故乡的民主城邦,却挑起与僭主的冲突,他是错的;其次,鉴于他曾奴役雅典人,那么他试图解放西西里人是错的;最后,在让狄奥尼修斯放弃写肃剧这件事上,他不够随和。因为热爱写肃剧这种追求属于一种随和的性情,臣民们可能更喜欢精神慵懒的僭主,而非精神时刻紧绷的僭主。

因为僭主精神懒散,处死的人会更少,就会减少暴力和掠夺;所以,一个终日沉浸于肃剧的僭主,可以比作一个有病却试图自我治疗的医生。撰写神话、抒情歌、合唱歌和人物的台词,其中大部分必须呈现善好的道德,会使僭主们摆脱顽固、暴烈的性情,就像吃药可以治好病痛一样。我们一定不能将我的这些话看作对安提丰的控告,而是视作给所有人的建议,即不要激怒僭主,不要刺激他们的野蛮性情。

安提丰有大量诉讼演说辞存世,这些演说辞显示出他强大的演说能力和这门技艺的全部效能。不过,他也有一些智术演说辞存世,其中最具智术性的是《论和谐》(On Concord)。这类智术演说辞富含聪明睿智的格言,具有一种崇高的雄辩风格,还有大量诗歌词汇点缀,它们松散的风格使它们看起来就

---

① 这两人推翻了雅典的僭主。

像一望无际的原野。

16

[501] 智术师克里提阿斯（Critias），尽管在雅典推翻民主制，并不能证明他就是一个坏人。因为雅典民主制本来就会从内部被推翻，当时它已变得极为蛮横无理，竟至于不再关心那些按照既定法律治理的人。但是，克里提阿斯明显站在斯巴达一边，将雅典的圣地交给敌人，借吕山德（Lysander）的力量推倒雅典长城，通过宣布斯巴达会向任何容纳雅典流亡者的城邦开战，剥夺了被他放逐的雅典人在希腊寻求避难的机会。在野蛮和残酷方面，他超过三十僭主，他参与斯巴达可怕的计划，削弱阿提卡的人口，使她看起来像一片牧场。

基于所有这些罪行，我认为克里提阿斯是所有臭名昭著的罪犯中最大的罪犯。如果他是一个没有受过教育的人，从而误入歧途犯下这些罪行，那么那些断言他的道德被色萨利人和他厮混其中的团体败坏的人的说法，还算有些道理。① 因为缺乏教养的人很容易随意选择任何一种生活方式。但是，由于他受过很高的教育，哲人的格言不离口，他的家族可以追溯到德罗皮德斯（Dropides），后者紧接着梭伦曾担任雅典执政官，所以，在大多数人眼里，他不能被宣告无罪，那些罪行是他本人天生的邪恶所致。

另一件令人奇怪的事是，他没有长成索福伦尼斯科斯（Sophroniscus）之子苏格拉底那样，他首先与苏格拉底一起学习哲学，而苏格拉底被认为是他那个时代最智慧、最公正的人。相反，他逐渐成为色萨利人那样的人，色萨利人以武力维持傲慢自大，甚

---

① 关于色萨利人生活的混乱和放纵，对照柏拉图，《克力同》，53d。

至在会饮时也不改残暴专横的习俗。

然而，色萨利人并不忽视智慧，相反色萨利大大小小的城市都尝试像高尔吉亚那样写作，渴望一睹高尔吉亚的风采。[502] 他们本来能够改变风格，像克里提阿斯那样写作，如果克里提阿斯在他们那里公开展示他那独特的技艺的话。但是，克里提阿斯根本不关心这种成功，相反他与少数掌权者交谈，攻击民主制，错误地指控雅典人犯下闻所未闻的罪行，最后发动寡头镇压民众。因此，考虑到这些，结论就是克里提阿斯败坏色萨利人，而非相反。

克里提阿斯被忒拉绪布洛斯（Thyrasybulus）及其同党处死，后者从弗勒斯（Phyle）出发恢复了雅典民主制。① 有人认为克里提阿斯死得还算光荣，因为他为他的僭政而死。但是，在我看来，没有哪个人在枉顾正义后，还能被说成死得高贵。我认为，这就是克里提阿斯的智慧和作品被希腊人轻视的原因。除非我们能做到言行一致，否则我们说的话就会像长笛一样，发出不属于我们自己的音调。②

至于克里提阿斯的演说风格，他的演说充满简洁精炼的警句，非常善于使用高雅词汇，不过不是狂热的［酒神颂歌］所用的词汇。[503] 他不求助从诗歌中借来的语词，相反他的那种高雅，由最恰当的语词组成，没有雕琢斧凿的痕迹。此外，我认为，他是一位能言善辩的大师，甚至当他在演说中保持一种辩

---

① [译注] 忒拉绪布洛斯，雅典将军，民主派。公元前 404 年，克里提阿斯在雅典发动三十僭主政变，忒拉绪布洛斯撤往忒拜。这年冬天，他带领 70 人，占领雅典附近的弗勒斯要塞。之后，他的支持者不断增加，遂带领 1000 名支持者击退寡头派的攻击。前 403 年秋，忒拉绪布洛斯带领支持者返回雅典，恢复民主制。

② 对埃斯基涅斯《反克忒西丰》（Against Ctesiphon）623 处的模仿。

护语调时，也能做到猛烈攻击对手。他的风格属于阿提卡风格，不过非常节制，没有使用稀奇古怪的词汇——因为在阿提卡风格中运用这种低级品味堪称野蛮——他的阿提卡词汇就像太阳的光芒照亮他的演说。克里提阿斯还通过不用常规连词就从一个从句跳跃到另一个从句获得一种迷人的效果。① 他在思想和表达上也力求大胆和出人意料，但他的演说有点缺乏阳刚之气，尽管听起来令人愉悦、匀称平顺，就像徐徐吹拂的西风。

17

塞壬站在智术师伊索克拉底（Isocrates，公元前436—前338年）的坟墓旁——姿势是一个人在唱歌——证明这个男人的说服魅力之强大，他是修辞术传统和惯例的集大成者。因为尽管伊索克拉底不是等长句、对偶句和相似词尾的从句的发明者，它们早已被发明出来，但他能娴熟运用这些手法。他还非常注重修辞的详举（περιβολῆς）、② 节奏、结构和惊人的效果。

[504] 事实上正是通过研究他，德摩斯梯尼的雄辩才出神入化。因为，尽管德摩斯梯尼是伊塞俄斯（Isaeus，公元前420—前340年）的学生，③ 却将伊索克拉底视作楷模。不过，他在激情、

---

① [译注] 类似于προσβολή的突转技法，高尔吉亚是这种技法的发明者。通过突然中断从句或词组，不用连词就跳跃到新的从句或词组，原有句子的顺序被打破，将听众意想不到的事物插入，制造突转感。

② [译注] Περιβολή所指的技法很难准确定义。这种技法指主句暂时被搁置，演说者绕着圈子，详举所有可能的例证或情形，包括正面和负面的，然后再继续讲下去。

③ [译注] 伊塞俄斯是欧波亚半岛的卡尔基斯人，西方古典传统认为伊塞俄斯是德摩斯梯尼的老师，已知演说辞50篇，现存第11篇及第12篇的一部分。

强度、详举以及思想与演说的速度方面胜过伊索克拉底。德摩斯梯尼的宏大风格更有力量，而伊索克拉底的风格更文雅。关于德摩斯梯尼的宏大风格，我们举个例子：

> 对所有人来说，即便有人将自己藏在密室里，生命的终点仍是死亡；但是，真正的勇士是去做一切光荣之事，将美好的希望当作盾牌，勇敢地忍受神所赐的一切。①

伊索克拉底的宏大风格相当华丽，例如：

> 既然天下分成两块，一块叫亚细亚，另一块叫欧罗巴，依照约定，他得到一半，仿佛他在与宙斯一起分割天下。②

[505] 伊索克拉底从政治生活中退出，不参与政治会议，部分因为他的声音不够洪亮，部分因为雅典政治生活嫉妒和不信任盛行，尤其是针对那些在公共演说方面有过人才能的人。③尽管如此，伊索克拉底却对政治事务有强烈兴趣。因此，在致腓力二世的信中，他试图调和腓力二世与雅典人；在论和平的演说辞中，他试图让雅典人放弃他们的海洋战略，那种战略损害了他们的声誉；同样在他的《泛希腊集会辞》中，他试图说服希腊人停止内讧，远征亚洲。《泛希腊集会辞》尽管是最棒的演说，还是有人指责它是根据高尔吉亚同一主题的作品编撰而成的。

---

① 德摩斯梯尼，《金冠辩》，97。
② 伊索克拉底，《泛希腊集会辞》，179。
③ 对照修昔底德《战争志》，3.38。

伊索克拉底构思最巧妙的作品是《阿基达摩斯》(Archidamus) 和《没有证人》(Without Witnesses)。① 前者通篇受留克特拉 (Leuctra) 战役战败后,② 恢复雅典人的勇气和士气的愿望激发,不仅它的语言精挑细选,就是结构也精妙无比,整篇演说是一种法律论证的风格,所以,即便其中穿插神话,如赫拉克勒斯战胜公牛的故事,也传达出活力和气势。《没有证人》的节奏则展示出一种相当克制的力量,由同等长的段落组成,仿佛一个论点紧跟着另一个论点。

[506] 伊索克拉底弟子众多,不过最著名的是演说家许佩里德斯 (Hypereides,公元前389—前322年);③ 至于希俄斯的忒奥庞姆普斯 (Theopompus of Chios) 和库迈的厄弗儒斯 (Ephorus of Cumae,公元前405—前330年),④ 我不作评判。那些认为谐剧之所以将矛头对准伊索克拉底是因为他是笛子制造商的人是错的,因为尽管他的父亲忒奥多洛斯 (Theodous) 是雅典著名的笛子制造商,但伊索克拉底本人却对笛子制作或类似的低贱事务却一无所知。此外,如果他曾从事任何低贱职业,他不可能得到

---

① "没有证人"是演说《反欧忒诺斯》(Against Euthynous) 的副标题,因为原告没有证人,只能依靠逻辑论证。

② [译注] 公元前371年,斯巴达领导的伯罗奔半岛同盟军和伊帕米农达斯率领的忒拜军队之间的重要战役,忒拜一方获胜。在这场战役中,雅典是斯巴达一方的盟友。

③ [译注] 许佩里德斯,雅典政治家,位列西方古代"十大演说家"第二名,仅次于德摩斯梯尼。

④ [译注] 忒奥庞姆普斯和厄弗儒斯都是史家,前者出生于前378年,前320年之后不久去世,著有《希腊志》,赓续修昔底德的史书,叙述前411年至前394年的希腊事务;还著有《腓力史》,叙述腓力二世时期希腊和近东的事务。厄弗儒斯著有一部三十卷的《历史》,叙述赫拉克勒斯的后裔返回伯罗奔半岛到公元前340年希腊与近东的事务,叙事时间跨度5个世纪,被珀律比俄斯视作第一位叙述普遍历史的史家。

在奥林匹亚树立雕像的待遇。

伊索克拉底在雅典去世,大概活了100岁。考虑到他在喀罗尼亚战役(Chaeronea)后去世,① 我们必须将他的离世视作死于战争,因为他无法承受雅典人战败的消息。

---

① [译注] 公元前338年,雅典—忒拜联军和腓力二世率领的马其顿军队的决战,雅典—忒拜败北。

第二代智术师合传之一

18

[507] 我们一般把阿特洛摩图斯之子埃斯基涅斯称作第二代智术（τῆς δευτέρας σοφιστικῆς）的创立者。① 关于他，必须牢记下述事实。雅典政府分裂为两个党派，一派对波斯国王友好，另一派对马其顿人友好。支持波斯国王的人中，派阿尼亚区（Paeania）的德摩斯梯尼是公认的领袖，康忒戴亚区（Cothidae）的埃斯基涅斯则领导着支持腓力二世的派别。这两个党派定期从两位国王那里接受资金，波斯王在雅典人的帮助下力求让腓力二世忙于希腊事务，无暇入侵亚洲；腓力二世则试图摧毁阻碍他渡海进入亚洲的雅典势力。

埃斯基涅斯和德摩斯梯尼之间的争吵，部分是因为前者为腓力二世效劳，后者为波斯王效劳。不过，在我看来，更重要的原

---

① [译注] 埃斯基涅斯，公元前389年出生，比德摩斯梯尼大7岁，是后者的主要对手。前330年，埃斯基涅斯发表《反克忒西丰》，德摩斯梯尼以《金冠辩》应战，埃斯基涅斯在争论中败北，被迫流亡。埃斯基涅斯离开雅典后，在罗德岛度过余生。由此可见，所谓的"第二代智术师"的称法古已有之。

因是二人性情不投。由于二人的性情完全相反，滋生出没有什么理由的互相仇视。二人自然而然地敌对，出于下述理由。埃斯基涅斯好酒，行事随和，拥有酒神信徒的所有魅力。实际上，当他还是一个孩子时，就在肃剧中扮演次要角色。①［508］德摩斯梯尼则面容阴郁严肃，爱喝水。因此，大家认为他是一个性情暴躁、不随和的人，尤其是他二人一起出使腓力二世时。作为使团成员，一个对使团同伴表现得和蔼亲切，另一个则显得生硬，干巴巴，对任何事都较真。

腓力二世在场时，对安菲波利斯（Amphipolis）的讨论更是加剧了他们二人的争吵。当时，德摩斯梯尼的演说突然中断，而埃斯基涅斯……②［埃斯基涅斯］不是那些曾经扔掉盾牌之人中的一员，只要考虑到塔米纳战役（the battle of Tamynae），③ 这就一目了然，在那场战役中，雅典人打败了波俄提亚人。由于在战役中的贡献，埃斯基涅斯受到城邦表彰，既因为他总体的表现，又因为他以惊人的速度带回胜利的消息。

德摩斯梯尼指控埃斯基涅斯应为佛西亚人的灾难负责时，④雅典人宣告他无罪。但是，正如安提丰未经审判就被判死刑，埃斯基涅斯也未经审判就被判有罪，雅典法庭剥夺埃斯基涅斯和他们一起向提洛岛上的阿波罗神庙祈祷的权利。埃斯基

---

① 德摩斯梯尼，《金冠辩》，262。埃斯基涅斯只是第三名演员。

② 原文有缺漏。埃斯基涅斯在《论奉使无状》（On the False Embassy）34 中描述过德摩斯梯尼演说突然中断。

③ 354 年，雅典将军佛西翁（Phocion）在欧波亚赢得塔米纳战役，试图收复那些已经叛离雅典的盟邦。对照埃斯基涅斯《论奉使无状》，169。

④ 德摩斯梯尼，《金冠辩》，142；德摩斯梯尼的《论奉使无状》通篇指控埃斯基涅斯应为佛西亚的惨败负责，腓力二世公元前 346 年攻占了德尔斐。埃斯基涅斯曾向雅典人保证，腓力二世不会严酷对待佛西亚人。

涅斯被提名为关前会议（Πυλαίαν）的代表后，① 没有摆脱大多数人的怀疑，［509］认为是他促使腓力二世占领厄拉忒亚（Elatea），因为他曾用似是而非的语言和故事在关前会议上进行煽动。②

埃斯基涅斯后来秘密离开雅典，不是由于他被流放，而是意图逃避政治耻辱，他在反对德摩斯梯尼和波斯王的诉讼中未能获得必要的票数，从而招致这种耻辱。他踏上流亡之旅时，想去寻找亚历山大，当时亚历山大已率大军抵达巴比伦和苏萨。但是，当他到达以弗所时，获悉亚历山大已经驾崩，③ 因此亚洲的事务大乱。所以，埃斯基涅斯在罗德岛居住下来，因为这个岛很适合进行学问研究。将罗德岛变成智术师的学园后，埃斯基涅斯一直待在那里，向和平女神和缪斯献祭，把阿提卡的生活方式与多里斯的生活方式融合为一体。

作为一名即兴演说家，埃斯基涅斯的语言流畅自如，运用神赐灵感［临场口占］。实际上，他是第一位凭这种方法获得喝彩的演说家。到他那时为止，演说中运用神赐灵感还未成为智术师的常规技巧，但是从埃斯基涅斯开始，这种方法流行开来，他临场口占，仿佛被一种神圣的冲动驱使，就像一位发布神谕的祭司。［510］埃斯基涅斯是柏拉图和伊索克拉底的

---

① ［译注］Πυλαίαν指在温泉关前召开的会议，亦可称为"联城会议"。公元前346年，第三次神圣战争结束，腓力二世占据温泉关以北的希腊地区，这一年埃斯基涅斯出任关前会议雅典的代表。

② 德摩斯梯尼在《金冠辩》143中如此指责埃斯基涅斯。［译注］前343年，腓力二世占据厄拉忒亚，获得进入喀罗尼亚平原的咽喉要地。

③ 埃斯基涅斯公元前330年离开雅典，亚历山大公元前323年驾崩，菲洛斯特剌托斯忽视了中间有7年。

学生,① 但他的成功很大部分要归功于他的天赋。他的演说闪耀着清澈明晰的光芒,他的风格崇高、迷人、充满力量、令人愉快。总而言之,那些模仿他的人完全无法企及他的口才。

现存三篇埃斯基涅斯的演说,但有人将《提洛演说》(*Delian Oration*)归在他名下,尽管这篇演说配不上他的口才。因为,假如他创作了关于安菲萨(Amphissa)如此振振有词、极富魅力的演说,而提洛人将希尔哈(Cirrha)平原献给阿波罗神,并且如德摩斯梯尼所言,当时埃斯基涅斯对雅典人充满敌意,他本来不会笨拙地处理提洛岛的那些神话,因为它们与诸神的本性、世系和远古的传说有关。他当时驳斥了雅典人的一个主张,尤其能证明这一点,雅典人认为那个主张绝非无足轻重,即维持雅典人对提洛岛神庙的管理权。因此,我们必须将埃斯基涅斯的口才限于三篇演说辞:《反提玛尔科斯》(*Against Timarchus*)、《论奉使无状》(*In Defence of the Embassy*)和《反克忒西丰》(*Against Ctesiphon*)。

埃斯基涅斯还有第四篇作品存世,即《书信集》,② 尽管件数很少,却饱含学识和品格。他在罗德岛清晰地展现了那种品格。有一次公开宣读《反克忒西丰》的演说后,听众非常惊讶这样一篇有力的演说竟然会失败,同时批评雅典人应被谴责,但是埃斯基涅斯说道:

> 如果你们听到过德摩斯梯尼对我的这些论点的回应,你

---

① [译注] 英译说这是史实错误,埃斯基涅斯不是柏拉图的学生。但是,即便埃斯基涅斯不是柏拉图学园的成员,也不妨碍埃斯基涅斯向柏拉图学习。或者,由于菲洛斯特剌托斯把埃斯基涅斯视作第二代智术师的创立者,所以安排他成为伊索克拉底和柏拉图的学生,从而显得综合了古典时代的智术和哲学传统。

② 已散佚。

们就不会感到惊讶。

如此,他不仅称赞他的对手,而且没有责备听众。

19

[511] 我会略过西里西亚的阿里俄巴扎涅斯(Ariobarzanes of Cilicia)、西西里的克塞诺弗伦(Xenophron of Sicily)、昔兰尼的佩塔戈拉斯(Peithagoras of Cyrene),他们在翻陈出新或观念的表达上都无甚技巧,尽管在一流智术师稀缺的年代,他们被希腊人追捧,正如人们在饥不择食时寻求野豌豆。

接下来,我将叙述士麦那的尼科特斯(Nicetes of Smyrna)。[①] 这位尼科特斯发现演说术已经陷入困境,遂把这门学科发展得更加辉煌,辉煌程度甚至远超过他为士麦那建造的建筑。他将士麦那与通往以弗所的大门相连,这一伟大的建筑,将他的功绩提升到与他的言辞同样的高度。

尼科特斯是这样一个人,当他处理法律事务时,似乎是一个无人出其右的律师;当他处理智术主题时,由于高妙的技巧和适应两种风格的激烈竞争精神,他又比任何智术师做得好。因为他

---

① 小普林尼曾受教于尼科特斯,并称赞他,见《书信集》,6.6.3;塔西佗以尼科特斯为例来表明,他所在时代的希腊演说家多么不如德摩斯梯尼和埃斯基涅斯,宣称拉丁演说术从西塞罗奠定的标准到其所在时代的堕落都没有那么夸张,见《关于演说家的对话》(*Dialogus de Oratoribus*),15.3。[译注] 尼科特斯生活于公元一世纪,先后经历维斯帕芗、提图斯、图密善和涅尔瓦四位皇帝的统治。从埃斯基涅斯到尼科特斯,中间有近3个世纪。他是修辞术亚细亚风格的第一位重要代表。菲洛斯特剌托斯认为,第二代智术的创立者是埃斯基涅斯,而发起"第二代智术师运动"的则是尼科特斯。

用智术的详举技法（σοφιστικῇ περιβολῇ）修饰诉讼演说风格，用法律论证的尖刺强化智术演说风格。他的演说风格抛弃古老的政治惯例，近乎狂欢，就像酒神颂一样。他的用词因大胆而显得独特和新奇，例如"酒神的权杖滴着蜜""流淌的奶"这样的句子。①

尽管尼科特斯在士麦那被认为配得上最高荣誉，那里的人们对他的赞美溢于言表，但作为一个了不起的伟大演说家，很少在政治会议上发表演说。当民众指责他胆小时，他说：

> 我更害怕公众的赞扬，而不是他们的辱骂。

有一次，一个收税人在法庭上傲慢地对待他，对他说："别再对我吼叫！"尼科特斯机敏地回答："凭宙斯起誓，我会一直叫，除非你不再咬我。"

[512] 尼科特斯翻越阿尔卑斯山，游历到莱茵河流域，是奉皇帝之命，原因如下。一个名叫儒福斯（Rufus）的总督残酷狠毒地治理士麦那，尼科特斯和他在某件事上起了冲突，对他道了"日安"后，再没有出现在儒福斯的衙门。儒福斯只是一个城市的长官时，不会严肃地看待这种冒犯行为，但是，当他成为高卢军队的统帅，曾经的怒火复活。因为人就是这样，一旦成功身居高位，就不再能容忍他们未成功之前、依照一般人的标准会容忍的事。

儒福斯成为高卢军队的统帅后，写信给涅尔瓦皇帝，对尼科特斯提出诸多严厉指控，涅瓦尔皇帝回信说：

> 你应该当面听他的辩护，如果你发现他有罪，就施加相

---

① 这些词组实际都是对欧里庇得斯的模仿，见欧里庇得斯《酒神伴侣》（*Bacchae*），行710—711。

应的惩罚。

尽管这样回信，涅瓦尔皇帝并没有抛弃尼科特斯，而是意图让儒福斯原谅尼科特斯。因为涅尔瓦认为，儒福斯不会处死一个如此有价值的人，如果这个人落在他手里，他也不会对他施加任何其他惩罚，以免他在任命他的人面前显得严厉和喜好报复。因此，出于这个原因，尼科特斯前往莱茵河和高卢。

当他在儒福斯面前自辩时，儒福斯被感动得一塌糊涂，以至于他为尼科特斯流的眼泪远远超过他为尼科特斯分配的水。① 他不仅把尼科特斯毫发未损地送走，而且授予他士麦那最杰出公民的荣誉。后来，吕西亚智术师赫拉克莱德斯（Heracleides）尝试校正这个伟人的作品，② 称其为《尼科特斯修订集》(Nicetes Revised)，但赫拉克莱德斯没有意识到，他是在把侏儒（Pygmies）的作品放到巨人身上。③

20

亚述智术师伊塞俄斯（Isaeus）早年沉迷于享乐，④ [513]是饮食欲望的奴隶，身着华服，泡在爱河里，公然饮酒狂欢。但是，他成年后，洗心革面，仿佛完全变了一个人，不再去剧场听靡靡之音，扔掉丝质之服和五颜六色的斗篷，缩减饮食，结束放

---

① 这里指水钟。
② 赫拉克莱德斯重写了尼科特斯在儒福斯面前发表的演说。
③ [译注] 俾格米人（Pygmies）泛指身高不足 1.5 米的民族，这一名称源于古希腊人对非洲中部矮人的称法。
④ [译注] 这位智术师出生于叙利亚，公元 100 年在罗马发表过闻名遐迩的即兴演说，他的风格充满活力，句式具有警句味。

荡期,仿佛之前的他瞎了眼。例如,修辞家阿尔多斯(Ardys)问他,是否想要女人或俊男,伊塞俄斯慎重地回答:"我的眼睛已恢复视力。"又有人问他哪种鱼、哪种鸟好吃,伊塞俄斯回答说:

> 我已不再吃这类东西,我现在知道我曾经在坦塔罗斯的花园里吃喝。①

如此,他向提问者表明,一切快乐皆如梦幻泡影。

米利都的狄奥尼修斯(Dionysius of Miletus)② ——他曾是尼科特斯的学生——唱诵伊塞俄斯的演说,伊塞俄斯斥责他说:"来自伊奥尼亚的年轻人,我没有训练你唱歌。"③ 当一位伊奥尼亚的年轻人当着尼科特斯的面,夸赞后者在《薛西斯》(Xerxes)中的豪言壮语,说道:"让我们把埃基纳(Aegina)系在波斯王的船上。"伊塞俄斯大笑着说道:"疯子,你怎么出海呢?"

[514] 伊塞俄斯的模拟示范演说($μελέτας$)不是真正的即兴演说,相反他从早到晚都在打磨他的演说。④ 他的演说风格既非热情华丽也非拘泥贫乏,而是简洁,没有斧凿之痕,与主题相契合。简洁的表达方式和把每一个论点总结成简短的陈述,是伊

---

① 一则表示欢乐转瞬即逝的谚语;对照菲洛斯特刺托斯,《阿波罗尼欧斯传》,4.25。关于坦塔罗斯所受的惩罚,参荷马,《奥德赛》,11.588。

② [译注]哈德良皇帝时代的智术师,编过一部阿提卡风格派的词典,《阿提卡词典》(Attikai lexeis)。

③ 伊奥尼亚修辞家尤其喜欢这种声音效果,参上文编码 492 处关于法沃瑞努斯的说法。

④ [译注] $Μελέτας$ 这个词的本义有练习之义,本来是修辞术教师训练学生的一种教学方式,即教师就某个主题进行示范演说。后来演变成智术师最高级的文化活动,是对智术师即兴演说能力的考验,主题往往从古代事件选取,风格慷慨激昂,进行赞颂或谴责。

塞俄斯的独特发明，表明这一点的事例很多，尤其是下面这个。

他曾代表拉克戴蒙人讨论，他们是否应该建城墙增强他们的防卫，他把他的论点浓缩成荷马的这几个词：

> 盾牌挨盾牌，头盔挨头盔，人挨人。①
> 因此，拉克戴蒙人，快站好，这就是我们的城墙。

当他以拜占庭的皮同的案件为主题演说时②——腓力二世离开后，皮同因叛国罪被一则神谕判处监禁，并接受叛国罪审判——伊塞俄斯将皮同的案件归纳为三点：因为他的话可以归结为三句话：

> 根据那则神谕的证据，根据把他投入监狱之人的证据，根据已经离开的腓力二世的证据，我发现皮同犯有叛国罪。因为，首先，如果他没有叛国，就不会有那则神谕；其次，如果他不是叛国者，就不会被监禁；最后，若非已经找到那个叫他来的人，腓力不会离开。(ἐλέγχω Πύθωνα προδεδωκότα τῷ χρήσαντι θεῷ, τῷ δήσαντι δήμῳ, τῷ ἀναζεύξαντι Φιλίππῳ, ὁ μὲν γὰρ οὐκ ἂν ἔχρησεν, εἰ μή τις ἦν, ὁ δὲ οὐκ ἂν ἔδησεν, εἰ μή τοιοῦτος ἦν, ὁ δὲ οὐκ ἂν ἀνέζευξεν, εἰ μὴ δι᾽ ὃν ἦλθεν, οὐκ εὗρεν.)③

---

① 荷马，《伊利亚特》，13.131，16.215。关于斯巴达后来的城防，对照泡萨尼阿斯《希腊志》(Description of Greece)，1.13。

② 菲洛斯特剌托斯可能混淆了皮同与拜占庭的勒翁 (Leon of Bayantium)，苏伊达斯在叙述后者时，也讲了同一个故事。关于这个主题用于展示演说技巧，参阿璞西内斯 (Apsines of Gadara, 公元三世纪的修辞家)，《修辞术》(Rhetoric)，9.479。

③ [译注] 这段话是混合运用对偶句、等长句这两种修辞手法的范例，故将希腊文原文录入，以供读者比较。

斯科佩利安传

21

现在我要叙述智术师斯科佩利安（Scopelian）的生平，① 但首先我要对付那些污蔑他的人。他们说，斯科佩利安配不上智术师的圈子，称他的演说是酒神颂、风格放纵，还说他头脑迟钝。[515] 那些这样说他的人是吹毛求疵的家伙，他们怠惰迟缓，没有能力感受即兴演说的神赐灵感，因为人天性易妒。无论如何，[人的天性是]矮子贬损巨人，丑陋之人贬损俊美之人，行动迟缓的瘸子贬损脚步轻盈的飞人，懦夫贬损勇士，乐盲贬损乐师，羸弱之人贬损健将。

因此，如果有些人，他们自己结结巴巴，并且他们的舌头上拴着一头沉默的牛，自己想不出任何伟大的思想，也不能与构想出这类思想的人共鸣，反而嘲笑和斥责一个演说最强有力、最大胆，他那个时代最高尚的希腊人，我们丝毫不应感到惊讶。但是，既然他们都不了解斯科佩利安，我就讲讲他是一个什么样的

---

① [译注]斯科佩利安生活于图密善、涅尔瓦和图拉真统治时期，是尼科特斯的学生，希罗德斯·阿提科斯的老师。

人，他的家族有多么显赫。

斯科佩利安是亚细亚行省的大祭司，他的祖辈也是，父子代代担任这一职务，这是巨额财富无法相比的巨大荣耀。他与其兄弟是双胞胎，出生五天后，另一个被闪电击中夭折，而斯科佩利安毫发无损，虽然他和另一个被击中的孩子躺在一起。然而，雷电的火焰如此猛烈和富有硫磺味，以至于站在附近的一些人被击中而死，另一些人的耳朵和眼睛受伤，还有一些人的精神也受到闪电冲击的影响。但斯科佩利安没有遭受这些不幸，他一直到老年都很健康。

我将解释我为什么对这个事实感到惊讶。有一次，在利姆诺斯岛，八个割麦人正在一棵大橡树下吃饭，就在该岛名为"海岬"的地方附近——那个海岬是一个弯成细长角形的海港——［516］这时，乌云盖住那棵树，炸了一个惊雷，橡树遭到雷击。遭到雷击后，八个割麦人全部被击毙，有的手里正拿着杯子，有的正在喝水，有的正在揉面包，有的正在嚼面包，还有的在做别的事，都在雷击中丧生。他们被烧得乌黑，就像温泉附近的青铜雕像。但是，斯科佩利安在诸神的护佑下长大，不仅逃过雷击——就连那些最精壮的农业雇工都无法逃过雷击——而且身体完好无损，头脑敏锐，不嗜睡。事实上，他从不慵懒萎靡。

作为士麦那的尼科特斯的学生，斯科佩利安经常去这位修辞家的演说学校，当时尼科特斯在模拟示范演说方面取得非凡声誉，尽管他的诉讼演说更有力量。克拉左门涅（Clazomenae）诚恳地请斯科佩利安到他的家乡进行演说，① 因为他们认为这样一个天才在那里开设一个修辞学校，会给克拉左门涅人带来很大好

---

① ［译注］斯科佩利安是克拉左门涅人，该城距离士麦那很近，位于士麦那湾南岸。士麦那城即现在土耳其的伊兹密尔城。

处，但是斯科佩利安委婉拒绝这个请求，说夜莺不在笼子里唱歌。相反，他把士麦那看作一个小树林，可以在那里练习悦耳的嗓音，非常珍视士麦那的回声共鸣。① 因为整个伊奥尼亚都是缪斯的宝座，而士麦那地位最显赫，就像乐器的乐桥。

为何他的父亲，对他多年放纵不管后，会突然严厉管教他，有多个说法，因为人们一会儿说是这个说法，一会儿又说是那个说法，变来变去。我接下来要讲述最真实的版本。斯科佩利安的母亲去世后，他的父亲准备带一个女人回家做妾，但不是合法迎娶。[517] 斯科佩利安知道这事后，试图劝阻父亲，这对老年人来说着实恼火。于是，那女人编造出一个对他不利的谎言，大意是说他爱上了她，没法忍受求欢失败。她还有一个奴隶同谋，那个同谋是斯科佩利安父亲的厨师，名叫塞西罗斯（Cytherus），惯于迎合他的主人。塞西罗斯就像戏剧中的奴隶一样，对斯科佩利安的父亲说：

> 主人，您的儿子巴不得您现在就死掉，他不会让您这样的老人在不久以后自然死亡——虽然这是必然之事。他正在策划阴谋，他还想请我帮忙。他为您准备了毒药，命令我把最致命的毒药放在一个盘子里给您吃，同时允诺事成之后给我自由、土地、房产、金钱和我想从您的家里拿走的任何东西。如果我答应他，就能得到这些东西，若我不同意，他会用鞭子抽我，将我关起来，严刑拷打我。

---

① 菲洛斯特剌托斯很喜欢回声共鸣这个比喻，这个比喻既指修辞术具有音乐性，也指后来的作家模仿古代作品时，听众有能力欣赏此种模仿。这里的意思是说，士麦那的听众具有更高的品位，有能力欣赏智术师的模仿。

塞西罗斯用这种谄媚哄骗主人，不久之后，主人病重去世，留下遗嘱，指认塞西罗斯为继承人，负责监护他的儿子，包括负责监督他的眼界和整个灵魂。这的确不会让我们感到惊讶，因为塞西罗斯欺骗的那个人是个多情的老人，而且由于年老和强烈的情欲，他的灵魂很脆弱。因为即便是年轻人一旦坠入爱河，也没有哪个能保持理智。

令人感到惊讶的是，塞西罗斯足以与斯科佩利安的演说才能及其在诉讼演说上的崇高声望匹敌。塞西罗斯就遗嘱问题与斯科佩利安打官司，并用斯科佩利安的财产抵消后者的才能。通过不吝钱财，大肆贿赂众人［令人们守口如瓶］和陪审团，塞西罗斯在每一点上都大获全胜。因此斯科佩利安曾说，阿纳克萨戈拉的财产曾变成一个牧羊场，而他的财产变成一个奴隶的牧场。①

［518］塞西罗斯随后成了重要的政治人物。当他到了老年，看到他的财产越来越少，而自己备受鄙视，向某个人要债时，还挨了一顿揍，就祈求斯科佩利安原谅他曾经的错误，别再恨他，拿回属于他父亲的财产，只是留给塞西罗斯一小部分房产，从而让他不至于太过悲惨地度过余生，同时留给他两份靠近大海的田产。直到今天，塞西罗斯居住过的那部分房屋仍被称作塞西罗斯故居。我讲述所有这些事情，是为了让所有人知道，人不仅是神的玩物，②也是人的玩物。

不足为奇的是，斯科佩利安在士麦那教书授业时，不仅伊奥

---

① 阿纳克萨戈拉也是克拉左门涅人。阿纳克萨戈拉被逐出雅典后，丧失自己的财产，菲洛斯特剌托斯忽视了这一点。对照第欧根尼·拉尔修，《名哲言行录》，2.9；柏拉图《希琵阿斯前篇》，283a；菲洛斯特剌托斯《阿波罗尼欧斯传》，1.13。

② 柏拉图，《法义》，644d。

尼亚人、吕底亚人、卡里亚人、迈奥尼亚人（Maeonians）、埃奥里亚人，而且米西亚和弗里吉亚的希腊人也成群涌向他的学园。因为士麦那与这些部族相邻，是陆上和海上的便利门户。除上述部族外，斯科佩利安还吸引卡帕多西亚人、亚述人、埃及人和腓尼基人、阿凯亚人中最杰出者和雅典的所有年轻人。

他对民众表现出若无其事、漠不关心的样子，因为发表演说前的那段时间，他通常都在与士麦那处理公共事务的地方官吏厮混。但他能够依靠自己的天才，那是一种辉煌且崇高的类型。实际上，他白天不怎么工作，而是夜猫子，因此他曾说："黑夜女神啊，您的智慧胜过别的神。"他让黑夜女神做他的研究的合作者。据说他常常彻夜工作，直到天亮。

斯科佩利安浸染各种诗歌，但为了与他老师的宏伟风格竞争，他全力沉浸在肃剧中，因为在这个诗歌分支，尼科特斯广受尊敬。但斯科佩利安在这种宏伟风格（μεγαλοφωνίας）方面走得太远，竟创作一部《巨人史诗》（*Epic of the Giants*），为荷马之子们（Homerids）提供诗歌素材。①

[519] 在众智术师中，斯科佩利安尤其钟情于高尔吉亚，在众演说家中，他尤其钟情于风格优美之人。不过，他的魅力乃是天成，而非源于刻苦钻研，因为伊奥尼亚人天生具有雄辩的机智——他甚至在演说中夹杂一些俏皮话，因为他认为太过严肃会显得不易亲近和令人讨厌。他出席政治会议时，总是表现得愉快且活泼。若会议剑拔弩张时，他会通过优雅的举止缓和紧张，让与会人员冷静下来。发表诉讼演说时，他表现得既不贪婪也不恶毒，他甚至会免费为那些生命受到威胁的人辩护。当人们在演说

---

① 这里指斯科佩利安时代模仿斯科佩利安的史诗的诗人，因此菲洛斯特剌托斯讽剌地称他们为"荷马之子们"。

中骂人，认为有必要大张声势地表达自己的愤怒时，他称他们是醉汉、疯狂的老巫婆。

尽管他的演说讲座要收费，但每个学生的收费不一样，根据每个学生的财产状况来定。他出现在公众面前时，既不傲慢自大，也不胆小畏缩，而是类似于为赢得荣誉而参加比赛的人，自信绝不会失败。只要他坐着，总是和颜悦色地侃侃而谈，当他站起来发言时，他的演说就变得激烈和极富力量。他既不会私下也不会当着听众的面沉思他的主题，而是会暂时退出，在很短的时间内重新审视他的论点。

他的声音极其悦耳和迷人，为了激发自己和听众，常常捶大腿。他还擅长影射演说（σχηματίσαι λόγον/covert allusion）和模棱两可的言辞。① 他在处理更有力、更宏大的主题时，更令人钦佩，尤其是与米底人有关的主题，涉及大流士和薛西斯之类的人物。在我看来，不管在应用这类典故方面，还是将这种雄辩传给后继者方面，他都胜过其他智术师。[520] 刻画大流士和薛西斯时，他常常戏剧性地呈现蛮夷的傲慢和轻浮。据说，在发表这类演说时，他会比平时更多地晃来晃去，好像处于醉酒的疯狂。珀勒蒙的一个学生说他仿佛在打击一个响鼓（τυμπανίζειν），② 斯科佩利安听到这种冷嘲热讽，反唇相讥道：

是的，我在击打一个响鼓，但那是埃阿斯的盾牌。

斯科佩利安多次出使皇帝。作为使者，他的每次出使都伴有

---

① [译注] σχηματίσαι λόγον指的是创作含有隐微含义的演说。关于这种演说参下文编码 597—598 处。

② 影射库伯勒崇拜和酒神崇拜中使用的大音量乐器。斯科佩利安的这种风格因其疯狂和醉酒般的迷狂受到批评。

特殊的好运,最成功的出使是代表葡萄业那次出使。那次出使不单单是代表士麦那一城,而且代表整个小亚细亚。我现在讲述一下这次出使的目的。图密善皇帝决定禁止小亚细亚种葡萄,因为人们似乎在葡萄酒的影响下策划暴乱。那些已经种下的葡萄则被连根拔起,未来也不再允许种植。显然,需要一个使团为整个小亚细亚辩护,需要一个能迷住图密善皇帝的人,就像一个俄耳甫斯或塔姆里斯迷住他的听众那般。

因此,人们一致同意选斯科佩利安出任使者。他远远超出人们的期望,归来时不仅带回种植葡萄的许可,而且带来要惩罚忽视种植葡萄的人的威胁。他在这场代表葡萄业的争执中赢得多么大的声誉,从他的话中就可以看出,那篇演说是最著名的演说之一。从那篇演说的影响来看,也一目了然。凭借那篇演说,他赢得帝国宫廷通常赏赐的礼物,也得到许多赞美之辞,此外,一大群杰出的年轻人着迷于他的智慧,追随他前往伊奥尼亚。

[521] 斯科佩利安在雅典时,受到智术师希罗德斯的父亲阿提科斯(Atticus)的款待,后者对他口才的敬重远甚当年色萨利人对高尔吉亚的敬重。阿提科斯因此命令,家中收藏的古代演说家的半身像都应该被砸碎,因为它们已败坏他儿子的天赋。希罗德斯当时还只是一个年轻人,还在他的父亲控制之下,却痴迷于即兴演说,尽管他当时还没有信心这样做,因为他尚未跟随斯科佩利安学习,也没有获得即兴演说需要的活力。

基于这个原因,斯科佩利安的到访令希罗德斯非常高兴。他聆听斯科佩利安发表一篇即兴演说后,通过这个范例,希罗德斯变得羽翼丰满。为了取悦他的父亲,他邀请父亲听他发表一篇风格与斯科佩利安一样的演说。他的父亲非常尊重他的模仿,给了他50塔兰同,给了斯科佩利安15塔兰同。此外,希罗德斯还从他得到的奖赏中拿出一笔父亲赠给斯科佩利安一样数目的钱给斯科佩利安,尊斯科佩利安为自己的老师。对斯科佩利安来说,他从希罗德斯那里得到这个称号,要比帕托勒斯(Pactolus)的泉水还要甘甜。①

从下述事情可以看出伴随他的出使的好运。士麦那人需要有人为他们出使,任务是当时最重要的事务。但是,此时斯科佩利安已经很老,过了四处旅行的年纪,因此珀勒蒙被选为使者,尽管之前他从未担任过这一使命。在向神祈祷出使有好运相伴时,珀勒蒙祈求,愿他获得斯科佩利安的说服力量,当着集会众人的面拥抱斯科佩利安,非常恰当地将描述帕特罗克洛斯(Patroclus)功绩的诗句用在斯科佩利安身上:

再请把你那套铠甲借给我披挂,
战斗时特洛伊人可能会把你我误认。②

泰安那的阿波罗尼欧斯(Apollonius of Tyana)——他在智慧方面超越人类的成就——也将斯科佩利安列为值得钦佩的人。③

---

① 帕托勒斯泉位于陶默罗斯(Tmolus)山,该山位于吕底亚,参希罗多德,《原史》,1.93.1,5.1.1.2。
② 荷马,《伊利亚特》,16.40—41。
③ 菲洛斯特剌托斯,《阿波罗尼欧斯传》,1.23—24。

第二代智术师合传之二

22

米利都的狄奥尼修斯（Dionysius of Miletus），① 不管他是如某些人说的出生于望族，还是如其他人说的仅仅是一个自由人，他都不受这个问题的影响，因为他是凭靠自己的卓越获得卓越的声望。[522] 求助于祖先是那些对凭借自己的力量赢得声望感到绝望之人的标志。狄奥尼修斯是伊塞俄斯的学生，如我之前说过的，伊塞俄斯运用一种没有斧凿之痕的风格，狄奥尼修斯成功学到这种风格，并将自己的思想安排得井然有序，后者也是伊塞俄斯的特点。

尽管狄奥尼修斯用甜腻的语言表达思想，但是与有些智术师不同，他并不过分地运用它们，而是有节制地运用，并常对他的学生们说，蜂蜜应该用指尖品尝，② 而非猛灌一口。狄奥尼修斯的全部演说都能表明这一点，不管是批评作品还是诉讼演

---

① 卡斯西欧斯·狄翁在他的《罗马史》69.789处提到过这个人，说他曾冒犯过哈德良皇帝。

② 一则谚语，对照路吉阿诺斯（Lucian）《如何著史》（*How to Write History*），4。

说，抑或道德辩论，不过最重要的是《喀罗尼亚挽歌》(*Dirge for Chaeronea*)。

当他模拟喀罗尼亚战役后德摩斯梯尼在雅典公民大会进行自我批判时，① 他以下述挽歌结束演说："哦，喀罗尼亚，邪恶的城市！"又说：

> 哦，波俄提亚，曾叛向蛮夷的城市！唉，地底下的英雄们，哀哭吧！我们在普拉泰亚附近被击败！②

在阿卡狄亚人因雇佣军而受到审判的段落中，他说道：

> 战争是市场上的买卖，希腊人的悲痛养肥了阿卡狄亚人，这是一场无缘无故的战争。③

[523] 这就是狄奥尼修斯的整体风格，他的演说就是这样进行的，惯于将他的主题调整得像伊塞俄斯的那样长。至于据说他依靠迦勒底人的技艺帮助训练学生的记忆术，④ 我接下来就表明这一说法的来源。根本没有所谓的记忆术，也不可能有，因为尽管记忆给予我们种种技艺，它本身却不可教，也不可能通过任

---

① 这种假想的情境是盛行的论题，对照下文的《珀勒蒙传》，编码542 处；叙利阿努斯（Syrianus，公元五世纪的智术师和新柏拉图主义哲人），《赫摩根尼斯〈论风格〉注疏》(*Commentaries on Hermogenes' On Types of Style*)，2.165；阿璞西内斯，《修辞术》，9.471。

② 这可能是对埃斯基涅斯《反克忒西丰》648 处的模仿。

③ 阿卡狄亚人是臭名昭著的雇佣兵，参色诺芬《希腊志》，7.1.23。

④ 此处的迦勒底人的技艺应该不是指《迦勒底神谕集》，这部神谕集出现于二世纪下半叶，至菲洛斯特剌托斯写作此书时，它不太可能已经融入智识精英阶层。此外，菲洛斯特剌托斯所指应该也不是迦勒底天象学。

何方法获得，因为它是自然的馈赠或不朽灵魂的一部分。

如果记忆女神不居住在人的灵魂中，我们就学不会人类事物，人类事物对人来说也不可教。① 我也不与诗人们争论我们是应该称记忆女神为时间女神之母，还是应该称她为时间女神之女，随他们的愿吧！② 此外，有哪个智慧之人会非常愚蠢地忽视他自己的名声，竟对他的学生使用巫术，③ 从而让正确方法教给我们的东西毁于一旦？

那么，狄奥尼修斯的学生怎么会有强大的记忆力？原因在于，狄奥尼修斯的演说给了他们无尽的欢乐，他们永不满足这种欢乐，以至于他不得不多次重复演说，因为他知道他们喜欢听他的演说。所以，那些头脑比较敏捷的年轻人常常把演说倒背如流，通过长期的锻炼而非敏锐的记忆，他们完全牢记那些演说，常常背诵给其他人听，因此他们被称作记忆大师和创造记忆术的人。[524] 正是由于这些原因，有些人说狄奥尼修斯的演说是七零八碎的集合。他们说在狄奥尼修斯表达很简洁的地方，一个人补充一些，另一个人补充另一些。

敬重他智慧的很多城市授予他巨大的荣誉，不过最大的荣誉要数皇帝授予的荣誉。因为哈德良皇帝任命他管理绝非默默无闻的民族，并把他列入骑士等级，归入有权在博物馆里享受免费餐

---

① 菲洛斯特剌托斯审慎地否定了记忆术，此种技艺曾是修辞术训练的一部分。参《献给赫壬尼乌斯的修辞学著作》(*Rhetorica ad Herennium*)，3.16—3.24。

② 菲洛斯特剌托斯在《阿波罗尼欧斯传》中提到阿波罗尼欧斯的《记忆女神颂》一文，参《阿波罗尼欧斯传》，1.14。

③ 菲洛斯特剌托斯在《阿波罗尼欧斯传》8.6.7处说，阿波罗尼欧斯在图密善皇帝前就运用巫术的指控自我辩护时，呼吁智慧之人不可容忍或亲自运用巫术。

食的行列。所谓的博物馆，我指的是埃及的一张餐桌，① 邀请天下各地最杰出的人到那里用餐。他尽管访问过很多城市，在众多民族间居住过，却从来没有被指控有放荡或无礼之举，因为他看起来克己守礼、心无旁骛。

那些将《潘忒娅的爱人阿拉斯佩斯》（*Araspes the lover of Panthea*）归给狄奥尼修斯的人，② 不仅对他的韵律一无所知，而且对他演说的整体风格一窍不通，甚至根本不懂修辞选材的整个技艺。因为这部作品根本不是狄奥尼修斯所作，而是塞勒（Celer）的作品，此人著有论修辞术的作品。③ 塞勒尽管是一位优秀的皇帝秘书，却缺乏演说技艺，且从小和狄奥尼修斯就是对头。

我必须记下下述事实，我从阿里斯泰乌斯（Aristaeus）得知这些事实，后者是我这个时代有教养的希腊人中年龄最大的，认识大多数智术师。狄奥尼修斯变老时，仍享有极高的声望，同时珀勒蒙正接近职业生涯的顶峰，不过尚不认识狄奥尼修斯。珀勒蒙前往萨尔迪斯在百人法庭（Centumviri）面前为一个案子辩护，当时百人法庭对吕底亚有管辖权。

［525］接近晚上时，狄奥尼修斯来到萨尔迪斯，问他的东道主批评家多里翁（Dorion）："告诉我，多里翁，珀勒蒙在这里做什么？"

多里翁回答说：

---

① 由托勒密一世所建，位于亚历山大里亚图书馆旁边。
② 潘忒娅是一位绝色美人，是波斯君主阿布拉达塔斯（Abradatas）的妻子，被居鲁士大帝俘虏，居鲁士麾下负责治理米底的阿拉斯佩斯爱上了潘忒娅，参色诺芬《居鲁士的教育》（*Cyropaedia*），5.1.4；老菲洛斯特剌托斯《论绘画》，2.9。
③ 塞勒可能是马可·奥勒留的老师，参《沉思录》，8.25。

一个非常富有的吕底亚人，正陷于损失财产的危险中，因此他将珀勒蒙从士麦那带到这里，以 2 塔兰同的价格雇佣为自己的代理人。明天他将为这个案子辩护。

狄奥尼修斯喊道：

这真是太幸运了！这样我就能听到珀勒蒙演说，因为我从未有机会评判他。

多里翁回答说："这个年轻人的迅速成名似乎让你感到不安。"
狄奥尼修斯说：

是的，凭雅典娜起誓，他甚至让我睡不着觉。当我想到他有那么多崇拜者，我的心脏就颤动不已，我的精神也是如此。因为有人认为，他的唇边流出十二条清泉，有的人用腕尺测量他的舌头，说他的言辞就如奔腾的尼罗河。但是，你可以告诉我，你在我们两人身上观察到的优点和缺点，从而消除我的这种焦虑。

多里翁谨慎地回答：

狄奥尼修斯，你本人就能评判你和珀勒蒙孰优孰劣，因为你的智慧不仅足以认识自己，也能准确地评判他人。

狄奥尼修斯听完珀勒蒙的辩护演说，离开法庭后，他评论说："这个运动员很有力量，但这种力量不是来自摔跤学校。"珀勒蒙听到这话后，来到狄奥尼修斯门前，宣称他要在狄奥尼斯面前演说。[526]狄奥尼修斯出来后,珀勒蒙宣称要进行雄辩竞赛,走到狄奥尼修斯面前,和他肩并肩靠在一起,就像拳击比赛开始前的姿势,机智地引用一句话嘲弄狄奥尼修斯:

哦,米利都人,他们曾强大过。①

著名人物将整个大地当作他们的坟墓,②但是狄奥尼修斯的坟墓位于以弗所最著名的地方,因为他被葬在以弗所的市场,那是以弗所最重要的地方。狄奥尼修斯正是在这座城市去世,尽管他曾在职业生涯早期,在莱斯波斯岛(Lesbos)教授演说。

23

以弗所的洛里阿努斯(Lollianus of Ephesus)是第一个被任命为雅典修辞讲座教授的人,③他也负责治理雅典人民,因为他还担任雅典的将军一职。这一官职的职责以前是征兵和率军打仗,现在则是负责粮食供应和市场供给。④有一次面包商爆发骚乱,雅典人几乎要用石头砸死洛里阿努斯,犬儒潘格拉底斯(Pancrates)——此人后来在科林多地峡教授哲学——来到雅典人面前,简单评论说:"洛里阿努斯不卖面包,而是贩卖言辞",

---

① 对照阿里斯托芬,《财神》,行1003。
② 模仿伯里克勒斯的葬礼演说,对照修昔底德《战争志》,2.43。
③ 该讲席不同于帝国讲席,是雅典城设置的讲席。[译注]洛里阿努斯生活于哈德良和安东尼皇帝统治时期,路吉阿诺斯讥讽过他。他让第二代智术在雅典变得受欢迎。洛里阿努斯著有一部名为《腓尼基人》(*Phoenicica*)的小说。
④ 菲洛斯特剌托斯本人曾两次担任该职务,分别是公元200—201年、210—211年。

他如此改变雅典人的态度,让他们放下手中的石头。

还有一次,一船谷物从色萨利经海到达,雅典公共财库没有钱付款,洛里阿努斯命令他的学生们捐献,从而收集到很大一笔款项。[527] 这一策略表明他是一个机敏的人,在公共事务上明智。通过免除参加他的修辞讲座的费用,他将这笔钱还给了那些认捐的学生。

公认这位智术师的智术技艺相当高超,并且非常善于用巧妙的取材成功地提出详细的、专业的论点。他在取材方面能力很强,观念被组织得井然有序,相当简明扼要。他的演说中才华横溢的段落突然出现,就像一道亮光一样,又突然结束。这些段落显然是他自己写的,尤其是我下面引述的这个例子。

他的主题是谴责勒普提涅斯(Leptines)的法案,① 因为谷物供应没有从黑海抵达雅典,他的结语如下:

> 黑海的入口已被一条法律封锁,几个音节就能阻止雅典的粮食供应,所以吕山德率领战舰在黑海入口战斗与勒普提涅斯用他的法律战斗拥有同样的效果。

有一次,他的主题是反对雅典人,由于资金短缺,雅典人打算卖掉一些岛屿,他慷慨激昂地说道:

> 波塞冬,请放弃您对提洛岛的护佑。正当我们卖掉她时,让她逃走吧!

---

① 勒普提涅斯是雅典演说家。这个虚构的主题基于德摩斯梯尼的演说《反勒普提涅斯》,这篇演说发表于公元前 355 年。勒普提涅斯提出法案要求废除对公共服务的豁免,德摩斯梯尼这篇演说的主题是,这一法案一旦生效,将会生出数不尽的祸患。

他的即兴演说，模仿伊塞俄斯，他曾是后者的学生。他一般收费很高，在他的课上，不仅发表模拟示范演说而且教授修辞术的法则。雅典有他的两座雕像，一座位于市场，一座位于一处小树林，据说是他亲自种下那片树林。

24

我一定不能略过拜占庭的马尔库斯（Marcus of Byzantium）。① 我将代表他责备希腊人，[528] 因为尽管他如我将所述的天赋极高，却没有得到应有的荣誉。马尔库斯的族系可以追溯到原初的拜占斯（Byzas），② 他的父亲也叫马尔库斯，拥有众多奴隶，那些奴隶是来自希罗（Hieron，位于黑海入口处）的渔夫。

马尔库斯的老师是伊塞俄斯，从后者那里，他学到演说术自然质朴的风格，但是用一种迷人的温文尔雅装饰这种风格。表明马尔库斯的风格最典型的例子是他的斯巴达演说，这篇演说建议拉克戴蒙人拒绝接受那些从斯法克蒂里亚（Sphacteria）返回不带武器的士兵。③ 他这样开始这篇演说：

> 作为一个拉克戴蒙人，直到年老都会手握盾牌，所以我很高兴杀掉那些丢失盾牌的人。

---

① 我们对这位演说家近乎一无所知，只有卡庇托里努斯（Capitolinus）在《马可·奥勒留传》中提到，他是奥勒留皇帝的老师。
② 传说中拜占庭的建立者，传说认为他是波塞冬之子。
③ 修昔底德描述了斯巴达对这类人的惩罚，见修昔底德《战争志》，5.34。

马尔库斯的讲辞作品,从下述内容可见一斑。他试图表明智术师的技艺多么丰富多彩,将彩虹当作一篇演说的意象,如此开始他的讲辞:

> 那些看到彩虹只能看到一种颜色的人,看不到令人惊奇的景象,但是那些能看到多种颜色的人,才能看到更多令人惊奇的景象。

那些将这篇讲辞归给廊下派哲人阿尔齐诺斯(Alcinous)的人,[1] 不了解他的演说风格,没有看到真相,是最不诚实的人,他们试图抢走马尔库斯就自己的技艺所写的东西。

眉毛的变化和表情之严肃表明马尔库斯是一个智术师,事实上他脑子里不断在思索着某个主题,时刻训练自己准备某次即兴演说的方法。这一点从他那双通常专注于秘密思想的眼睛就可以看出来,他本人也承认这一点。[529] 他的一个朋友问他前一天的演说如何,他回答说:

> 对我自己而言,已经足够好,对我的学生来说则不够好。

其他人对这个回答表示不解,马尔库斯说道:

> 我沉默不语时,我仍在思索,除了我公开发表的论证外,我经常预备两三个论证。

---

[1] [译注] 阿尔齐诺斯是公元二世纪的柏拉图主义哲人。

他的胡子和头发常常蓬乱不已，因此大多数人认为他看起来太粗野，不可能是一个博学之士。这也是智术师珀勒蒙对他的印象。因为，马尔库斯有了名声之后，有一次到访珀勒蒙的学园，前来参加讲座的学生落座后，有一个曾前往拜占庭旅行的学生认出马尔库斯，跟邻座的同伴说马尔库斯在此，同伴又跟邻座的同伴说，如此所有人都知道他就是来自拜占庭的智术师马尔库斯。

当珀勒蒙要求学生们提出主题时，学生们都转向马尔库斯，认为他有能力提出一个。珀勒蒙问道：

你们为什么看着这个乡巴佬？这个家伙不会为你们提出一个主题。

马尔库斯如他往常一样扯着嗓子说话，抬起头反驳道："我会提出一个主题，亲自演说。"珀勒蒙通过马尔库斯的多里斯方言认出马尔库斯后，一时冲动对马尔库斯发表精彩的长篇演说。他演说完后，又聆听马尔库斯的演说，既称赞马尔库斯，也得到马尔库斯的称赞。

后来，马尔库斯前往麦加拉，因为拜占庭起初是麦加拉的殖民地。当时麦加拉人仍在竭尽全力与雅典人争吵，就好像针对他们的那项著名法令最近才制定出来。① 雅典人前来参加小皮托竞技会时，麦加拉人不接待他们。马尔库斯来到麦加拉后，改变麦加拉人的态度，说服他们敞开家门，允许雅典人与他们的妻儿交往。［530］马尔库斯为拜占庭出使都城［罗马］时，哈德良皇帝也敬重他。过去所有的皇帝中，哈德良皇帝最善于鼓励美德。

---

① 指伯罗奔半岛战争前夕，雅典对粮食不能自给的麦加拉进行全面经济封锁的法令。

珀勒蒙传

25

智术师珀勒蒙（Polemon Marcus Antonius，公元 88—144 年）既不是人们通常以为的士麦那本地人，也不是如有人说的来自弗里吉亚，而是出生于卡里亚的劳迪西亚（Laodicea），这是一座位于吕科斯（Lycus）河畔的城市，尽管远在内陆，却比好些海滨城市重要。珀勒蒙的祖上诞生过多位元老级的人物，现在仍在诞生。

很多城市痴迷于他，尤其是士麦那。因为人们从珀勒蒙的童年时代就在他身上看到某种伟大，所以将他们能给他的荣誉花环都堆在他头上，授予他本人和他的家族士麦那最看重的种种荣誉。士麦那人授予他和他的后代主持哈德良皇帝创立的奥林匹克竞赛和乘坐那艘神圣战船的权利。[①] [531] 因为在二月份，一艘满帆的三列桨战船被引向市场，狄奥尼索斯的祭司就像一名领航员，引导它松开缆绳，仿佛它来自大海。

通过在士麦那开设学校，珀勒蒙以下述方式施惠于这座城

---

① 这些竞赛在士麦那举行。

市。首先，他让士麦那比以前更受人欢迎，因为年轻人从两个大陆和众多岛屿涌向这座城市，这些年轻人并非放荡滥交的乌合之众，而是经过挑选的真正的希腊人。其次，他推动建立一个没有派系之争的和谐政府。他也通过出使皇帝为士麦那辩护，表明他对这座城市具有巨大的价值。

无论如何，哈德良皇帝一直资助以弗所，珀勒蒙竟让皇帝转而全力支持士麦那。有一天哈德良皇帝甚至慷慨赠予士麦那城1000万德拉克马。士麦那用这笔钱建造谷物市场、整个亚细亚最豪华的体育场以及一座很远就能望见的神庙，看起来就像在与米马斯（Mimas）海岬比高。① 士麦那人的公共政策犯错误时，珀勒蒙会谴责他们，常常给出明智的建议，因此他对士麦那的益处极大。

同时，他治好了士麦那人的自大和各种傲慢，这是一个更大的成就，[532] 因为伊奥尼亚人一般不大可能改变古老的习惯。珀勒蒙还以下述方式帮助士麦那人。他不允许士麦那人互诉的案件被带到其他地方，而是就在士麦那解决。我指的是涉及钱财的案件，但是关于那些通奸犯、渎神犯和杀人犯的案件——忽视这些罪犯会滋生各种污秽——他不仅催促士麦那人将这类罪犯带离士麦那审判，而且力劝驱逐这类罪犯。他曾说，士麦那需要一个手握长剑的法官。

珀勒蒙四处旅行时，后面总跟着浩浩荡荡的队伍，其中有车队、马队、很多奴隶和用于打猎的各种狗，他自己则乘坐产自弗里吉亚或高卢的战车，拖引战车的马套着银质的马笼头，他因此招致大众批评。不过，珀勒蒙这样做也为士麦那赢得了荣耀。正

---

① "多风的米马斯"是希俄斯岛对岸的海岬，参荷马《奥德赛》，3.172。这座神庙毁于地震，后由马可·奥勒留重建。

如市场和一组气派的建筑能显示一个城市的光辉，珀勒蒙这种气派也是一种华丽的建筑。不仅一座城市能给予一个人荣耀，而且城市本身也可从一个人那里获得荣耀。珀勒蒙也管理劳迪西亚的事务，因为他常常到此城拜访亲属，就公共事务给予力所能及的帮助。

各位皇帝赐予他下述特权。图拉真皇帝赐予他免费海陆旅行的权利，哈德良皇帝又将这项权利延及他的子孙，并授予他到博物馆免费就餐的权利。[533] 当他在罗马要求 25 万德拉克马时，哈德良皇帝赐给他比这个数额更大的钱币，尽管珀勒蒙没有说他需要这笔钱，皇帝事先也从未说过会给。

士麦那人到皇帝那里指控珀勒蒙将一大笔皇帝给他们的钱用于享乐，皇帝的回信说："珀勒蒙把我给你们的钱给了我。"虽然有人会说，这是一种仁慈宽厚之举，可是，要不是哈德良皇帝在其他美德上出类拔萃，在金钱问题上他不可能做到仁慈宽厚。雅典的宙斯神庙在中断 560 年后终于完成，① 哈德良皇帝认为这是时间不可思议的胜利，邀请珀勒蒙在竣工献祭仪式上发表演说。珀勒蒙照例凝视着那些胸有成竹的思想，然后投入演讲中，在神庙台阶上发表一篇很长的受人敬重的演说。如他在开场白中宣称，一种神圣的冲动激发他就这个主题进行演说。

[534] 哈德良皇帝让自己的儿子安东尼·庇护（Antoninus Pius, 公元86—161年，138—161年在位）和珀勒蒙和解，他交出自己的权杖时，成了神而非仍是凡人。我必须讲一下这是怎么回事。安东尼任整个亚细亚的总督时，有一次他在珀勒蒙家留宿，因为珀勒蒙的豪宅是士麦那最豪华的，属于最高贵的市民。

---

① 原初的奥林匹亚神庙，始建于公元前 530 年左右，但一直未完工。现存的神庙始建于公元前 174 年，由哈德良皇帝最终建造完成（公元 130 年）。

然而，珀勒蒙从旅行中归来，夜晚抵家，在门口强烈抗议他在自己家受到闭门对待，然后将安东尼赶到另一所宅子。

哈德良皇帝知道此事后，没有深入调查，以免重新打开伤口。但是，考虑到他去世后可能会发生的事，甚至最温和的人也常常被那些太过嚣张和无礼的人激怒，哈德良皇帝开始为珀勒蒙担忧。因此，在帝国事务的最后遗嘱中，哈德良写道："智术师珀勒蒙建议我作如下安排。"通过这种方式，他让珀勒蒙作为一个恩人得到安东尼的好感、谅解和宽容。事实上，安东尼曾与珀勒蒙就士麦那发生的事开玩笑，表明他从未忘记那件事，尽管他在每一场合都对珀勒蒙大加赞赏，以此保证自己没把这事放在心上。下面是安东尼开的这类玩笑。

珀勒蒙来到罗马，安东尼拥抱他，然后说道："给珀勒蒙一个住处，别让人把他赶出去。"［535］有一次，一个曾在小亚细亚的奥林匹克竞赛中表演过的肃剧演员宣称要起诉珀勒蒙，因为珀勒蒙曾在表演开始时驱逐了他，安东尼皇帝问那位演员是什么时候的事，当他回答说那事发生在中午，皇帝俏皮地评论说："当年他将我从他的豪宅中赶出时，是午夜，我都没有起诉他。"

由此可以看出，一个皇帝可以多么温和，一个普通人可以多么傲慢。事实上，珀勒蒙如此傲慢，竟至于他对诸城市演说时仿佛在对下属说话，与皇帝交谈仿佛不是与上级交谈，与诸神交谈仿佛他与诸神平等。例如，他第一次到雅典，面对雅典人即兴演说，他甚至不屑于赞美这座城市，尽管有很多事情可以赞美；他也没有长篇大论谈论自己的名声，尽管这种演说风格能帮助智术师在炫示演说（$\epsilon\pi\iota\delta\epsilon\acute{\iota}\xi\epsilon\sigma\iota\nu$）中赢得支持。

但是，由于他非常清楚雅典人的天性需要抑制，而非鼓励他们更加傲慢，他如此开场：

> 雅典人,人们说你们作为听众,是演说术的出色裁判,我很快就会知道是否属实。

有一次,博斯普鲁斯的统治者,一个在希腊文化各个方面皆训练有素的人,来到士麦那,意图学习伊奥尼亚的生活方式,珀勒蒙不仅不在那些前去向他致敬的人中,而且当其他人请求他去拜访时,他也一次次推脱,直到他迫使那位国王带着十塔兰同亲自登门拜访。

还有一次,他正患有关节炎,来到帕加马,睡在神庙里,[医神]阿斯克勒皮奥斯(Asclepius)向他显现,告诉他不要再吃任何冷的东西,珀勒蒙说:

> 我的好先生,如果你是在给一头牛看病,又该怎么样呢?

[536] 珀勒蒙这种傲慢自大的脾性学自哲人提摩克拉底(Timocrates)。① 提摩克拉底在伊奥尼亚时,珀勒蒙曾跟随他学习四年。这里不妨记叙一下提摩克拉底。这个人来自黑海,出生于赫拉克勒亚(Heraclea),该城的市民非常仰慕希腊文化。起初,提摩克拉底投身于医学,精通希波克拉底(Hippocrates,公元前460—前370年)和德谟克利特的理论。但是,当他有一次听说推罗的幼发拉底斯(Euphrates),② 立即赶往后者那里求学。

提摩克拉底脾气暴躁到无法估量的程度,以至于跟他争辩时,他的胡子和头发都像狮子一样跳起来攻击。他的语言流利、

---

① 路吉阿诺斯,在《德摩纳克斯传》(Demonax)3 中称赞了提摩克拉底。

② 幼发拉底斯对维斯帕芗影响颇大。

有力和迅疾,正是由于这个原因,珀勒蒙喜爱这种迅疾的演讲风格,对他评价很高。无论如何,当提摩克拉底和斯科佩利安爆发争吵时,后者当时已经沉迷于膏药和专业的脱毛剂。① 当时居住在士麦那的年轻人分成不同的派别,珀勒蒙尽管是两人的学生,却选择提摩克拉底一派,称他为雄辩之父。当他在提摩克拉底面前为他反对法沃瑞努斯的演说辩护时,他怀着敬畏和顺从畏缩地站在提摩克拉底面前,就像不听话的学生害怕老师打一样。

后来,当珀勒蒙被选为士麦那的使者,他对斯科佩利安表现出同样的谦卑,恳求拥有斯科佩利安的说服力量,仿佛那是阿基琉斯的武器。他对雅典的希罗德斯的行为,一方面是顺从,另一方面是傲慢。我想谈谈这是如何发生的,因为这是一个很好的故事,值得回忆。

比起被称为执政官和执政官的后裔,希罗德斯更渴望在即兴演说上取得成功,[537]所以尚未与珀勒蒙认识,就先来到士麦那跟随珀勒蒙学习。当时,只有希罗德斯一人位列管理自由城市的地位。② 当希罗德斯拥抱珀勒蒙,以亲切的一吻向他致敬,他问:"老人家,我何时能听您的演说?"希罗德斯以为珀勒蒙会推迟发表演说,会说不愿在如此伟大的人面前冒险,珀勒蒙却没有丝毫犹豫,立刻回答说:"今天就听我演说,现在就去。"

希罗德斯说,当他听到这话,被珀勒蒙折服,佩服他的口才和头脑的敏捷。这事说明珀勒蒙的骄傲和惯于向听者炫耀聪明,但是下面的事同样表明他的谦虚和得体。当另一个人来听他演说时,珀勒蒙接受这个人以一段很长且得体的演说赞颂希罗德斯的言行。

---

① 这是女人气和奢侈的标志。
② [译注]当时希罗德斯是管理亚洲各自由城市的总督。

珀勒蒙在演说中使用的戏剧（σκηνήν）效果有多么强，① 我们可以从希罗德斯那里学到，因为他在《致巴尔巴罗斯》(To Barbarus)的信中有所描述，② 我的叙述就取自那封信。珀勒蒙总是带着一副安详且自信的神情走上演说台，而且总是坐着一顶轿子来，因为他的腿关节有病。听众提出一个主题，他不会当众思索，而是离开一小会儿，退到一边思索。他演说的声音清晰而洪亮，听起来有一种悦耳清脆的感觉。

希罗德斯还说，当珀勒蒙在他的论证中得出最惊人的结论时，常常从椅子上激动地跳起来；[538] 每当他结束一个段落，总是微笑着说出最后一个从句，以表明他可以毫不费力地说出这句话。在某些需要论证的地方，他就像《荷马史诗》里的马一样跺一下脚。③ 希罗德斯补充道，听珀勒蒙第一次演说就像听一个公正的法官在演说，第二次演说渴望听得更多，第三次就只剩钦佩，他总共听了三天珀勒蒙的讲座。

此外，希罗德斯还记下了他所出席的演说的主题。第一个主题是"德摩斯梯尼发誓他没有接受 50 塔兰同的贿赂"，当初德马德斯（Demades）对德摩斯梯尼提出这一指控，亚历山大大帝从大流士的账簿上得知这一事实，将之告诉雅典人。第二个主题是伯罗奔半岛战争后的和平条款，"希腊人竖立的战胜纪念碑应被拆除"。④ 第三个主题是说服雅典人在羊河（Aegos Potami）海战

---

① Σκηνή这个术语指智术师演说制造的戏剧效果，包括他的声音、表达、微笑、服装、体态都具有戏剧性。在这个方面，珀勒蒙是智术师的模范，其他智术师争相模仿这种戏剧效果，仿佛珀勒蒙是一个演员。
② 巴尔巴罗斯全名叫 Marcus Ceionius Barbarus，公元 157 年任执政官。
③ 荷马，《伊利亚特》，6.507。
④ 阿璞西内斯《修辞术》219 也提到这个主题，希罗德斯也就这个主题发表过演说。

后恢复德莫（demes）制度。①

希罗德斯说，他支付15万德拉克马作为听珀勒蒙演说的费用。但是，珀勒蒙没有接受这笔钱。希罗德斯认为他遭到珀勒蒙的蔑视，批评家穆纳提乌斯（Munatius）——此人来自特拉勒斯（Tralles）——有一次与他一起喝酒时说：

> 希罗德斯，我认为珀勒蒙想要25万德拉克马，他认为自己遭到你吝啬对待，因为你没有支付这样大的一笔钱。

希罗德斯说，他又增加了10万德拉克马，珀勒蒙没有丝毫犹豫立即接受，仿佛这才是他应得的数额。

[539] 希罗德斯请求珀勒蒙不要在他演说之后出场演说，也不要在他演说之后演说同一个主题，并允许他在夜间离开士麦那，以免他强迫珀勒蒙同意这些，既然珀勒蒙无法容忍被迫去做任何事。从那时起，他就对珀勒蒙赞不绝口，认为珀勒蒙无与伦比。例如，在雅典，当希罗德斯才华横溢地就"希腊人竖立的战胜纪念碑应被拆除"这个主题进行演说，并因其演说流畅有力而受到称赞时，他说："去读珀勒蒙的演说，这样你们就会认识一个伟人。"在奥林匹克竞技会上，当所有希腊人向他欢呼："你与德摩斯梯尼并驾齐驱！"希罗德斯回答："我真希望我是真正的弗里吉亚人！"他用"弗里吉亚人"这个名称指称珀勒蒙，因为当时劳迪西亚是弗里吉亚的一部分。当马可·奥勒留皇帝问希罗德斯："你怎么看珀勒蒙？"希罗德斯凝视着前方吟诵道：

---

① 这个论题类似于上文编码505处提到的伊索克拉底的那个论题，这个论题意在促使雅典人宣布放弃他们的海上帝国。

> 有疾驰的马蹄声从远处传入我的耳朵。①

以此表明珀勒蒙的口才多么洪亮和辽远。执政官巴尔巴罗斯问希罗德斯,他有过哪些老师,他回答说:

> 当我受教育时,有这个或那个老师,但是当我教其他人时,珀勒蒙是我的老师。

珀勒蒙说,他曾跟随[金嘴]狄翁求学,为此他前往比提尼亚(Bithynia)拜访。他常说,[学习智术的学生,]散文作家的作品要一大把一大把学,而诗人的作品要一车一车学。② 他还接受过下述荣誉。士麦那正在为她的神庙和权利而斗争,当时珀勒蒙已到暮年,被任命为她的代诉人。但是,由于他在捍卫这些权利的旅程开始时去世,士麦那被委托给其他代诉人。

[540] 在皇帝法庭前,那位代诉人的演说很糟,于是皇帝望向来自士麦那的顾问,说道:"珀勒蒙没有被任命为这个案件的代诉人吗?"他们回答说:"是的,如果您是指那位智术师的话。"皇帝说道:

> 那么,鉴于他原本准备代表这样重大的问题在我面前进行辩护,他可能已经写好为你们的权利辩护的演说。

他们回答说:"陛下,可能,但我们不知道。"于是皇帝休

---

① 荷马,《伊利亚特》,10.535.
② 珀勒蒙的意思似乎是,学习智术的学生,需要从他的藏书中更多挑选诗人的作品而非散文作家的作品。

庭,直到珀勒蒙的那篇演说被送到罗马。那篇演说在法庭上被大声朗读后,皇帝做出与演说一致的决定,士麦那获胜,市民们四处奔走宣告珀勒蒙活过来帮他们。

当一个人成为杰出人物时,不仅他的严肃之辞值得记述,就是玩笑话也值得记述。接下来,我要记述珀勒蒙的俏皮话,好叫人觉得我也没有忽略它们。有一个伊奥尼亚年轻人,在士麦那过着放纵淫逸的生活,其骄奢淫逸的程度在伊奥尼亚人中间也很少见。这个年轻人正被他的巨额财富毁灭,财富是败坏天性的邪恶教师。这个年轻人名叫瓦鲁斯(Varus),被阿谀奉承之徒败坏到这样的地步,竟相信自己是最俊美、最高大、最高贵和最擅长摔跤的人,每当他想唱歌的时候,就连缪斯也不能像他那样奏出美妙的乐曲。

他对智术师也有同样的看法,也就是说,不管他何时发表演说——实际上他常常演说——他都可以胜过智术师,而那些向他借钱的人常常把聆听他的演说当作致富手段。[541]甚至是珀勒蒙,当他还是一个年轻人尚未行动不便时,① 也被劝诱向瓦鲁斯致敬。因为他曾向瓦鲁斯借钱,若他没有向瓦鲁斯献殷勤或聆听他的演说时,瓦鲁斯就会愤恨,威胁要向他追讨债务。

传票是法庭发出的令状,宣告对债务人拖欠债务的判决。于是,瓦鲁斯的朋友责备珀勒蒙的乖张和无礼,因为他们认为只要和蔼地点头赞同瓦鲁斯的演说,就可以避免被起诉,还可以从瓦鲁斯的钱财中获利,珀勒蒙却没有这样做,而是激怒瓦鲁斯。听到这类话后,珀勒蒙来到演说现场,时至深夜时分,瓦鲁斯的演说仍在进行,他的演说没有任何落脚点,每句话都是胡说八道,充斥着粗鄙和矛盾。这个时候,珀勒蒙跳起来,叫道:"瓦鲁斯,

---

① 珀勒蒙后来患有膝关节病,行动不便。

拿来你的传票。"

有一次，执政官正在拷打一个犯有数项罪行的恶棍，宣称珀勒蒙想不出任何足以匹配恶棍罪行的惩罚，在现场的珀勒蒙说道："命令他熟背一些古代经典。"虽然这位智术师已背诵大量经典，但他认为这是最辛苦的练习。看到一名角斗士面对生死搏斗，由于恐惧而汗流浃背，他评说道："你正处于极大痛苦中，仿佛你即将发表演说。"他遇到一个智术师正在购买香肠、海鱼和其他便宜的美食，他说道：

> 我的好人啊，一个靠这种饮食生活的人不可能令人信服地表现出大流士和薛西斯的傲慢。

当哲人提摩克拉底对他说，法沃瑞努斯已经变成一个话痨（chatter-box）时，珀勒蒙俏皮地说道："老女人也是这样"，从而嘲讽法沃瑞努斯像一个阉人。一个肃剧演员在士麦那的奥林匹克竞技会上指着大地说"凭宙斯起誓"，伸出双手对着天空说"凭大地起誓"，珀勒蒙当时正在主持大会，［542］将他逐出会场，说"这个家伙犯了失礼罪"。我不再叙述这类事情，因为上述这些例子足以表明珀勒蒙迷人的机智。

珀勒蒙的演说风格极富激情和战斗力，令人心旷神怡，就像奥林匹克竞技会上的鼓声。他的思想模仿德摩斯梯尼，从而与众不同和庄重，既不迟钝也不呆板，而是极富睿智和灵感，仿佛德尔斐的祭司（the tripod）在说话。① 但是，人们没有理解珀勒蒙，说他谩骂的技巧比任何其他智术师高明，但辩护却不那么高明。

---

① 三角鼎是德尔斐的象征。也就是说珀勒蒙的演说具有神谕品质，就像德尔斐的皮提亚祭司在说话。

他的辩护演说，尤其是那篇"德摩斯梯尼发誓他没有接受50塔兰同"的演说表明，这种批评不符合事实。为了完成如此艰难的辩护，他华丽的修辞和精湛的技艺足以胜任。我在那些认为珀勒蒙没有能力胜任影射演说（ἐκφέρεσϑαι τῶν ἐσχημοτισμένων ὑποϑέσεων）的人身上看到同样的错误，① 他们认为珀勒蒙偏离赛道，就像一匹马由于地面太过坚硬而偏离赛道。他们说珀勒蒙引用荷马的格言表明他不赞成这些主题：

> 有人把事情藏心里，嘴里说另一件事，
> 在我看来像冥王的大门那样可恨。②

可能珀勒蒙这样说有双层意蕴，以此说明这类主题有多么棘手。然而，他以高超的技巧完成了这些主题，从他的《控告奸夫》(*Adulterer Unmasked*)、《色诺芬拒绝比苏格拉底活得长》(*Xenophon refuses to survive Socrates*)、《梭伦要求他的法律在佩西斯特拉图斯获得卫队后被废除》(*Solon demands that his laws be rescinded after Peisistratus has obtained a bodyguard*)这些演说可见一斑。

[543] 还有三篇关于德摩斯梯尼的演说，第一篇是喀罗尼亚战役后德摩斯梯尼自责，③ 第二篇是德摩斯梯尼假称他应为哈

---

① ［译注］ἐσχηματισμένη（ὑπόϑεσις）指创作具有隐微含义的演说。在这样一篇演说中，真实的意图被隐藏起来，因此难度颇高。这种手法尤其用于皇帝颂辞（βασιλικός λόγος），比如尤利安皇帝献给君士坦提乌斯二世（Constantius Ⅱ）的演说《君士坦提乌斯的英雄事迹或论王权》(*The Heroic Deeds of the Emperor Constantius or On Kingship*) 就采用这种技法。

② 荷马，《伊利亚特》，9.312。

③ 参编码522处，米利都的狄奥尼修斯就同一个主题发表过演说。

尔帕洛斯（Harpalus）的事件受到死刑惩罚，第三篇是德摩斯梯尼建议雅典人在腓力二世接近时逃离战船，尽管埃斯基涅斯曾制定一条法律规定任何提起这次战争的人都应被处死。珀勒蒙的这些演说中比其他演说更多地讨论模拟主题，他对争论放任自流，却达到呈现争论双方的论点的效果。

医生定期为他治疗关节硬化时，他劝告他们到"珀勒蒙采石场挖掘和雕刻"。给希罗德斯的信中，珀勒蒙这样提到这种病：

> 我必须吃饭，但我没有手；我必须走，但我没有脚；我必须忍受痛苦，然后我发现我有脚和手。

珀勒蒙去世时，大约 56 岁。这个年龄尽管对其他智识职业来说已算老年，但对智术师来说，仍算得上少壮有力。在智术职业，人的知识随着年龄增长而愈发能随机应变。

尽管据说他有几处坟墓，士麦那却没有他的坟墓。有人说，他被葬在美德女神神庙的花园里，另有人说，在距离海边不远的地方，有一座小神庙，庙中有一座珀勒蒙的雕像，他的仪态和他在那艘三层桨战舰上举行神圣仪式时一样，珀勒蒙就葬在雕像下面。还有人说他被葬在自家院子里青铜雕像下面。这些说法都不符合事实，因为如果他在士麦那去世，没有谁会认为，他不配葬在那些雄伟的神庙中。

另一个说法更接近真相，亦即他葬在叙利亚之门附近劳迪西亚城中的家族墓群。他还没有断气就被埋葬了，因为他曾这样嘱咐过他的亲人。[544] 他躺在坟墓里，这样催促那些即将盖上棺材板的人："快点！快点！永远不要让太阳看到我沉寂！"他的朋友为他恸哭时，他大声地哭道："给我一个身体，我要演说！"

随着珀勒蒙去世，珀勒蒙家族的威名也终结了，他的后代尽管是他的亲属，却无法与他超绝的美名相提并论，只有一个例外，我稍后会叙述。①

26

我必须提到雅典人塞库都斯（Secundus），有人称他为"木桩"，因为他是一位木匠之子。智术师塞库都斯在演说主题的选材方面花样百出，但是风格朴实无华。尽管他是希罗德斯的老师，却在后者仍是他的学生时，与其发生争吵，因此希罗德斯引述下述诗句讽刺他：

> 陶工与陶工竞争，工匠和演说家竞争。②

[545] 但是，塞库都斯去世后，希罗德斯不仅为他发表葬礼演说，还流下哀恸的眼泪，尽管塞库都斯去世时已是老人。

塞库都斯有好几篇作品值得提到，最重要的是关于下面这个主题的辩论：

> 假设煽动叛乱的人应被处死，镇压叛乱的人应接受奖赏。现在同一个人既煽动叛乱，又镇压它，这个人要求奖赏。

塞库都斯以下述方式总结这个论证。他问：

> 这两个人哪个先来？煽动叛乱的人先来。哪个后来？镇

---

① 指珀勒蒙的曾外孙赫莫克拉底（Hermocrates），位于编码608处。
② 赫西俄德，《劳作与时日》，25。希罗德斯将原文"工匠与工匠竞争"，改为"工匠与演说家竞争"。

压叛乱的人。因此,你要先为你的罪受罚,再为你所行的善受赏,如果你有能力。

这就是塞库都斯。他葬在厄琉西斯附近,位于通往麦加拉的大道的右边。

卷 二

希罗德斯传

1

关于雅典人希罗德斯，下述事实应该为世人所知。希罗德斯祖上两次任执政官，其祖先可追溯到埃阿西德斯（Aeacids）家族，①［546］希腊人曾将这个家族列为反对波斯人的盟友。他也不为［祖先中有］米提亚德斯（Miltiades）和客蒙（Cimon）感到耻辱，② 因为他们是两个非常杰出的人，［547］在与米底人的战争中为雅典人和其他希腊人作出过巨大贡献。米提亚德斯是对米底人取得胜利的第一人，客蒙惩罚了蛮夷的傲慢行为。③

希罗德斯是最善于运用财富之人。没人能很好地使用自己的财富。这并非一件易事，而是非常困难和艰巨的。因为醉心于财富的人惯于大肆侮辱他们的同胞。他们还指责［财神］普鲁托斯（Plutus）是瞎子。但是，即使财神绝大多数时候是瞎子，但

---

① 希罗多德，《原史》8.64 记载了雅典人对埃阿西德斯家族的埃阿斯和特拉蒙的祷文。

② 这两人也是埃阿西德斯家族的成员。菲洛斯特剌托斯似乎在批评柏拉图，因为后者在《高尔吉亚》515 处抨击过这两个人。

③ 前466年，客蒙在海上和陆上击败波斯人，随后将他们赶出色雷斯半岛。

在希罗德斯身上,财神恢复了视力。因为希罗德斯看顾朋友,看顾城邑,看顾所有希腊人。他看顾他们所有人,又将他的财富放在与他同享财富的人心里。①

他过去常说,若要善用财富,就应当周济匮乏之人让他们不再匮乏,也应当周济不匮乏之人,让他们不至于陷入匮乏。他曾称不能流通和被吝啬锁牢的财富为"死财富",称储藏钱财的宝库为"财富的监牢",称那些认为他们必须向他们的财宝库献祭的人为"阿洛伊代人(Aloadae)",因为后者囚禁战神阿瑞斯后,向阿瑞斯献祭。②

希罗德斯的财富来源众多,来自好几个家族,但最大的部分来自他的父亲和母亲。他的祖父希帕科斯(Hipparchus)因被指控企图行僭政而被罚没财产,③ 皇帝也知道这事,尽管雅典人没有提议没收希帕科斯的财产。[548]希罗德斯的父亲阿提科斯,丧失财富成为穷人后,机运女神没有遗忘他,而是向他透露一处巨额宝藏,位于剧场附近他所拥有的一所房子中。宝藏虽然数额巨大,阿提科斯却没有陷入狂喜,而是非常谨慎。

他写信给皇帝:"陛下,我在我的房子中找到一处宝藏。您如何处置?"涅尔瓦皇帝回信道:"随你处置。"但是,阿提科斯没有放弃谨慎,继续写信告诉皇帝宝藏的数额超出他的地位。皇帝回信说:"那就滥用你的意外之财吧,因为那是你的。"因此,阿提科斯又变成强有力的人物,但是希罗德斯比其父还要更强有力。因为除了父亲的遗产外,还有他母亲的,并且他母亲的财产

---

① 对照《马太福音》,6.20。

② 荷马,《伊利亚特》,5.385。阿洛伊代人奥图斯(Otus)和埃菲阿尔特斯(Ephialtes)因禁阿瑞斯13个月,后被赫尔墨斯解救。

③ 苏维托尼乌斯,《罗马十二帝王传·维斯帕芗传》13,提到对希帕库斯的审判。

比他父亲的财产只多不少。

阿提科斯也以他慷慨大度闻名。例如，希罗德斯任小亚细亚所有自由城市的总督时，阿提科斯看到特洛伊城浴池供水很成问题，居民需要从井里汲水，不得不挖水池贮存雨水。因此，他给哈德良皇帝写信，请求皇帝不要让一个靠近大海的古代名称消失于干旱，应赠予特洛伊城 300 万德拉克马修建供水渠，既然皇帝单单赠予乡村的钱都不止 300 万的很多倍。

哈德良皇帝同意阿提科斯的建议，任命希罗德斯负责水渠建设。但是，当整个工程支出逾 700 万德拉克马时，治理小亚细亚的官员写信给哈德良皇帝说，将五百座城市的贡赋花在一座城市的水渠建设上，真是可耻。于是，哈德良皇帝对阿提科斯表达不满，这个最慷慨大度的人回信说：

> 陛下，不要为这么小的一笔钱动怒。超过 300 万的部分我将交给我的儿子支付，他会完成水渠建设。

[549] 此外，阿提科斯的遗嘱也证明他的慷慨，因为他在遗嘱中规定每年给每个雅典人一米纳。他也以其他方式表现这种慷慨。他常在一天内向雅典娜女神献祭 100 头公牛，用牺牲酬享所有雅典人。只要酒神节到来，酒神的雕像被搬到柏拉图学园，① 他都会为雅典市民和来访雅典的陌生人备好葡萄酒，在陶匠区（Cerameicus）为人们备好铺有常青藤叶的躺椅。②

既然我提到阿提科斯的遗嘱，我必须记述为何希罗德斯会冒

---

① 在每年的酒神节，狄奥尼索斯的雕像会被游行队伍抬到柏拉图学园旁边酒神神庙中，那所神庙很小，对照泡萨尼阿斯《希腊志》，1.38.1。

② [译注] 雅典西北门外是外陶匠区，是安葬英雄的地方，门内是内陶匠区。

犯雅典人。如我所说，遗嘱条款由阿提科斯依照他的被释奴的意见起草，这些被释奴看到希罗德斯天性喜欢严厉对待被释奴和奴隶，所以意图通过遗嘱，表现出对阿提科斯遗产负责的样子，在雅典人中间为自己预备一个避难所。遗嘱宣读后，雅典人与希罗德斯签订一项协议，即只要向每个雅典人一次性支付 5 米纳，他就可以撤回每年支付 1 米纳的义务。

但是，当人们来到钱庄准确领取约定好的款项时，希罗德斯要求必须先听人宣读他们曾与希罗德斯的父亲和祖父签订的合同，表明他们欠希罗德斯父母的钱。希罗德斯要求人们先偿还所欠债务，结果有的人只得到一小笔钱，有的人一毛钱也没得到，还有的人滞留市场必须偿还抵扣之后所欠债务。这种做法激怒了雅典人，他们感到自己的遗产被抢走，所以从未停止憎恨希罗德斯，即便是希罗德斯认为他在给予雅典人最大恩惠时，他们也没有停止憎恨。因此，雅典人宣称泛雅典娜体育场（Panathenaic stadium）的名字很好，① 因为希罗德斯正是用抢夺自雅典人的钱建造了这座体育场。

希罗德斯在雅典担任年度执政官和管理泛雅典娜节（Panathenaic festival）。当他被授予管理泛雅典娜节的荣誉时，② [550] 他宣布了这一消息：

> 雅典人，来参会的希腊人和来比赛的运动员们，我将在一个纯白大理石的体育场欢迎你们。

为了兑现这一承诺，希罗德斯在四年时间内，在伊利苏斯

---

① [译注] 世界上唯一一座全部用大理石建造的体育场。1896 年，希腊为举行第一届现代奥林匹克运动会而进行重建。
② [译注] 泛雅典娜节，四年举行一次。

（Ilissus）旁边建造了泛雅典娜体育场，这样希罗德斯建造了一座超越所有其他成就的纪念碑，因为没有任何剧场能与它相比。

此外，我得知关于泛雅典娜节的下述事实。挂在船上的雅典娜法衣比任何一幅画都要美，① 在微风的吹拂下，它的褶皱被吹得鼓胀。船在前进的过程中，不是由动物拖引，而是通过地下机械向前滑动。这艘船在陶匠区（Cerameicus）由一千名桨手划动起航，抵达厄琉西斯，绕行厄琉西斯一圈后，经过佩拉斯基，抵达皮提乌姆（Pythium），即现在停泊的地方。

体育场的另一侧是一座机运女神神庙，她的象牙雕像表明她掌控所有竞赛。希罗德斯还将雅典青年的服饰改变为现在的形式，他是第一个给他们穿上白色斗篷的人，因为在那之前，他们只要参加公共会议或参与节庆游行，就穿黑色斗篷，这是雅典人对传令官克普雷乌斯（Copreus）的纪念，② 当他试图将赫拉克勒斯的儿子们从祭坛上拖走时，他们亲手杀死了他。

[551] 希罗德斯为了纪念雷吉菈（Regilla），③ 也为雅典人建了一座剧院。剧院的顶由雪松做成，一般认为，这种木材用来制作雕像都显得昂贵。这两座建筑［体育场和剧院］都在雅典，罗马帝国其他地方都没有。我还要提到希罗德斯为科林多人建造的有屋顶的剧场，但是比雅典的那座差得远，但是即便如此，其他地方也没有多少著名建筑能与它相提并论。

科林多地峡还有其他雕像和阿芙洛狄忒的巨像，希罗德斯用

---

① 泛雅典娜节时，雅典人要向雅典娜敬献一件法衣，将之挂在为庆祝节日而建造的一艘船上。然后，拖着船进行游行。

② 荷马，《伊利亚特》，15.639。关于这一习俗，对照普鲁塔克《对比列传·阿拉图斯传》，53；泡萨尼阿斯《希腊志》，2.3.6。科普雷乌斯是欧律斯透斯（Eurystheus）的传令官。

③ 雷吉菈是希罗德斯的妻子。

各种献祭品填满阿芙洛狄忒的神庙。我也不能略过他献给莫里克特斯（Melicertes）的海豚。① 希罗德斯也向皮提亚的阿波罗神庙贡献阿波罗的雕像，为奥林匹亚的宙斯神庙修建水渠，为居住在马里亚湾（Maliac gulf）的色萨利人和希腊人修建能治病的浴池。希罗德斯还在伊庇鲁斯的奥里库姆（Oricum，此城现已衰落）和意大利的卡努希乌姆（Canusium）城殖民，通过为它们建造水渠，使之适宜居住，因为那里非常需要水渠。

希罗德斯也赠予欧波亚、伯罗奔半岛和波俄提亚的城市各种礼物。不过，尽管他如此慷慨大度，却认为自己没做什么重要的事，因为他尚未挖通科林多地峡。他认为挖通地峡，让两个海洋连接，将航程缩短为 26 斯塔德才是真正了不起的成就。② 他很渴望完成这一伟业，但没有勇气请求皇帝允准，唯恐他会被指控心怀连尼禄都无法匹敌的野心勃勃的计划。

但是，在日常交谈中，他确实以下述方式流露过这一抱负。[552] 雅典人科泰希德摩斯（Ctesidemus）告诉我，希罗德斯和他马坐车到科林多去，他坐在希罗德斯旁边。希罗德斯抵达科林多地峡时，喊道："波塞冬，我渴望做成这件事，但无人允准！"科泰希德摩斯对他这话很惊讶，问他为何说这话。希罗德斯于是回答：

> 一直以来，我努力给后世留下一些足以证明我作为一个凡人的抱负的证据，我认为我迄今未获得这样的荣誉。

科泰希德摩斯然后对希罗德斯无人可比的演说和功绩大加赞赏一番。但是，希罗德斯回答说：

---

① 泡萨尼阿斯，《希腊志》，1.44.11。莫里克特斯被他母亲伊诺溺亡，海豚将他的尸体送到科林多海岸，后在科林多地峡举行竞技会纪念他。
② ［译注］1 斯塔德等于 184.2 米。

你说的这些必然会衰朽，会屈服于时间之手，其他人会剽窃我的演说，时而批评这个，时而批评那个。但是，挖通这个地峡，才是不朽的成就，届时没人会将之归因于人力，因为我认为，挖通地峡需仰仗波塞冬，而非人。

至于那个大多数人称为希罗德斯的赫拉克勒斯的人，是一个刚刚成年的青年，① 有凯尔特人那么高，实际上大概八尺高。希罗德斯在给尤利安努斯（Antoninus Julianus）的一封信中描述过这个年轻人的体貌。② 他说，这个年轻人的头发很均匀，眉毛浓密，头发和眉毛连在一起，仿佛原本就是一体，眼睛炯炯有神，显示出他冲动的性格；他长着鹰钩鼻，脖子结实，这要归因于劳作而非饮食。他的胸部很匀称，很漂亮，双腿微微向外弯曲，这使他站得很稳。他穿着一件狼皮缝制的衣服，经常与野猪、豺狼和疯牛搏斗，展示搏斗留下的伤疤。

[553] 有人说，这位赫拉克勒斯是大地所生，来自波俄提亚的德里俄斯（Delium）。但希罗德斯说，他听这位年轻人说他的母亲非常强壮，可以牧牛，他的父亲是马拉松，后者的雕像就在马拉松，③ 是一个乡村英雄。④ 希罗德斯问这位赫拉克勒斯是否也是不朽者，他回答说："我只是比凡人活得更久。"

---

① 路吉阿诺斯在《德摩纳克斯传》1 中称这个年轻人为索斯特拉图斯（Sostratus）。
② 奥路斯·革珥利乌斯提到尤利安努斯，见《阿提卡之夜》（*Attic Nights*），19.9。
③ 关于英雄马拉松，参泡萨尼阿斯《希腊志》，1.32.4—5。
④ 菲洛斯特剌托斯似乎对乡村英雄这个类型很感兴趣，参菲洛斯特剌托斯《英雄对话》，8—16。

然后,希罗德斯问他靠什么为生,他回答说:

我大多数时间靠奶水生活,山羊、成群的奶牛和母马的奶水喂养我,母驴也提供一种甜奶,很易于消化。当我偶尔吃大麦时,就吃十夸脱,马拉松和波俄提亚的农民为我提供这样的大餐。他们给我取了阿伽忒翁(Agathion)的绰号。①

希罗德斯问:

那你的言辞呢?你如何受教育,教育你的人是谁?因为在我看来,你不像一个未受过教育的人。

阿伽忒翁说:

阿提卡内陆的人教育我,对那些希望能够交谈的人来说,那是一所好学校。因为城里的雅典人接纳来自色雷斯、黑海和其他野蛮民族的少年为雇工,他们自己的语言在这些蛮夷的影响下逐渐退化,远远超过他们改善新来者语言的能力。但是,阿提卡中部未受蛮夷玷污,因此那里的语言仍未败坏,那里的方言听起来是最纯正的阿提卡语。

希罗德斯问他,"你曾参加过公共节庆吗?"
阿伽忒翁回答说:

在皮托参加过,但我没有和人群混在一起,而是在帕纳

---

① Agathion 是好人的意思。

苏斯（Parnassus）山顶上，聆听帕曼涅斯（Pammenes）在肃剧竞赛中赢得掌声的比赛。[554] 在我看来，智慧的希腊人高兴地聆听珀罗普斯（Pelops）和拉布达科斯（Labdacus）家族的罪行时，①仿佛在做一件不朽的事。因为当神话没有遭到怀疑时，它们也可以是恶行的向导。

希罗德斯看到阿伽忒翁有哲学天赋，问他如何看待体育竞赛，阿伽忒翁回答说：

> 当我看到人们在赛场上比拳击、跑步、摔跤，为赢得桂冠争斗不已时，我嘲笑他们。让跑步运动员跑得比鹿或马快，就授予他一顶桂冠，凡训练重物竞赛的，能摔倒公牛或熊，就授予他桂冠，而这是我每天做的事。命运剥夺了我一次真正伟大的竞赛，现在阿卡纳尼亚人不再养育狮子。

听到这里，希罗德斯非常敬重阿伽忒翁，恳求他一同进餐。阿伽忒翁回答：“明天吧，明日中午我去卡诺布斯（Canobus）庙找你，②你在那里准备好最大的酒杯，盛满非女人挤的奶。”第二天，阿伽忒翁在约定时间来到卡诺布斯庙，但是当他举起杯子一闻，说：“这奶不纯，因为我闻到一个女人的手的气味。”阿伽忒翁说完这些，没有尝奶径直离去。希罗德斯留心阿伽忒翁说的那个女人，派人到牧场调查真相。当得知实情确如阿伽忒翁所说，他承认阿伽忒翁具有一种精灵的品性。

---

① [译注] 拉布达科斯是忒拜国王，拉伊俄斯是他的后代。
② 卡诺布斯是墨涅拉奥斯的庙，他死在埃及。对他的祭拜常与塞拉皮斯混淆，后者很久以前就在雅典得到祭拜。这里所说的卡诺布斯庙，可能指塞拉皮斯的神庙。对照泡萨尼阿斯《希腊志》，1.34。

那些指控希罗德斯在伊达山上打过安东尼皇帝的人——当时前者是小亚细亚自由城市的总督,后者是小亚细亚所有城市的总督——在我看来,并不了解德莫斯特拉图斯(Demostratus)对希罗德斯的指控。[555] 德莫斯特拉图斯对希罗德斯提出多项指控,但任何地方都没有提到这件傲慢之举,因为这件事不是事实。尽管他们二人互相推挤过,正如在一条狭窄难行的路上常发生的那样,但他们没有互相殴打。事实上,[如果这件事真有其事],德莫斯特拉图斯在他指控希罗德斯的案件中,绝不会略过不提,当时他如此激烈地攻击希罗德斯,竟致谴责希罗德斯那些受到普遍赞扬的行为。

希罗德斯还被指控犯有谋杀罪,原委如下。据说,他的妻子雷吉菈在怀孕八个月头上,希罗德斯命令他的被释奴阿尔克美东(Alcimedon)因她的小过错而鞭打她,雷吉菈腹部遭到击打,死于早产。由于这些原因,雷吉菈的兄弟布拉都阿斯(Buraduas)指控希罗德斯谋杀。布拉都阿斯是一位很有名望的执政官级的人物,他的便鞋上有一个月牙形的象牙扣,这是他高贵出身的标记。布拉都阿斯来到罗马人的法庭,关于他对希罗德斯的指控,没有提出令人信服的证据,反而对他如何治理自己的家族发表长篇颂辞。

希罗德斯于是取笑他,说:"你的脚趾关节上有你的血统。"当布拉都阿斯吹嘘他对意大利的某个城市的恩惠时,[556] 希罗德斯庄重地说:"无论大地上的哪个部分,我都可以列举我的许多这类功绩。"在他的辩护中,两件事帮了他。首先,他曾下令不要严厉对待雷吉菈;其次,他对雷吉菈的死非常悲痛。虽然这两件事被视作借口,成了指控他的理由,但真相获胜。

如果他不是清白的,他本来不会为了纪念雷吉菈建设那样一个壮丽的剧场,也绝不会为了她而推迟第二次执政官任期的抽签。如果他犯有谋杀罪，他也不会将雷吉菈的衣服敬献到厄琉西斯的神庙，因为这样做更可能让女神报复杀人犯，而非宽宥他们。为了纪念雷吉菈，希罗德斯改变房子的外观，用帷幔、染料和莱斯波斯的大理石将房间涂装成黑色，莱斯波斯大理石是一种暗黑色的大理石。

人们说，卢西乌斯（Lucius），一个智慧之人，竭力就这件事给希罗德斯提建议，因为他不能说服希罗德斯，转而嘲讽他。我不能略过这件事不提，因为有学问的作家认为它值得一提。这个卢西乌斯跻身博学之士之列，他在厄特鲁里亚的穆索尼乌斯（Musonius）门下得到良好的哲学训练。[①] 他的应答妙语连珠很容易切中要害，而且练就一种适合这种情形的机智。

［557］他和希罗德斯关系非常密切，当希罗德斯［因雷吉菈去世］极度悲痛时，卢西乌斯陪着他，常给他良好的建议：

> 希罗德斯，任何事都服从中庸之道，我常听穆索尼乌斯谈论这个主题，也常就这个主题演说。我也曾看到你在奥林匹亚向希腊人推荐中庸之道，那时你甚至劝诫河流保持在河道中央。但是，现在所有这些建议都变成什么样子？你已失去自制，你现在的所为让我们很痛惜，你是在拿自己的名誉冒险。

他又说了许多同类意思的话。但是，卢西乌斯没有说服希罗德斯，转而变得非常愤怒。他看到一些奴隶在房子的井边洗盘

[①] 即著名哲人穆索尼乌斯·儒福斯（Musonius Rufus），此人也出现在《阿波罗尼欧斯传》（4.35，4.46，5.19，7.16）。此人也是菲洛斯特剌托斯的《尼禄》中的一个对话人物。［译注］穆索尼乌斯是廊下派哲人，出生于约公元30年，去世于约101年。

子，问他们在为谁准备晚餐。他们说，他们在为希罗德斯准备。卢西乌斯评论道：

> 希罗德斯在一所黑色房子中用白盘子吃饭，这是在侮辱雷吉菈。

这话被报告给希罗德斯。希罗德斯于是撤掉房中哀恸的标记，因为他担心成为智慧之士嘲讽的对象。

卢西乌斯还有另一个令人钦佩的妙语。奥勒留皇帝对波俄提亚哲人塞克图斯（Sextus）非常崇拜，准备亲自登门拜访，参加他的课程。卢西乌斯刚抵达罗马，问奥勒留皇帝准备去哪里、去见谁。奥勒留皇帝回答说：

> 即使一个人正日渐老去，获得知识也是一件好事。我要去哲人塞克图斯那里，学习我还不懂的东西。

听到这话，卢西乌斯双手指天，大声说道：

> 宙斯啊！罗马人的皇帝虽正日渐老去，他脖子上仍挂着一块写字板去上学，而我的皇帝亚历山大年仅三十二岁就死了。

我引用的这些话，足以表明卢西乌斯修习的那种哲学，因为这些话足以揭示这个人的品性，就像一小口酒足以揭示酒香一样。

这样，希罗德斯对雷吉菈的哀恸消失，[558] 他对女儿帕纳忒纳伊思（Panathenais）的悲痛则被雅典人缓和，他们将她葬在城里，颁布法令将她死的那天从一年中剔除。但是，当他的另一个女儿也去世,他叫她厄尔皮尼斯(Elpinice),希罗德斯躺在地上,捶打地面,哭喊道:"我该拿什么祭物献给你?我该给你陪葬些什么?"哲人塞克图斯恰好在场,说道:"你若能节制悲痛,这对你的女儿来说可不是一件小礼物。"

他用这种过度的悲痛来哀悼两个女儿,因为他不满意他的儿子阿提科斯。他的儿子被认为是一个傻瓜,不善言辞,记忆力迟钝。无论如何,他的儿子没法掌握字母,希罗德斯想到一个主意,找来二十四个以希腊语字母为名的同龄男孩,这样小阿提科斯就能既记住男孩的名字,又能掌握字母。希罗德斯看到小阿提科斯是个醉鬼,喜欢胡作非为,因此他在世时曾改写荷马的名句,对自己的家庭发表预言:"在我看来,有一个傻瓜还留在宽敞的房子里。"①

希罗德斯去世时,将雷吉菈的财产交给小阿提科斯,而将他自己的财产交给了其他继承人。雅典人认为这样做不厚道,不过,他们没有考虑到希罗德斯的养子阿基琉斯、珀吕德克斯(Polydeuces)和美侬(Memnon),他哀恸他们仿佛他们是自己的亲儿子,因为他们是非常值得尊敬的年轻人,思想高尚,热爱学习,这是他们在他家中长大的结果。

[559]因此,希罗德斯竖立他们打猎的雕像,有的已经完成打猎,有的正准备打猎,有的在灌木丛中,有的在田野,有的在泉水旁,有的在梧桐树荫下,这些雕像没有被藏起来,相反,上面刻有对任何打算推倒或移动它们的人的诅咒。如果他不知道这三个年轻人配得上他的称赞,他不会这样高抬他们。当昆体良(Quintillii)兄弟任希腊总督时,②谴责希罗德斯为三位年轻人竖

---

① 对照荷马《奥德赛》,4.498。
② 卡斯西欧斯·狄翁在《罗马史》71.33中提到过这兄弟俩。

雕像，因为那样做太过浪费，希罗德斯反驳说："我拿我卑微的大理石自娱自乐，关你们什么事？"

如大多数人所言，希罗德斯与昆体良兄弟的争吵始于皮提亚节，当时他们对音乐竞赛看法不同。但是，有人说，他们的争吵始于希罗德斯对奥勒留皇帝开昆体良兄弟的玩笑。希罗德斯看到，昆体良兄弟尽管是特洛伊人，奥勒留皇帝仍认为他们配得上最高荣誉。希罗德斯说："我谴责荷马笔下的宙斯，因为他爱特洛伊人。"

但是，下述原因更接近真相。当昆体良兄弟治理希腊时，雅典人邀请他们参加一个会议，雅典人发表演说，演说的大意是他们遭到一个僭主的压制，这个僭主就是希罗德斯，于是请求兄弟俩把他们的话报告给皇帝。昆体良兄弟同情雅典人，立即向皇帝报告他们听到的内容。所以，希罗德斯断定这兄弟俩在阴谋反对他，唆使雅典人攻击他。

当然，那次会议后，涌现出诸如德莫斯特拉图斯、普拉克萨格拉斯（Praxagoras）和马默提努斯（Mamertinus）以及其他多人反对希罗德斯。[560] 于是，希罗德斯起诉他们筹划阴谋唆使雅典民众反对他，将他们告上总督法庭。结果他们秘密逃走，前去觐见奥勒留皇帝，寄希望于皇帝的民主性情和当时的有利形势。[所谓有利形势是指，] 奥勒留皇帝曾怀疑卢西乌斯·维鲁斯（Lucius Varus）策划谋反，① 希罗德斯被怀疑与这一阴谋有染，奥勒留从未公开宣布希罗德斯无罪。奥勒留皇帝此时正率军驻扎于潘诺尼亚的西米乌姆（Sirmium），德莫斯特拉图斯及其友人驻扎在皇帝营帐附近，奥勒留为他们提供饮食，常常询问他们有何需要。

---

① 卢西乌斯·维鲁斯，公元161—169年与马可·奥勒留为共治皇帝。对照卡斯西欧斯·狄翁《罗马史》，71.1—2。

不仅他本人相信他应该仁慈地对待他们，而且他的妻子和小女儿也劝说他这样做，彼时他的小女儿尚不能流利地说话。最重要的是，她常常抱着父亲的膝盖，用甜言蜜语恳求他拯救雅典人。希罗德斯住在军营的边缘区域，那里塔楼林立，有些是全高的塔楼，有些是半高。跟他一同来到西米乌姆的还有两个女孩，是一对刚到成婚年龄的双胞胎，美艳无双。希罗德斯将她们从小养大，命她们做他的理发师和厨师，常称她们为自己的小女儿，就像亲生女儿那样爱她们。

这对双胞胎是阿尔克美东的女儿，他是希罗德斯的一个被释奴。她们睡在一座非常坚固的塔楼中，夜里塔楼遭到雷击，这对双胞胎惨死。[561] 这一不幸让希罗德斯发疯，当他来到皇帝的营帐，精神一片混乱，只渴求死亡。他上前演说时，没有运用修辞手法，直言不讳地猛烈抨击奥勒留皇帝，尽管一个受过演说术训练的人本应控制怒气。

他说话咄咄逼人、口无遮拦地攻击皇帝，哭喊道：

>这就是我友好款待维鲁斯的结果，尽管是您把他送到我那里。这就是您评判人的依据，您为了一个妇人和三岁小孩牺牲我！

禁卫长官巴塞乌斯（Bassaeus）说希罗德斯明显是在寻死，希罗德斯回答说："我的好伙伴，老人无所畏惧！"说完这些话，希罗德斯离开皇帝的营帐，用来为他演说计时的水钟仍在滴答。

但是，我们必须把奥勒留皇帝的这次审讯归入他最杰出的哲学行动之列。他从未像法官那样焦眉皱眼或变化神情，转而对雅典人说："雅典人，辩护吧，纵然希罗德斯没有让你们离开。"他一边听雅典人的辩护演说，一边对听到的诸多事情悲痛不已，不过没有流露出来。但是，当雅典人宣读雅典大会的法令，公开抨击希罗德斯试图用甜蜜的演说腐化希腊的地方官，当他们大喊道："唉，多么苦涩的甜蜜！死于瘟疫的人多么幸福！"他的情绪深受震动，竟毫不掩饰地哭了起来。但是，由于雅典人的辩词不仅包含对希罗德斯的控告，还包括对他的被释奴的控告，奥勒留皇帝将愤怒转向希罗德斯的被释奴，施加了一种"尽可能温和"的惩罚，他用这个词来形容他的判决。只有阿尔克美东被免除惩罚，因为他失去孩子的不幸已经够大。奥勒留皇帝处理这件事的做法的确符合一名哲人所为。

［562］某个地方记载希罗德斯曾被流放——事实上他没有被流放——人们说他被流放时生活在伊庇鲁斯的奥里库姆（Oricum）。实际上，他建造这座城市是为了使之适合他的生活方式。但是，尽管希罗德斯在那里生活，在那里患病，又通过献祭恢复健康，不过他从未被判决流放，没有遭受过这种惩罚。神圣的奥勒留可以证明这一说法的真实性。

潘诺尼亚事件后，希罗德斯生活在阿提卡他最爱的马拉松和塞弗西亚（Cephisia）两区。天下各地的年轻人凝视着他的嘴唇，涌向雅典聆听他的演说。他试探奥勒留是否仍对潘诺尼亚事件生气，给奥勒留写了一封不是道歉而是抱怨的信。他在信中说，他很好奇为何皇帝不再写信给他，尽管之前他曾频繁去信，有一次甚至一天内三辆邮车相继抵达。于是，奥勒留就好几个问题给希罗德斯写了一封长信，写得很有礼貌，我想从这封信摘录能证明我的叙述为真的内容。

这封信这样开头："朋友希罗德斯，向你问好！"叙述过他当时所在的冬季营地、哀恸他刚刚去世的妻子后，① 然后交待几

---

① 奥勒留的皇后福斯缇娜（Faustina）逝世于公元175年。

句他很差的身体状况，奥勒留开始说：

> 至于你，我祝福你身体健康，你应该认为我对你充满善意。如果我发现你的某些家人犯下罪行，然后用尽可能温和的措施惩罚他们，不要认为你受到不公正对待。［563］不要因此而怨恨我，如果我惹你生气，并且你一直在生我的气，那就举行秘仪时在雅典娜神庙向我要求赔偿吧！因为在这次战争愈来愈激烈时，我发过誓，我也想加入秘仪，我期待你能引介我加入那些秘仪。

这就是奥勒留的道歉，如此仁慈，如此坚定。谁会这样称呼一个被放逐的人？谁会把这样一个值得如此称呼的人流放？

此外，据说当东部行省总督阿维狄乌斯·卡西乌斯（Avidius Cassius）阴谋反叛奥勒留皇帝时，① 希罗德斯在一封信中这样谴责他："希罗德斯致卡西乌斯。你一定是疯了。"我们必须将这封信不仅视作希罗德斯对卡西乌斯的谴责，而且视作他用理智武器保护奥勒留皇帝的强有力证据。

我认为，德莫斯特拉图斯控告希罗德斯的演说值得赞扬。就其风格而言，它的描述方式贯穿始终，从开头一直持续到演讲的结尾，令人印象深刻。那篇演说表达方式多种多样，没有重复，配得上一切称赞。我承认，那篇演说之所以在控告类演说中闻名于世，部分是因为希罗德斯，它攻击的是一个非常杰出的人。

但是，面对攻击和谩骂，希罗德斯表现得多么坚强，他在雅典对犬儒普罗透斯（Peregrinus Proteus）所说的话有所体现。这

---

① 关于卡斯西欧斯的这次叛乱，参卡斯西欧斯·狄翁《罗马史》，71.22。

个普罗透斯是有勇气实践犬儒哲学的人之一,竟然在奥林匹亚跳入火堆自焚。① 普罗透斯常常尾随希罗德斯,用半野蛮的方言侮辱他。有一次,希罗德斯转而对他说:

> 你说我的坏话,这倒无所谓,但你的希腊语为什么这么蹩脚?

[564] 当普罗透斯不依不饶继续辱骂时,希罗德斯说道:

> 我们两个都老了,你在说我的坏话,我在听你说我的坏话。

他的意思是,尽管他听到了普罗透斯的谩骂,却蔑视这种谩骂,因为他相信错误的谩骂只能过过耳朵,不能伤及心神。②

接下来,我要描述希罗德斯的口才和他的演说的主要特征。我之前说过,希罗德斯将珀勒蒙、法沃瑞努斯和斯科佩利安当作他的老师,参加过雅典人塞库都斯的讲座。但他的演说术的关键部分,学自尼多斯的忒阿格涅斯(Theagenes of Cnidos)和特拉勒斯的穆纳提乌斯(Munatius of Tralles),他的柏拉图哲学则学自推罗的陶鲁斯(Taurus of Tyre)。③

---

① 路吉阿诺斯在其《佩勒格里努斯传》(*Peregrinus*)中详细描述了犬儒哲人普罗透斯的这次自焚,路吉阿诺斯是亲眼见证者,这事发生于公元165年。
② 对埃斯基涅斯《论奉使无状》149处的模仿。
③ 此人很可能是柏拉图主义哲人卡尔文努斯·陶鲁斯(Calvenus Taurus),这位哲人多次出现在奥路斯·革珥利乌斯的《阿提卡之夜》(1.9, 1.26, 2.2, 7.10, 7.13, 8.6, 9.5, 10.19, 12.5, 17.8, 18.10, 19.6, 20.4)中。奥路斯·革珥利乌斯认识希罗德斯和陶鲁斯。

卷二　希罗德斯传

他的作品结构适度严谨,其力量在于精妙地感染听众而不是攻击的力度。他质朴的文风让人印象深刻,又像克里提阿斯的风格那样铿锵有力。他的创意出其不意,别人难以想到;他有一种从容而文雅的机智,这种机智不是强行塞入演说中,而是受到主题本身的启发。他的遣词造句婉约,富于形象化,雍容华贵;善于变换句子结构。他的语气不激烈,比较平稳。一般来说,他的口才就像河水银色旋涡下闪闪发光的金粉。①

当他专心研究古代作家时,他和克里提阿斯形影不离,他让希腊人更加熟悉克里提阿斯,因为自克里提阿斯死后,就一直被忽视和轻视。当整个希腊都为希罗德斯欢呼喝彩,[565] 称他为阿提卡"十大演说家之一",② 他并没有因为如此崇高的赞美而感到羞愧。他对仰慕者机智地说道:"无论如何,我比安多基德斯(Andocides)好。"尽管他比任何人学起来都轻松,却不忽视勤奋学习,而是常常在饮酒和夜里睡不着时学习。因此,懒惰轻浮之辈常称他为"装腔作势的演说家"。不同的人有不同的长处,这个或那个人在这个或那个方面优于他人,因为有人是令人钦佩的即兴演说者,有人擅长精心构思的演说,但我们的朋友希罗德斯在所有这些方面都胜过其他智术师。当他想感动听众时,不仅借助肃剧,而且从日常生活中提取材料。

希罗德斯有许多书信、文章、日记、手册和长度短小精悍的段落集(古书的经典段落被搜集成小书)存世。那些诋毁他的人说他还是个年轻人时,在潘诺尼亚当着奥勒留皇帝面演说时突然词穷,这样说的人没有意识到德摩斯梯尼也曾这样,他在腓力二

---

① 路吉阿诺斯也用过这个比喻,见《海神对话》,3。
② [译注] 依照普鲁塔克《十大演说家列传》的记载,十大演说家分别是安提丰、安多基德斯、吕西阿斯、伊索克拉底、伊塞俄斯、吕库古斯、埃斯基涅斯、许佩里德斯、狄纳尔科斯、德摩斯梯尼。

世面前演说时突然词穷。德摩斯梯尼回到雅典仍要求荣誉和花冠，尽管雅典人从未能收复安菲波利斯。① 但是，希罗德斯在潘诺尼亚蒙羞后，冲到多瑙河边，好像要投河自尽。作为一个演说家，他对闻名天下的欲望如此强烈，以至于认为失败的惩罚就是死亡。

希罗德斯于 76 岁高龄死于疾病。尽管他在马拉松去世，并嘱命他的被释奴将他葬在马拉松，但是雅典年轻人亲手将他抬到雅典城内，各个年龄的人满含眼泪，虔诚地哭喊着涌到街上迎接灵柩，就像儿子们迎接一位好父亲。[566] 雅典人将他葬在泛雅典娜体育场，他的墓志铭简短而崇高：

> 这里葬着希罗德斯的遗骨，马拉松的阿提科斯的儿子，他闻名天下。

这就是我关于雅典人希罗德斯的全部叙述，部分已由前人讲述过，部分迄今不为人所知。

---

① 腓力二世公元前 357 年占领安菲波利斯，德摩斯梯尼公元前 346 年出使马其顿试图收回安菲波利斯，没有成功。

第二代智术师合传之三

2

我的叙述让我想到智术师忒奥多图斯（Theodotus）。雅典人与希罗德斯争吵时，忒奥多图斯是雅典人的行政长官，尽管他从未公开敌视希罗德斯，却阴谋秘密反对希罗德斯，因为他有一种能从任何情况下获利的才能，实际上，他是卑鄙之辈。无论如何，他与德莫斯特拉图斯及其朋友们厮混在一起，与他们合作发表反对希罗德斯的演说。

他被任命为雅典修辞讲座教授教育雅典青年，第一个从皇帝那里接受1万德拉克马的薪酬。这个事实本身不值得提到，因为并非荣任这一教授职位的人都值得提到，我这样做是因为奥勒留皇帝指派希罗德斯挑选柏拉图派、廊下派、漫步派和伊壁鸠鲁派哲人，但是他依照自己对忒奥多图斯的了解，挑选忒奥多图斯指导雅典的教育，称他为政治演说大师和修辞学高手。［567］忒奥多图斯是洛里阿努斯的学生，但也参加希罗德斯的讲座。忒奥多图斯大概活了50多岁，任雅典修辞讲座教授两年，他的诉讼演说和纯粹的智术演说都很好。

3

帕加马的阿里斯托克勒斯（Aristocles of Pergamon）在智术师中也颇有名望，① 我将叙述我从老人们那里听到的关于他的事迹。阿里斯托克勒斯出生于一个执政官级的家庭，尽管从少年至青年时代，浸染于漫步学派的学说，后来还是完全投身于智术师门下，在罗马经常参加希罗德斯的即兴演说讲座。在学习哲学期间，他的外表邋里邋遢，衣服又脏又乱，但是一投身于智术师行当，开始挑剔起来，抛弃不修边幅的习惯，把七弦琴、笛子和歌声所能提供的一切欢乐收进他的家里，仿佛它们是求着进入他的家门。

虽然他此前一直过着简朴严苛的生活，投身智术师后，竟开始毫无节制地去剧院，沉迷剧院的喧闹声。［568］阿里斯托克勒斯在帕加马声名鹊起后，那个地区的所有希腊人对他的演说术痴迷不已，希罗德斯旅行到帕加马，让他的所有学生都去听阿里斯托克勒斯的演说，从而大大提升阿里斯托克勒斯的声望，仿佛雅典娜也对他投下关键一票。② 他的演说风格明晰易懂，属阿提卡式，不过比起诉讼演说，他的风格更适合问答式论辩，因为他的语言不够辛辣，也缺乏瞬间的爆发力。不过，即使是他的阿提卡风格，若与希罗德斯的风格进行比较，也显得太过精细，不够

---

① 阿里斯托克勒斯，希罗德斯的学生，著有哲学论文和修辞小册子，不过都已经散佚。从演说风格上来讲，他是阿提卡派。

② 在埃斯库罗斯的《和善女神》中，俄瑞斯忒斯受审时，雅典娜投下关键一票，免除俄瑞斯忒斯的惩罚。后来，"雅典娜投下关键一票"成为谚语。

崇高和雄浑。阿里斯托克勒斯去世时,头发已经灰白,① 恰处老年的门口。

4

智术师安提俄库斯(Antiochus)出生于西里西亚的埃迦伊(Aegae)的一个望族,迄今为止,他的后代仍在任执政官。当他被指责懦弱,不在公民大会上发言,不参与公共事务时,他说:"我恐惧的不是你们,而是我自己。"这样说无疑是因为,他知道自己脾气暴躁易怒,且无法控制自己的脾气。不过,他私底下常常尽他所能帮助市民同胞,不仅看到他们匮乏时向他们提供谷物,而且用钱修复他们破旧的建筑。②

安提俄库斯曾在阿斯克勒皮奥斯神庙度过多个夜晚,③ 他这样做一方面是因为他在那里做的梦,另一方面是因为在神庙中所有清醒者之间的交谈。就安提俄库斯来说,医神实际上在他清醒时与他交谈过,医神因此把交谈视作他的医术的一大胜利,以帮助安提俄库斯预防疾病。

少年时代,安提俄库斯求学于亚述人达尔达努斯(Dardanus)门下。长大后,他跟随米利都的狄奥尼修斯学习,④ 后者当时居住在以弗所。[569] 安提俄库斯缺乏问答式论辩的才能,

---

① 这句修饰语出自《伊利亚特》,13.361。
② 在这一时期,有诸多证据证明希腊城市的衰败,尤其是阿瑞斯忒德斯,*Oration* 43。富裕的智术师会修复这些城市。
③ 对阿斯克勒皮奥斯神庙中种种梦境最生动的记录是阿瑞斯忒德斯的《圣论集》(*Sacred Discourses*);阿波罗尼欧斯在埃迦伊的阿斯克勒皮奥斯神庙的经历,见菲洛斯特剌托斯,《阿波罗尼欧斯传》,1.8.9。
④ 关于此人的生平,参上文编码522—526。

但他非常精明机敏，转而贬低这门技艺，认为它很幼稚，以此显得是他轻视这门技艺［才不从事它］，而非不能胜任。但是，他在模拟示范演说（ἀμφὶ μελέτην）① 方面赢得巨大声望，因为他很擅长模拟演说，在控诉和攻击上极富力量，辩护时极为精彩，刻画人和事时非常强劲。

总而言之，他的演说风格某种程度上较之于诉讼演说，太过智术化，对纯粹的智术演说来说，又太具有诉讼演说的味道。在掌控听众情绪的技巧上，他比任何智术师都高超。他的演说没有长篇大论，也没有凄惨的哀歌，而是用寥寥数语表达它们，并以我无法描述的观念加以修饰。他为之辩护的诸多案件都有体现，尤其是在下面这个案件中。

一个女孩子被强奸，她已经选择强奸犯被处死；② 不久之后，被强奸的女孩生下一个孩子，孩子的祖父和外祖父争夺孩子的抚养权。安提俄库斯代表孩子的祖父辩护，喊道："放弃这个孩子！这孩子还未品尝妈妈的奶，立即放弃这个孩子！"另一个案件如下。有一个僭主主动退位，条件是城市豁免他。但是，这位僭主被他的一个阉人杀死，安提俄库斯为那位阉人进行辩护。在这个案件中，控告方援引民众与僭主之间的协议提出强有力的论证，安提俄库斯针锋相对提出一个巧妙论证，以下述方式申明阉人的冤屈。安提俄库斯哭喊道：

那位僭主与谁达成了这个协议？与儿童、软弱的女人、

---

① ［译注］ἀμφὶ μελέτην这个词的字面含义是指就某个主题进行正反两面辩护练习。这是修辞术学生练习的日常内容。这种练习后来演化成选择历史上的著名事件进行模拟练习，比如以喀罗尼亚战役后德摩斯梯尼的自责为题进行模拟演说。

② 依照罗马律法，被强奸者可与强奸犯结婚，也可选择处死强奸犯。

男孩、老人和男人们。但是,协议里没有我。

最巧妙的是,就宙斯墓地一案,① 他为克里特人做的辩护演说。他聪明地运用取自自然哲学和关于诸神的学说的论证,成功为克里特人辩护。[570] 他也发表即兴演说,同时还孜孜不倦著书立说,作品可谓汗牛充栋,不过最重要的是《纪事》(*History*)。在这部著作中,安提俄库斯的语言和思想力量展露无遗。更重要的是,他热爱美。关于安提俄库斯的死亡,有人说他以70岁高龄去世,有人说他去世时并不是很老,还有人说他死在家中,又有的人说他死在外面。

5

亚历山大(Alexander)通常被称为"泥版柏拉图"(*Πηλοπλάτωνα*/Clay Plato)。② 他出生于塞琉西亚,这是一座位于西里西亚的名城。他的父亲与他同名,擅长诉讼演说;他的母亲,如画像所示,非常漂亮,很像欧墨洛斯(Eumelus)画的海伦,欧墨洛斯画的海伦像被挂在罗马广场上。人们说,迷恋他母亲的人中还有泰安那的阿波罗尼欧斯,后者对这一点毫不避讳。人们还说,亚历山大的母亲拒绝其他追求者,青睐阿波罗尼欧斯,因为她渴望拥有高贵的后代,而阿波罗尼欧斯比普通人更神圣。

在《阿波罗尼欧斯传》中,我明确交待过这个故事有多不可信。不过,亚历山大确实有一副神一般的容貌,他的美和魅力着实惊人。他的胡子弯曲,长度适中,眼睛大而优雅,鼻型很

---

① 克里特人主张宙斯墓位于克里特。
② 亚历山大对哲学的热爱可能源于他的老师法沃瑞努斯,但"泥版柏拉图"的绰号表明,他实际上自命不凡。

直，牙齿洁白，手指修长，很适合驾驭雄辩术。此外，他非常富有，常常把钱花在无可非议的享乐上。

亚历山大成年后，他代表塞琉西亚出使罗马，觐见安东尼皇帝。关于他的恶意流言甚嚣尘上，亚历山大借用化妆术对自己装扮一番，让自己看起来更显年轻。安东尼皇帝似乎对他不太在意，[571] 亚历山大于是提高声音说道："凯撒，请听我说。"皇帝对亚历山大这种无礼称呼非常生气，反驳道：

> 我一直在注意你，也很了解你。你就是那个总是整理头发、清洁牙齿、修剪指甲、香味弥漫的家伙。

亚历山大一生的大部分时间在安条克、罗马、塔尔苏斯和埃及执教，他甚至旅行到裸体智者派生活的地方。① 他很少去雅典，忽视雅典实属不该。受奥勒留皇帝召唤，他前往潘诺尼亚，皇帝当时在那里指挥战争，授予他皇帝秘书头衔，命他负责撰写希腊语信件（ab epistulis Graecis）。②

当他到达雅典——对于从东方来的人来说，这段旅程相当长——他说："让我们坐下休息吧。"说完这话后，他对雅典人说他将发表即兴演说，因为雅典人渴望听他发表演说。但是，当他得知希罗德斯正住在马拉松，所有雅典年轻人都跟着他去了那里，他给希罗德斯写了一封信请求他带着听众来。

希罗德斯回信说："我会带着我的希腊人来。"亚历山大于

---

① 这些裸体禁欲主义者和魔法师从印度迁徙到埃及和埃塞俄比亚。
② [译注] 罗马皇帝的秘书依照职责可分为 ab epistulis Graecis（希腊语信件秘书）、ab epistulis Latinis（拉丁语信件秘书）、rationibus（财务秘书）、libellis（私人信件秘书）。希腊语信件秘书和拉丁语信件秘书负责官方书信往来，私人信件秘书负责回复个人的私人请愿。

是带领雅典人聚集在陶匠区名为阿格里帕的剧场,但是那天直到很晚,希罗德斯还没到,雅典人于是抱怨演说被取消,认为这是一个诡计。[572] 亚历山大只得走上讲台,在希罗德斯到达前,发表开场演说($διάλεξιν$)。① 他的开场演说是对雅典城的颂扬和对他之前没有访问雅典的辩护。整个演说长度适中,就像一篇泛雅典娜节演说的摘要。雅典人认为他的面容和外表如此精美,以至于他还没开口,就发出一阵嗡嗡的赞许声,作为对他超绝的优雅的称赞。他们选择的主题是:

> 演说者努力让斯基泰人回想起他们早期的游牧生活,他们由于居住在城市正变得虚弱。②

稍停片刻之后,他从座位上跳起来,面带喜悦,就像一个人要把好消息带给那些迫不及待要侧耳倾听之人。然而,他正在演说时,希罗德斯到了,戴着一顶阿卡狄亚遮阳帽,这是雅典夏季的时尚装扮,不过也可能是为了向亚历山大表明他刚刚到达。于是,亚历山大调整演说,用铿锵有力的言辞让听众注意到这位名人的出现。他问希罗德斯是愿意听已经论证过的主题,还是他自己提出一个主题。希罗德斯瞥了一眼听众,说他会做他们决定的任何事情。听众一致同意继续听亚历山大演说"斯基泰人"这

---

① [译注] 这个词在《智术师列传》中有两种含义:第一,指一种哲学论述,是一种辩证对话式讨论,例如菲洛斯特剌托斯有一部存世作品就叫作$διαλέξεις$;第二,指演说的非正式开场白。但是,这种开场白又不同于作为完整演说一个部分的开场白,后者的希腊文是$προοίμιον$。因此,此处的$διάλεξιν$可能类似于热场演说。

② 这是一个很流行的主题,比较乡村生活与城市生活,斯基泰人象征乡村生活,对照下文编码 575, 620 处;阿璞西内斯,《修辞术》,228, 247。

个主题；实际上正如这则轶事所示，亚历山大在阐述自己的观点时取得极大成功。

但是，在已有阐述的基础上，亚历山大进一步展示了他的神奇力量。希罗德斯到达之前，亚历山大已经出色地表达他的观点，现在他在希罗德斯面前重新表达，但用了不同的语言和韵律，那些第二次听他演说的人根本感觉不到他是在重复自己。① 例如，在希罗德斯到达前，赢得猛烈喝彩的警句是："当停滞不前时，甚至水也会变坏。"[573] 但是，希罗德斯到后，亚历山大赋予它一种不同的力量，说道："那些持续流动的水才更甜美。"

下面是亚历山大的"斯基泰人"演说的一些名句：

> 多瑙河结冰时，我就往南走，当它解冻时，我就往北走，身体总是很健康，不像现在的我，一副病恹恹的样子。一个人依照季节改变行程，会遭到什么损害？

在演说的最后，他谴责城市是一个逼仄且令人窒息的居所，演说的最后一句话，他大声喊道："快快打开城门，② 我要呼吸新鲜空气！"然后，他跑向希罗德斯，拥抱后者，说道："[用演说]款待我吧！"希罗德斯回答说："既然你如此盛情款待我，我怎能不款待你呢？"

演说结束后，希罗德斯把他的学生叫到跟前，问他们对亚历山大的看法。科林多的斯科普图斯（Sceptus of Corinth）说，他已经找到泥塑，但还需要找到柏拉图，希罗德斯打断他，说道：

---

① 柏拉图嘲讽过这种技巧，见《斐德若》，235b。
② 欧里庇得斯，《腓尼基妇女》(*Phoenician Women*)，行 297。

不要对任何人这么说，因为你会让自己显得是一个没受过教育的批评者。不如跟着我说，亚历山大是一个更加清醒的斯科佩利安分子。

希罗德斯之所以如此描述亚历山大，是因为他看到亚历山大知道如何将冷静和克制的雄辩与大胆运用智术的思想方式结合起来。

希罗德斯在亚历山大面前演说时，把自己的雄辩提高到更高的高度，因为他知道亚历山大最喜欢强烈和有力的言辞；[574]他导入演说的节奏比长笛和七弦琴的节奏更丰富多彩，因为他认为亚历山大特别善于巧妙地变奏。听众选择的主题是"在西西里受伤的雅典士兵请求正在撤退的士兵亲手杀死他们"。① 在论证过程中，他含着眼泪说出了那句著名的、经常被人引用的恳求："啊，尼西阿斯！啊，我的父亲！愿您能再次看到雅典！"

人们说，亚历山大随之喊道："哦，希罗德斯，我们这些智术师都是你的小碎片！"② 希罗德斯听到这句赞辞欣喜若狂，他顺从自己天生的慷慨，赠送给亚历山大十头驼兽、十匹马、十个捧杯人、十名速记员、二十塔兰同黄金、一大笔银，两个来自科洛图斯（Collytus）区口齿尚不清晰的孩童，因为他听说亚历山大喜欢听孩童的声音。这就是亚历山大在雅典的经历。

我既然前面记录过别的智术师的一些令人难忘的格言，现在我也要记下亚历山大的格言。因为在希腊人中，他还没有获得应有的名声。接下来的引文出自他的文章，它们可以表明亚历山大的演说风格多么崇高、多么令人愉快。如：

---

① 这个主题基于修昔底德《战争志》7.75 所述事件。
② 这句话是对埃斯库罗斯的名言——他的肃剧不过是从荷马的盛宴上切下来的碎片——的改写。

>玛尔叙亚斯爱着奥林普斯,奥林普斯爱着长笛演奏。

又如:

>阿拉比亚(Arabia)是一片森林茂盛的土地,① 平原上绿树成荫,没有荒凉之地,她的土地上全是花草树木。阿拉比亚生长的任何一片叶子都不会被丢弃,那里生长的任何一根茎都不会被丢弃。她的土地散发出来的一切是多么幸福!

再如:

>我是一个来自伊奥尼亚的穷人,而伊奥尼亚由纯粹的希腊人组成,他们殖民了蛮夷的土地。

[575] 安提俄库斯嘲笑这种风格,蔑视亚历山大滥用华丽的辞藻。所以,他在安条克以下述句子开始他的演说:"伊奥尼亚斯、吕底亚斯、玛尔叙亚斯、愚蠢,给我提出主题。"②

通过这些引用,我已经表明亚历山大独特的演说才能,但我必须表明他在另一类主题上的天赋。例如,当演说主题是:

>伯里克勒斯劝诫雅典人发动战争,即便皮提亚的神宣布神谕,不管拉克戴蒙人是否请求他帮助他们,他都会是拉克

---

① [译注] 阿拉比亚是罗马帝国的行省,范围约是现在的约旦全境、叙利亚南部、西奈半岛和沙特阿拉伯西北部。
② [译注] 看这句话的原文才能抓到其妙处,这句话的原文是 Ἰωνίαι Λυδίαι Μαρσύαι μωρίαι, δότε προβλήματα.

戴蒙人的盟友,①

亚历山大用下述句子挡住了这条神谕：

　　你们说皮提亚的神允诺帮助拉克戴蒙人。但是，他在欺骗他们，就如他也曾允诺帮助他们攻占泰格亚（Tegea）。②

当他模拟那个建议大流士在多瑙河上架桥的人演说时,③他说：

　　让斯基泰人的多瑙河在您脚下流淌，如果它让您的军队顺利渡过，就以喝他的河水来荣耀他。

当他论证阿尔塔巴祖思（Artabazus）试图劝阻薛西斯第二次远征希腊时,④他以下述句子总结整个论证：

　　哦，大王，波斯人和米底人的状况就是我刚刚所述的情形，您最好待在这里。希腊人的土地贫瘠，海洋狭窄，人民蠢笨，他们的神善妒。

当他试图说服那些平原上身体不好的人迁往山区时，他如此

---

① 修昔底德在《战争志》1.118 提到过这条神谕。
② 希罗多德《原史》1.66 提到过这条欺骗性的神谕，其内容是阿波罗拒绝帮助斯巴达人攻占阿卡狄亚，但允诺帮助他们占取泰格亚。事实是他们被泰格亚人击败。
③ 参希罗多德《原史》，4.89。
④ 对照希罗多德《原史》，7.10。

谈论自然：[576]

> 我相信宇宙的创造者把平原当作不那么珍贵的物质扔到低处，将高山作为值得尊重的东西升起来。太阳最先照耀高大的山，最后离开它们。哪个人不爱日头比其他地方更长的地方？

亚历山大的老师是法沃瑞努斯和狄奥尼修斯。但是，当他的教育仅完成一半，他就离开了狄奥尼修斯，因为他的父亲患病召他回去。他的父亲去世后，亚历山大成了法沃瑞努斯真正的学生。最重要的是，他从法沃瑞努斯那里学到了演说的优美和魅力。有人说亚历山大死在高卢，当时他仍是皇帝秘书，其他人说他在意大利去世，其时已卸任皇帝秘书一职。还有人说，他去世时刚好60岁，其他人则说他去世时没到这个年纪。有人说他留下一个儿子，其他人说留下的是女儿。关于这些问题，我没发现什么值得一提的东西。

6

我一定不能忽略来自佩尔格（Perge）的瓦鲁斯（Varus）。瓦鲁斯的父亲叫卡里克勒斯（Callicles），是佩尔格最重要的人物。他的老师是执政官夸多拉图斯（Quadratus），[①] 后者曾即兴讨论过抽象的哲学论题。但是，瓦鲁斯作为一个智术师，追随法沃瑞努斯的风格。瓦鲁斯被称作"鹳"，因为他脾气暴躁，长着鹰钩

---

① 夸多拉图斯公元165年任小亚细亚总督。阿瑞斯忒德斯提到夸多拉图斯是一位修辞家，见《演说辞集》，50.63。

鼻。这个绰号并非牵强附会，我们可以从佩尔格的阿尔忒弥斯神庙里供奉着他的画像推断出来。

下面的引文可以看出他的演说特点：

你抵达赫勒斯滂海峡时，你会叫一匹马？当你抵达阿托斯山时，你想乘船越过它？① ［577］人啊，难道你不知道常规路线？你把一捧土扔到赫勒斯滂海峡，就以为山脉已经不复存在，而它会存在？

据说他曾以洪亮而训练有素的声音朗诵这些话。除此之外，他年纪轻轻就在家乡去世，留下几个孩子，他的后代在佩尔格很受尊敬。

7

赫摩根尼斯（Hermogenes）出生在塔尔苏斯（Tarsus），② 15岁时就作为一个智术师名扬天下，甚至奥勒留皇帝都渴望听他演说。无论如何，奥勒留皇帝曾长途跋涉去听他的演说，钦佩他的辩论演说，他的即兴演说更是令奥勒留惊讶不已，所以皇帝赐给他许多精美礼物。但是，赫摩根尼斯成人后，演说技艺突然消失，尽管这不是由于任何明显的疾病，这为嫉妒他的人提供了施展才智的机会。

---

① 路吉阿诺斯嘲讽过这类陈腐的对偶，见《修辞大师指南》（*The Rhetorician's Guide*），18；西塞罗《论至善和至恶》（*De Finibus Bonorum et Malorum*），2.34；金嘴狄翁《论王政第三辞》，31。

② 赫摩根尼斯是公元二世纪论修辞术技巧最著名的作家。

他们说,赫摩根尼斯的话确实犹如"身带羽翼",如荷马所说,赫摩根尼斯为它们安上羽翼。有一次智术师安提俄库斯拿他开玩笑,说:[578]

> 这就是那个赫摩根尼斯,在孩子中间是一个老人,在老人中间是个孩子。

下面的内容可以表明他的演说风格。在奥勒留皇帝面前发表的一篇演说中,他说道:

> 陛下,您看,您面前的这位演说家,仍需要侍从送他去上学,他似乎还没有成年。

他这类诙谐的话还有更多。赫摩根尼斯去世时年事已高,却被视作一个普通人,因为他的演说技艺背弃他后,遭到他人的轻视。①

8

西里西亚的菲拉格卢斯(Philagrus)是洛里阿努斯的学生,②是智术师中最易激动、脾气最暴烈的一个。例如,据说有人在他演说时睡着了,他就朝那人脸上打了一拳。他年轻时就有灵光乍现的才华,待年老后,不仅没有丝毫减弱,反而在灵感的力量上

---

① 菲洛斯特剌托斯没有提到赫摩根尼斯论修辞术的作品,尤其是他的《论风格》。赫摩根尼斯的《论风格》在修辞术史上很重要,公元五世纪的智术师和新柏拉图主义哲人叙利阿努斯为《论风格》写过注疏。

② 洛里阿努斯的生平,参上文编码526—527处。

更臻化境，以至于被认为酷似他的老师。①

菲拉格卢斯尽管生活在众民族中间，却凭驾驭论证的灵巧能力赢得极大声望，但他在雅典没有显出掌控自己暴脾气的能力，而是与希罗德斯爆发争吵，仿佛他到雅典来就是为了这事。那次争吵的实情如下。他和四个追慕智术师的雅典人晚上在陶匠区散步，看到一个年轻人在他的右边，还有其他几个人围成一个圆在转圈。他以为那个年轻人在嘲笑他，他大喊道："喂，你是哪个？"那个年轻人回答："我是阿姆斐克勒斯（Amphicles），如果听说过卡尔基斯的这位市民。"菲拉格卢斯说："离我的讲座远点，在我看来，你一点也不懂事。"阿姆斐克勒斯的一个同伴质问："你谁啊？谁规定的？"

菲拉格卢斯说，不管在任何地方只要他没有被承认，都是对他的一种侮辱。他怒气冲天，脱口而出一个古怪的词，②阿姆斐克勒斯紧紧抓住这个词，因为他实际上是希罗德斯最杰出的学生，问道："哪部经典中能找到这个词？"菲拉格卢斯回答，"在我这里"。[579]这场愚蠢的争吵当时没有继续下去，但是第二天他得知希罗德斯住在乡下的别墅，就写信给希罗德斯谴责他没有教会学生们举止得体。希罗德斯回信道："在我看来，你的开场白（prooemium）不是很成功。"

这是在谴责菲拉格卢斯没有能赢得听众的善意，必须把这一点视作开场演说的目的。但是，菲拉格卢斯仿佛不理解这个谜语，或者说即便理解也以为这不过是希罗德斯的荒谬建议，尽管

---

① 菲洛斯特剌托斯在上文编码 527 处详细叙述了洛里阿努斯的灵感乍现的才能。

② 二世纪的智术师会小心避免蛮夷词汇（barbarisms）和拉丁词汇（Latinisms）。最著名的例子就是菲洛斯特剌托斯《阿波罗尼欧斯传》，4.5。阿瑞斯忒德斯在他颂扬罗马的演说中没有使用罗马人的名字。

这个建议很好。结果他对自己的开场演说非常失望，因为他的听众对他充满恶意。我从老人那里获知，菲拉格卢斯的开场演说充满冒犯，他们认为他的开场白很奇怪，观念缺乏连贯，他们甚至认为他的开场白很幼稚。例如，他赞美雅典人时，突然插入对他妻子的哀悼，后者死在伊奥尼亚。所以他［雅典］发表正式演说时，① 有人密谋陷害他，过程如下。

在小亚细亚时，他曾演说过一个题为"人们拒绝把那些不请自来的人看作盟友"的主题。② 这个主题的演说面世后，获得不少注意，并极大增加他的声望。有一个流言传到希罗德斯的学生那里，流言说菲拉格卢斯若是碰到头一次提出的主题，他会即兴创作，但是若再次碰到同一个主题，就不会即兴创作，而是会重复之前运用过的论证。所以，希罗德斯的学生们给他提出同一个主题"论不请自来的人"，当菲拉格卢斯假装要即兴创作时，他们通过大声朗读菲拉格卢斯之前那次演说的内容报复他。然后，整个会场一片喧闹和嘲笑，菲拉格卢斯大声吼叫制止喧哗，说不允许他使用自己的言辞，是对他的一种侮辱，但是他没能赢得听众的谅解，尽管事实证明他毫无过错。这件事发生在阿格里帕剧院。

［580］过了四天，菲拉格卢斯到剧场工匠的会议室演说，这座建筑就位于陶匠区城门附近，距离那些骑马雕像不远。③ 但是，当他就"阿里斯托格同（Aristogeiton）有权谴责德摩斯梯尼与波斯合谋、埃斯基涅斯与腓力二世合谋"——实际上当时这两

---

① 菲拉格卢斯首先发表短一些、不那么正式的开场演说（διάλεξις），冒犯了听众，然后发表正式的演说。

② 这个主题可能来自修昔底德《战争志》8.86 所述事件，阿尔喀比亚德拒绝了阿尔戈斯的帮助。

③ 第欧根尼·拉尔修在《名哲言行录》7.182 处提到过这些骑马雕像。

位政治家也在互相攻讦——这个主题演说时,竟然气得连话都说不出来。因为对于易怒的人来说,音量所依赖的呼吸往往会妨碍和制约演说声音的强度。不久之后,他被任命为罗马的修辞讲座教授,但是在雅典,由于我刚提到的原因,他被剥夺应有的声望。

下面的引文可以表明菲拉格卢斯的开场白风格:

你们认为太阳会嫉妒夜晚的星星,或者太阳会忧虑夜晚的天空没有他?这团强大的火焰不会嫉妒、不会忧虑。在我看来,就像荷马所述的神们分配各自的管辖区域,① 太阳会说:我给予你们北方,给予你们南方,给予你们夜晚,只不过夜晚看不到我时,天空全都是星星。但是,当太阳渐渐升起,离开美丽的海面,② 星星就无处可寻。

他在演说中常运用这种节律,从他的"论不请自来的人"的演说中就可以看出。据说他很喜欢这样的节律:

朋友,今天我已经看到你的技艺,今天你拿着刀剑对我说话。

又如:

我承认的唯一一种友谊源自民众大会。因此,走吧,朋友,既然对你们来说,我们保有朋友这一头衔;如果我们需

---

① 荷马,《伊利亚特》,15. 189—193,波塞冬描述了宙斯、哈得斯和他划分管辖区域。
② 荷马,《奥德赛》,3. 1。

要伙伴，我们会派人到你们那里去，我是说如果！

菲拉格卢斯的身高低于平均水平，眉头紧绷，眼睛警惕，易于发怒，他自己也意识到自己脾气暴躁。[581]因此，他的一个朋友问他为何不结婚生子，他回答说："因为我甚至不喜欢自己。"有人说他死于海上，有人说他快到老年时死在意大利。

阿瑞斯忒德斯和哈德里安传

9

阿瑞斯忒德斯（Aristeides，公元117—181年），① 不管他是尤戴蒙（Eudaemon）之子，还是尤戴蒙本身，② 总之，他出生在哈德良堡（Hadriani），一个位于米西亚的小城。他先是在雅典接受教育，其时希罗德斯正值声望的巅峰，后来又去帕加马，跟随阿里斯托克勒斯学习演说术。尽管他自幼体弱多病，却一直非常勤奋。他在他的《圣论集》(*Sacred Discourses*) 中告诉我们过他所患的疾病，实际上他患的是肌肉麻痹。这部文集类似于一部日记，记述的是卓越的老师们对任何主题都能侃侃而谈。

[582] 他由于缺乏即兴演说的天赋，所以追求极端的准确性，将注意力转向古代作家。他天赋异禀，净化风格，避免任何空洞的长篇大论。阿瑞斯忒德斯很少外出旅行，因为他演说的目

---

① 阿瑞斯忒德斯公元117年出生于米西亚。依照苏伊达斯的说法，他是珀勒蒙的学生，但明显也追随希罗德斯。他是公元二世纪阿提卡派复兴的主要代表，有大量作品存世，共55篇演讲辞，两篇论修辞术技巧的论文。

② 这是对 εὐδαίμων ［幸福］一词玩的一个文字游戏。阿瑞斯忒德斯的父亲叫 Eudaemon。

标不是讨众人喜悦，对于那些不给他的演讲鼓掌喝彩的人，他也无法控制自己的愤怒。他游历过意大利、希腊和埃及的部分地区，即靠近三角洲的地区。于是，那地方的人在士麦那的市场为他立起一尊铜像。①

说阿瑞斯忒德斯创建士麦那，绝非吹嘘，而是最公正、最真实的说法。当这座城市毁于地震，地面到处是裂缝时，他以动人的言辞向奥勒留皇帝哀恸士麦那的命运，以至于皇帝常抱怨那首挽歌的其他段落，②但是当他读到下面这句话"她是一处西风肆虐的荒原"时，泪眼婆娑，打湿纸面，结果受阿瑞斯忒德斯演说的基调激发，同意出资重建士麦那城。

阿瑞斯忒德斯早年在伊奥尼亚见过奥勒留皇帝。以弗所的达米阿努斯（Damianus）告诉我，奥勒留皇帝访问士麦那，三天过去了还是没有见到阿瑞斯忒德斯，就问昆体良兄弟，③是否在欢迎他的人群见过阿瑞斯忒德斯。他们说没见过阿瑞斯忒德斯，否则他们不会不把阿瑞斯忒德斯介绍给他。第二天，昆体良兄弟亲自去请阿瑞斯忒德斯。奥勒留皇帝问候他后，质问他："为何我们要等这么久才能见到你？"阿瑞斯忒德斯回答说：

> 我正忙着沉思一个主题，当灵魂集中于沉思时，绝不能让它偏离探究对象。

皇帝很喜欢他的个性，对他能不受干扰专注于研究很喜欢，[583]问道："我何时能听你演说？"他回答说：

---

① 这尊铜像的铭文被保存在维罗纳博物馆。
② 这首挽歌得以存世。见阿瑞斯忒德斯《演说辞集》，19。现存文本形式上是一封信，说明阿瑞斯忒德斯以演说体创作了这封信。
③ 参上文编码559处，也参阿忒奈欧斯《智者之宴》，14.649d。

今天提出主题,明天来听我演说。因为我并非即兴演说的行家,而是让演说变得完美的人。① 陛下,也请准允我的学生们来听演说。

奥勒留皇帝回答:"他们已经得到我的允准,因为这样才民主($δημοτικὸν$)。"阿瑞斯忒德斯又补充说:"陛下,也请允准他们大声喊叫和鼓掌。"皇帝微笑说:"这要看你。"我没有探知到这次演说的主题,因为相关记述纷繁杂乱,但是所有人都认同,阿瑞斯忒德斯在奥勒留皇帝面前发表了一篇令人钦佩的强有力的演说,通过这位天才的努力,机运女神在远处正准备重建士麦那。我这样说,不是暗示皇帝不会自愿修复这座被毁的城市,它繁荣时皇帝很敬重它,而是说真正高贵和超越一般人之上的性情,受到良言和雄辩的鼓励,会更加耀眼,更热衷于高贵之举。

下面的内容也是从达米阿努斯那里听说的。尽管阿瑞斯忒德斯常常贬低即兴演说家,但非常敬重即兴演说,他曾把自己关在一个房间里私下苦练这种技艺。他常常逐句、逐个观点地推敲来撰写演说辞。但是,我们必须把这个过程看作咀嚼而非吃,因为即兴演说是流利自如的口才的最高成就。

有人指责阿瑞斯忒德斯的演说"雇佣军被要求归还土地"的开场白很弱,② 没什么效果。他们说,阿瑞斯忒德斯以下述句子开始论证:"这些人再也不会找我们的麻烦。"当他以一个反对拉克戴蒙建城墙的斯巴达人的口吻演说,[584] 有人批评他

---

① 这个说法多被后世智术师效仿,对照厄乌纳皮欧斯《哲人和智术师列传·普罗海勒西乌斯传》,488。

② 一片土地被作为佣金分给雇佣军,雇佣军建立一座城市后,被要求归还土地。

言辞激烈（ἀκμῆς）。① 他这样说道："愿我们永远不要表现出畏缩在城内的本性。"人们还批评他的一个谚语用法，因为他曾漫不经心地抛出这个谚语，显得很粗俗。情形如下。

阿瑞斯忒德斯在演说中攻击亚历山大只不过模仿他父亲处理政务的活力，他说道："亚历山大跟他父亲是一个模子里刻出来的。"这些批评者也谴责他的一个玩笑，他说独眼的阿里马斯博伊人（Arimaspi）是腓力二世的亲戚。② 不过，就连德摩斯梯尼在为他的希腊政策辩护反对埃斯基涅斯时，也称对方为"可怜的猴子"和"乡巴佬奥诺马斯（Oenomaus）"。③ 所以，不要仅仅通过这些摘引就评判阿瑞斯忒德斯，而是要评价他在下述演说中体现出的力量："伊索克拉底试图让雅典人放弃他们的海上帝国"；④ "演说者谴责卡里克塞诺斯（Callixenus）没有埋葬十将军"；⑤ "详审西西里事务"；[585]"埃斯基涅斯没有接受来自塞索布勒普提斯（Cersobleptes）的谷物"；⑥ "在他们的孩子被杀后拒绝签订同盟条约"。

在上述最后一篇演说中，阿瑞斯忒德斯教导我们，如何不犯

---

① ἀκμή指富有感染力、活力和华丽的措辞共同制造演说的高潮时刻。不过，这个词有时也指缺乏技巧，演说的高潮要么凭口才，要么凭思想，要么凭措辞。

② 腓力二世在前352年的墨托涅（Methone）战役中损失一只眼。传说的阿里马斯博伊人的描述，见希罗多德《原史》，4.27。

③ 见《金冠辞》，242。"可怜的猴子"是指傲慢之人。奥诺马斯是索福克勒斯一部失传剧作的主角，这些都是对埃斯基涅斯的嘲讽。

④ 这个主题基于伊索克拉底的演说《论和平》(On the Peace)，64。

⑤ 这个主题基于一个虚构的处境，在这个处境中卡里克努斯建议雅典人不要埋葬那些阿尔吉努斯海战之后被处死的将军。

⑥ 塞索布勒普斯，色雷斯人的王，公元前358年去世，参狄奥多儒斯（Diodorus Siculus），《史籍》(Library of History)，16.34.4。

任何错误、处理大胆肃剧性的概念。我还知道别的一些能证明他的博学、力量和刻画事物的能力的演说,人们应该通过这些演说而非他那些粗心大意、装模作样的段落来评价他。在所有智术师中,阿瑞斯忒德斯最精通智术技艺,他的力量在于对每个主题进行周密思考,因为他不擅长即兴演说。这是因为除非经过长时间的深思熟虑,否则不写任何东西的愿望,会让精神太过忙碌,丧失敏捷。

有些作家说阿瑞斯忒德斯死在家乡,有的则说死在伊奥尼亚;还有人说,他去世时约 60 岁,另有人说他去世时接近 70 岁。

10

腓尼基人哈德里安(Hadrian)出生在推罗,① 在雅典接受修辞术训练。我从我自己的老师们那里听说,哈德里安在希罗德斯时代来到雅典,展现出极高的智术天赋,人们普遍认为他的职业生涯会非常伟大。因为他 18 岁时,就进入希罗德斯的学校,很快获得与斯科普图斯(Sceptus)和阿姆斐克勒斯(Amphicles)同样的特权,② 注册为水钟讲座(Κλεψύδριον)学生。③ 对所有人开放的讲座结束之后,希罗德斯的十个学生,即那些证明配得上卓越奖励的学生,常常一起聚餐,大约有一个水钟之久。这期间会学习 100 行诗,希罗德斯会用大量的评注解释这些诗句,不允

---

① 现存一篇哈德里安的残篇演说,内容是要求烧死一个刚刚烧死一个女巫的女人,原因是这个女人也是一个女巫。哈德里安在罗马参加过盖伦(Claudius Galen,公元 129—199 年)的医学讲座。有学者认为,哈德里安是路吉阿诺斯的《谎言家》(*Pseudologistes*)的靶子。
② 关于斯科普图斯,参上文编码 573 处。
③ 指依照水钟计时的讲座。

许听者鼓掌,学生们必须全神贯注于他的讲授。

希罗德斯曾叮嘱学生们不能偷懒,[586]即便适合饮酒的时间也不要浪费,而是要研究某些有价值的东西,哈德里安有一次与水钟讲座的学友一起饮酒,仿佛他们在共同举行一个秘仪。当谈话主题转向智术师们的风格,哈德里安上前说道:

> 我将简单介绍一下他们的风格,不是通过背诵他们的妙语、从句或节奏效果,而是用流畅的语言模仿他们,随心所欲地即兴再现他们每个人的风格。

这样做时,他跳过希罗德斯,阿姆斐克勒斯要求他解释为何略过他们的老师,既然他本人热衷希罗德斯的风格并且深知其他人同样热爱希罗德斯的风格。哈德里安说:

> 因为这些家伙是易于模仿之人,即便喝醉了也可以模仿他们。但是,希罗德斯是雄辩之王,如果我没喝酒、非常清醒的状态下能够模仿他,我就该感到庆幸。

希罗德斯得知这话非常高兴,因为他根本无法抵抗对他的赞美。

哈德里安还是一个年轻人时,就邀请希罗德斯来听他的即兴演说。希罗德斯接受邀请,不过希罗德斯听演说时不是像有人造谣怀着嫉妒和嘲讽心理,而是秉持惯有的冷静与和蔼态度,听完后又鼓励哈德里安,最后说道:"这些可能是巨人的伟大碎片。"所以,希罗德斯一边纠正青年哈德里安的脱节和结构欠缺的缺点,另一边称赞他语言和观念的崇高。希罗德斯去世后,哈德里安发表一篇葬礼演说,完全公正地评价这个人,以至于雅典人边听他的演说,边泪水涟涟。

哈德里安极度自信,他接替雅典的修辞讲座时,对雅典人演说的开场白中,没有夸赞雅典人的智慧,[587]而是夸赞自己的智慧,他如此开始:"又有字母从腓尼基来。"① 事实上,他开场白的口吻是站在一个比雅典人更高的层面,赐予雅典人恩惠,而非从雅典人那里接受恩惠。

他极尽招摇地履行修辞讲座教授之职,身着昂贵服饰,戴着珍贵的宝石,经常乘坐一辆装有银质马缰的马车去授课。讲座结束后,他在众人艳羡的目光注视下,在那些从四面八方赶来、热爱希腊文化的人的簇拥下回家。他们敬畏他,就像厄琉西斯信徒敬畏举行隆重仪式的大祭司一样。然后,他通过举办竞赛、酒会和狩猎,通过与雅典人一起过希腊的各种节日,赢得他们的热爱。他调整自己迎合他们的青春活力和各种各样的兴趣,这样他们对他的感情,就如同儿子对一位和蔼可亲、宽容的父亲的感情,并且与他们一起跳最劲爆的希腊舞蹈。事实上,我本人知道他们中的一些人在想起这位智术师泪水涟涟,另有一些则竭力模仿他的音调,还有一些模仿他的步态或服饰的优雅。

哈德里安被控谋杀罪,但他以下述方式逃脱指控。雅典有一个无名小卒,在智术师圈受过一些训练。人们很容易就能凭借一罐酒、一盘佳肴、漂亮的衣服或钱引诱他,就像人们在饥饿的动物面前挥动树枝来引诱那般。② 但是,他若受到忽视,就会四处撕咬,像疯狗一样乱吠。[588]他与哈德里安有冲突,后者因他轻浮的举止很不喜欢他,但他是拜占庭智术师克勒斯图斯(Chrestus)的忠实信徒。哈德里安一直忍受他的各种侮辱,并把

---

① 这里的字母有双重含义,希腊语的字母被认为来自腓尼基。
② 对照柏拉图《斐德若》,230d。

这人的中伤称为跳蚤叮咬，但是哈德里安的学生们无法容忍他的行为，派他们的奴隶去殴打他。殴打导致他肠道肿胀，一个月后死了。他的死亡是自己造成的，因为在他患病期间，贪婪地饮用大量未经稀释的烈酒。但是，死者的亲戚在希腊总督法庭上指控哈德里安谋杀，并且死者是雅典人，他的部族和德莫（deme）皆在雅典。① 然而，哈德里安否认谋杀指控，断言他没有亲手、他的奴隶也没有殴打过死者。在他的辩护中，哈德里安首先得到所有希腊人的帮助，他们一边哭着一边为他提出各种哀求；其次，医生关于死者饮酒导致死亡的结论大有帮助。

奥勒留皇帝前往雅典加入厄琉西斯秘仪时，哈德里安已经是雅典修辞讲座教授。奥勒留皇帝希望考察的事项中就包括雅典修辞讲座的情况，他将亲自检验哈德里安的能力。因为之前他没有听哈德里安的演说，就任命他为雅典修辞讲座教授，现在他听到一些关于哈德里安的流言。一个执政官衔级的人叫塞维鲁斯（Severus），此人攻击哈德里安对纯智术太过狂热，② 而哈德里安真正的力量在于诉讼演说。

奥勒留皇帝希望验证实情，提出下面这个主题：

> 当腓力二世在厄拉忒亚（Elatea）时，许佩里德斯（Hypereides）只听德摩斯梯尼的劝告。③

---

① ［译注］deme 是阿提卡的基本行政单位。古典时期雅典城邦由 139 个德莫组成，雅典城内由 5 个德莫组成，其他德莫分布在乡村，与村庄性质无根本差异。

② 这可能是指克劳狄乌斯·塞维鲁斯（Claudius Severus），此人是马可·奥勒留的老师，公元 163 年任执政官，173 年第二次任执政官。

③ 关于这次政治危机，参德摩斯梯尼，《金冠辩》，169—179。

[589] 结果，哈德里安技艺精湛地驾驭整个论证，充分证明在力量和活力方面可以与珀勒蒙匹敌。奥勒留皇帝非常敬重他，用赏赐和礼物把他捧上天。就赏赐而言，我指的是哈德里安被授予享用公费餐食，在公共竞技中拥有荣誉座席、免税、祭司官职以及其他令他光宗耀祖的一切；就礼物而言，我指的是黄金、白银、马、奴隶。奥勒留不仅慷慨地赐予哈德里安，还赐给他家人大量财富。

哈德里安被提升为罗马的修辞讲座教授后，成功吸引所有罗马人的注意力，以至于那些不懂希腊语的人也渴望听他演说。对他们来说，哈德里安就像一只声音甜美的夜莺，不管是讲话还是吟诵，他那流畅的语言，抑扬顿挫的嗓音以及节奏，都让他备受喜爱。他受喜爱达到这样的程度，当罗马大众参加粗俗的表演，一般而言就是舞蹈，只要一位信使来到剧场宣布哈德里安马上要演说，甚至元老院的成员和骑士阶层的人也会起身离开座位，不仅包括那些热衷于希腊文化的人，还有那些在罗马研究另一种语言的人。① 他们一边满腔热情地跑向雅典奈乌姆（Athenaeum），② 一边斥责那些走得慢的人。

[590] 他卧病在床，近乎奄奄一息之时，康茂德（Lucius Aurelius Commodus Antoninus，公元161—192、180—192年在位）任命他为皇帝秘书，③ 负责撰写希腊语书信（ab epistulis Graecis），并假惺惺地说他早该这样做，哈德里安于是求助缪斯女神，恭敬地礼敬皇帝的诏书，咽下最后一口气，让这个荣誉做他

---

① 指拉丁文。
② 雅典奈乌姆是哈德良皇帝在罗马创建的一所教授希腊文化的学校。
③ ［译注］康茂德是马可·奥勒留之子，虽是哲人皇帝奥勒留之子，却是暴虐之君，192年被刺身亡。康茂德终结了五贤帝时代，是罗马帝国的转折点。

的寿衣。他去世时，约80岁高龄。他一生获得如此高的荣誉，以至于许多人相信他是一个魔法师。我在叙述狄奥尼修斯的生平时，明确说过一个受过良好教育的人绝不会误入歧途修炼魔法。不过，我认为，之所以有人称哈德里安为魔法师，是因为他常常在演说中夹杂一些魔法师的奇谈，所以听众才会这样称呼他。

人们诋毁哈德里安说，他有一些无耻行径。他的一个学生送给他一条躺在金银制成的盘子上的鱼作为礼物，他非常喜欢那个盘子，就没有归还，向送礼人致谢时，说道："你还送鱼，真是太好了。"但是，据说他开这个玩笑是为了讽刺他那个学生，因为那个学生对待财富非常吝啬。他用这种机智的方式斥责那个学生后，将盘子还给了他。

这位智术师思想丰富，能巧妙地处理各种观念；对主题的处理表现出极大的多样性，这种多样性源自他对肃剧的研究。他没有遵守传统惯例，也没有遵循当时流行的智术规则，而是用古代智术师的词句装饰自己，然后披上自己的风格外衣，他的风格是铿锵有力，不注重音调的悦耳。但是，在风格的宏大方面，哈德里安常常失败，因为他过度运用肃剧。

第二代智术师合传之四

11

对拜占庭智术师克勒斯图斯（Chrestus）来说，希腊人对他不够公正，[591]因为他们忽视了一个从希罗德斯那里受过最好教育的人，这个人同时也教出很多著名人物。其中有智术师希波多罗摩斯（Hippodromus）、菲利斯库斯（Philiscus），肃剧诗人伊萨格拉斯（Isagoras），著名修辞学家帕加马的尼克米底斯（Nicomedes）、来自东加拉太的阿库拉斯（Acylas）和拜占庭的阿里斯泰涅图斯（Aristaenetus），还有著名的哲人雅典人卡莱斯科洛斯（Callaeschrus）、祭坛长官索斯皮斯（Sospis）和其他不少值得一提的人物。①

克勒斯图斯在哈德里安的时代教书授业，有一百个付费的学生，他们中最优秀的就是我上面提到的几位。哈德里安升任罗马的修辞讲座教授后，雅典人投票派一个使团，向皇帝请求让克勒斯图斯任雅典的修辞讲座教授。但是，当使团举行会议时，他来到会场，打断使团，开始演说，演说中有很多令人难忘的东西，

---

① 祭坛长官负责献祭，尤其是举行公共竞赛时。

他以下述句子结束:"一万德拉克马并不能让这个人就任[讲座教授]。"①

克勒斯图斯的弱点在于嗜酒,不过他能够抑制酒在人心中引发的懒散、轻浮和傲慢;他保持清醒的能力异乎寻常,尽管他的酒劲可以一直持续到天亮,然后尚未睡觉就开始学习。他特别讨厌那些自吹自擂的年轻人,尽管就支付学费而言,他从他们身上能得到更多。总之,[592]当他看到阿玛斯特里斯的狄奥根尼斯(Diogennes of Amastris)从小就自高自大,梦想成为总督和大臣,梦想有朝一日成为皇帝的左膀右臂时,还声称一个埃及人曾预言他会拥有这一切,克勒斯图斯给他忠告,并给他讲了自己的故事。

他试图借鉴希罗德斯的独特优点丰富自己的演说风格,但没有如愿以偿,正如画家画肖像画,仅仅画出轮廓,却没有色彩。若非他50岁就去世,本来可以取得同样的成就。

12

我不确定是应该称瑙克拉提斯的珀律德科斯(Polydeuces)为博学之士还是未受教育者,因为说他既有学问又没学问显然很荒谬。若是考虑他的词汇,他似乎受过阿提卡风格的良好训练,若是直接观察他的演说风格,作为一个阿提卡主义者,他的技艺并不比一般人更厉害。关于他,我们必须考虑到下述事实。珀律德科斯在词源考证方面得到过充分训练,因为他父亲是他的老师,他父亲的词源考证水平非常高。

不过,他是凭靠大胆而非技艺创作智术演说,仰赖自己的天赋,因为他的这种天赋非常高。他是哈德里安的学生,介于这位

---

① 一万德拉克马是雅典修辞讲座教授的薪金。

智术师的缺点和优点之间。他既没有沉得很低，也没有高飞，除了他的演说流淌着甜蜜快乐之流。[593] 下面是他的风格的一个示例：

法洛斯的普罗透斯（Proteus of Pharos），那个荷马笔下的怪物，① 变幻多端，他浮出水面，变成熊熊燃烧的大火、怒吼的狮子、横冲直撞的野猪、匍匐而行的蛇、跳跃的豹子，若变成一棵树，树叶纷纷落下。

为了表明他的演说风格，让我引用他的演说"卖儿卖女的岛民旨在交税"，人们说这篇演说是他最成功的演说。这篇演说的结语如下：

一个住在大陆上的男孩从巴比伦给他住在岛上的父亲写信："我是国王的一个奴隶，作为一个礼物被一位总督送给国王；我还没有骑过米底人的马，也没有拉过波斯人的弓，不，我甚至还没有像一个男人那样去打仗或打猎，相反，我坐在女人的营帐，等待国王的情妇们。国王也不会忌讳我这样做，因为我是一个阉人。

通过向他们描绘希腊人的大海，给他们讲希腊人所有美好事物的故事，比如希腊人如何在厄利斯过节，德尔斐如何发布神谕，雅典的怜悯女神祭坛，我赢得他们的喜爱。但

---

① 荷马，《奥德赛》，4.439—70。珀律德科斯很可能把[海神]普罗透斯当作智术师多才多艺的范例。希美瑞欧斯（Himerius）就有两篇演说将普罗透斯视作智术技艺的范例，参《演说辞集》(Orations)，31.73—75，68.63以下。[译注]希美瑞欧斯是公元四世纪的智术师，关于他的生平，参本书所附的《哲人和智术师列传》编码494处。

是，父亲，求求你，给我写信，给我讲讲拉克戴蒙人庆祝雅辛托斯节（Hyacinthia）和科林多人举办地峡运动会的盛况，①还有在德尔斐举行的皮托运动会，雅典人是否赢得了海战。祝一切都好，祝我的弟弟一切都好，如果他还没有被卖掉的话。"

公正的听众会评价这里引述的这段言辞的品质。我所谓的"公正的听众"指没有偏见的听众。据说，珀律德科斯曾以一种甜美的声音发表这些演说，以此吸引康茂德皇帝，从后者那里得到雅典修辞讲座教席。他活了58岁，留下一个儿子，但没受什么教育。

13

卡帕多西亚的凯撒里亚城，靠近阿吉乌斯（Argaeus）山，是智术师泡萨尼阿斯（Pausanias）的出生地。②［594］他曾受教于希罗德斯门下，也是水钟讲座的学生，他们被通俗地称为"饥渴派（διψῶντες）"。③但是，尽管他继承了希罗德斯的很多优点，

---

① ［译注］雅辛托斯是斯巴达国王之子，俊美异常，深受太阳神阿波罗眷爱，同样也是一名出色的射手。一次，夏日午后，这对恋人身上涂满橄榄油，开始玩掷铁饼，每一轮都力争超过对方。最后，阿波罗用尽所有力气甩出铁饼，雅辛托斯为了证明他并不神差，想跑过去接住铁饼。但是，雅辛托斯由于转弯过急，被铁饼砸到头部而死。后来，斯巴达人在盛夏时节举行为期三天的雅辛托斯节。

② ［译注］同时期还有两位也叫泡萨尼阿斯的智术师，一个是著有《希腊志》的旅行家泡萨尼阿斯，另一个是一位阿提卡词典编纂者。

③ 关于水钟讲座，参上文编码585—586处。水钟讲座的学生得到"饥渴派"的绰号，似乎表明在普通人看来，希罗德斯身边的这个小圈子不过是一群自负狂妄的纵酒之人。

尤其是即兴演说的能力，但是他演说时仍带有粗重的音调，这也是卡帕多西亚人的发音方式。① 他总是让辅音碰撞，缩短长音节，拉长短音节。

因此，他通常被认为就像一个败坏昂贵奉献品的厨师。他的演说风格语速迟缓，却很有力量，富有古风韵味，从他现存的演说可以看到这一点。泡萨尼阿斯有很多演说在罗马发表，他的后半生几乎都在罗马度过。他接近老年时，在罗马去世，其时仍占据罗马修辞讲座的席位。他也曾担任过雅典修辞讲座教授之职，离任时，他非常恰当地引用欧里庇得斯的一句诗作为他对雅典人的感谢：

忒修斯，把我转过来，让我再看看这座城市。②

14

智术师雅典诺多洛斯（Athenodorus），依照他的谱系，是伊纳斯（Aenus）最杰出的市民，③ 从他的师承和教养来说，是那个城市受过教育的希腊人中的最杰出者。因为他还是一个孩子时，就受教于阿里斯托克勒斯门下，理智逐渐成熟后，又受教于克勒斯图斯门下。他的口才融贯两位老师，既是阿提卡主义者，又能对自己的主题进行充分详细的阐释。

---

① 路吉阿诺斯《讽刺集》（*Epigrammata*）43 处说，找到白色的乌鸦和会飞的乌龟都比找到一个著名的卡帕多西亚演说家容易。
② 欧里庇得斯，《发疯的赫拉克勒斯》（*Hercules Furens*），行 1406；泡萨尼阿斯将原文的"孩子"改成了"城市"。
③ 伊纳斯，色雷斯的一座城市。

他在雅典教书时，珀律德科斯也在雅典任教。他曾在开场演说中讽刺珀律德科斯幼稚，[595] 称珀律德科斯的作品是"坦塔罗斯的花园"。我认为雅典诺多洛斯的意思似乎是把珀律德科斯轻浮且肤浅的风格比作一种既存在又不存在的幻象。雅典诺多洛斯是个胖子，性情严肃，但是英年早逝，命运剥夺了他获得更大名声的机会。

15

瑙克拉提斯的托勒密（Ptolemy）在智术师中间也极负盛名。他属于那些有权在瑙克拉提斯的神庙中免费进餐的人，这是一项授予他的极少数市民的荣誉。此外，他是希罗德斯的学生，不过他不想模仿老师，而是深受珀勒蒙影响。他的风格的冲力和力量、大量运用修饰词都借鉴自珀勒蒙。

据说，他的即兴演说轻松流畅。他也涉足法律案件和诉讼演说，但没有赢得很大的名声。人们称他为"马拉松"。有人说，这是因为他在雅典的马拉松区登记。但是我从其他人那里获知，这是因为他在有关阿提卡的演说中，常常提到那些勇敢战死在马拉松的人。

托勒密有时被指责没法清晰定义他的主题，搞不清楚他的主题哪里一致，哪里不一致；人们还指出下述演说作为证据：

> 忒拜人指控美塞尼亚人对他们忘恩负义，[596] 因为美塞尼亚人拒绝接受忒拜在被亚历山大夷平之后的忒拜避难者。

尽管托勒密以极高的技巧聪明地处理这个主题，人们仍提出不公正的反对。他们说，如果美塞尼亚人在亚历山大活着时这样做，谁敢妄下不利于他们的判决？如果是在亚历山大去世后这样做，谁会如此宽大，宣判他们无罪？

那些吹毛求疵的批评者不知道，美塞尼亚人的辩护被定义为请求宽宥，因为他们拒绝忒拜避难者的正当理由是亚历山大，他们害怕亚历山大，希腊其他地方也无法免除对亚历山大的这种恐惧。这就是我替托勒密的辩护，反击对他不公正的和恶意捏造的指责。事实上，他是所有智术师中名声最好的一个。尽管他访问过很多民族、熟悉很多城市，却没有让自己的名声受到指责，也没有辜负他们对他的期望。他从一个城市到另一个城市，仿佛生来就坐在他那辆闪闪发光的马车上。托勒密在埃及去世，正值壮年；头部的黏膜炎没有摧毁他的视力，但对视力造成严重损害。

16

士麦那的欧迪亚努斯（Euodianus of Smyrna）从血缘上讲，是智术师尼科特斯的后代，但是他的家庭赢得荣誉让他担任大祭司和粮食供给官，他的演说术成就将他带到罗马，担任罗马的修辞讲座教授。他受命监管酒神的艺人，① 这是一群非常傲慢、很难管理的人。但是，他证明自己能胜任这一职务，尤其能面对批评。

[597] 他的儿子在罗马去世时，他没有发出女人般的或卑贱的哀号，而是大声喊了三次"哦，我的孩子！"然后将之安葬。他在罗马处于弥留之际时，所有密友围在身边，问询他，他

---

① 指肃剧演员，参奥路斯·革珥利乌斯，《阿提卡之夜》，20.4。

们该将他埋在哪,是就地埋葬,还是运回士麦那埋葬。欧迪亚努斯大声说道:"我不想将我的儿子单独留在这里。"这就是他明确要求友人们做的,即应该将他与他的儿子葬在一处。他是阿里斯托克勒斯的学生,学成之后专注于颂辞演说,但是,他的做法犹如将甘甜的泉水倒进小碗里。有人说,他也曾跟随珀勒蒙学习。

17

我之所以要把智术师培林图斯的儒福斯(Rufus of Perinthus)的名声传之后世,不是因为他的财富,也不是因为他的家族诞生过众多执政官级的人物,更不是因为他在雅典主持过泛希腊节。尽管我也会讲述这类荣誉,但它们与这个人的技艺和学问相比,根本不值得一提。倒不如让他那雄辩的口才和影射演说中的敏锐才智为他的名声作证。

他因影射演说很受敬重。首先,这是一种非常难的类型,因为在由影射论证构成的主题中,我们需要对自己实际说的话加以限制,对没有说出话的加以暗示。此外,我认为,儒福斯之所以受敬重,也在于他的天性。尽管他的性格天生开朗且不狡诈,但他善于塑造那些与他的天性格格不入的人物。尽管他是赫勒斯滂和普罗庞提斯地区最富有的人,[598]尽管他因即兴演说在雅典、伊奥尼亚和意大利赢得极大声望,却没有引起任何城市或个人的敌意,而是用他仁善的性情赚钱。

据说他通过体育锻炼强身健体,总是严格控制饮食,像普通运动员一样锻炼自己。他还是孩子时,就跟随希罗德斯学习,成年后跟随阿里斯托克勒斯学习,并很受后者器重。但是,儒福斯本人更看重希罗德斯,常称他为导师、希腊的喉舌、雄辩之王等。儒福斯61岁时在家乡去世,留下几个儿子,除了他们是他的后代外，没有什么重要的事值得讲。

18

智术师安德罗斯的奥诺马库斯（Onomarchus of Andros）算不上广受敬重，但显然也不能轻视。哈德里安和克勒斯图斯在雅典讲学时，他也在教书授业。他的住所离小亚细亚的海岸很近，正如可以预料到的，他践行一种伊奥尼亚人的演说方式，这种方式在以弗所尤其盛行。因此，有人认为他根本没有参加过希罗德斯的讲座，但是这样说不公正。因为尽管他的确在某种程度上贬低希罗德斯的风格，但由于我上面提到的原因，他对同义词的大量使用却同希罗德斯一样，它们带来的愉悦难以言表。

如果不想认为我的看法太过肤浅，可以通过下面这篇演说观察一下他演说的风格："迷恋一座雕像的男人。"这篇演说的摘引如下：

> 一个毫无生气的身躯里的美人，哪个神创造了你？是说服女神，还是美惠女神，［599］抑或是爱情之父爱神？因为你实在毫无欠缺，你的面容、花朵般的皮肤、讽刺的眼神、魅力的微笑、脸颊上的红晕表明你能听见我说话。是的，你有话要说！有一天兴许你会说话，但那时我已经不在！唉，无爱无情之人！不忠诚于你的忠实爱人的人！你对我一个字都不肯说。因此，我要诅咒你，所有美人都会为之震颤：我祈祷你会慢慢变老。①

---

① 菲洛斯特剌托斯在《阿波罗尼欧斯传》6.40 处也讲过一个类似的故事，有一个人迷恋尼多斯的阿芙洛狄忒神像。

有人说他死在雅典，有人说他死在家乡，其时他的头发正逐渐变白，已经进入老年的门槛。人们也说，他外表有些土气，不爱干净，很像拜占庭的马尔库斯。

19

瑙克拉提斯的阿波罗尼欧斯（Apollonius of Naucratis）教授修辞术时是赫拉克莱德斯（Heracleides）的对手，后者当时任雅典修辞讲座教授。阿波罗尼欧斯献身于一种温和且克制的政治演说术，但几乎不适合辩论，因为它缺乏修辞表达的丰富和活力。他是个浪荡子，某次通奸得来一个儿子，名叫儒斐努斯（Rufinus），后者继承他也成了一名智术师，但没有创造出属于自己的风格，总是依赖他父亲的词汇和格言。儒斐努斯因此受到一个博学之士的批评，他说："法律允许我使用我的遗产。"那个人说："当然，法律允许，但是法律只允许那些合法婚生的孩子。"

[600]有人谴责阿波罗尼欧斯跑去马其顿给一个家境不好的家庭当家庭教师。但是，这样的指责毫无道理。因为即使最博学的人中，也能轻易找到那些为了获利这样做的人，尽管这样做不符合自由人的身份，但是阿波罗尼欧斯无论如何不是这种人。因为他与任何有所需要的希腊人分享他的财产，收学费也不甚苛刻。他在雅典去世，彼时已70岁，由于他的裹寿衣，他得到所有雅典人的好感。他是哈德里安和克勒斯图斯的学生，但是他与两位老师非常不同，仿佛没有跟随他们学习过。阿波罗尼欧斯惯于避开公众视野，去思考他的演说主题，并在这上面花大量时间。

20

雅典的阿波罗尼欧斯（Apollonius of Athens）作为诉讼演说的干将，在希腊人中赢得一席之地，在模拟示范演说技艺上他也不应受到轻视。他在雅典授课时，赫拉克莱德斯也在雅典授课，他主持政治演说的讲座，薪水为1塔兰同。他在公共事务方面也非常卓越，不仅出使过重大任务，也履行过雅典人视作最高的公共职务，被任命为执政官和粮食供应官，到壮年时又在德墨忒耳神庙任神职。在发音的优美方面，[601]他不如赫拉克莱德斯、罗基莫斯（Logimus）、格劳库斯（Glaucus）和其他神职人员，但在威严、宏大和装饰方面，他要比许多前辈优秀得多。

他出使罗马面见塞维鲁（Septimius Severus，公元145—211年，193—211年在位）皇帝，参加与智术师赫拉克莱德斯的辩论演说，这个事件让赫拉克莱德斯失去豁免权，阿波罗尼欧斯则得到很多礼物。赫拉克莱德斯散播一条谣言，说阿波罗尼欧斯准备前往利比亚，当时皇帝正在利比亚，正在从各地招揽人才。赫拉克莱德斯对阿波罗尼欧斯说："现在是读《反勒普提尼斯》（*Against Leptines*）这篇演说的时候。"阿波罗尼欧斯回答说："更适合你读，因为这篇演说是为豁免权而著。"

阿波罗尼欧斯将哈德里安的风格视作他的起点和雄辩术的基础，他曾是哈德里安的学生。但是，尽管如此，他逐渐学得属于诗歌和抑抑扬格的韵律。但是，只要他避免这样做，他的风格就给人深刻的印象，类似于庄严的进行曲。这一点从他的演说可以看出，尤其是"卡里阿斯试图劝阻雅典人不要焚烧死者"这篇演说。比如这样的语句：

把火把举起来，伙计！［602］你为何对火把施暴，将它扔到地上，折磨它？火属于天空，它向上飘，它趋向与它类似的事物。火不会把死人带到地下，而是把死人带到诸神那里。唉，盗火的普罗米修斯，快来看看你的礼物遭到何种侮辱！它遭到无知觉的身体的污染。快来帮助这火，如果可能，请将这火盗走！

我引用这段话不是为他放纵地运用节奏辩解，而是表明他知道如何运用更严肃的节奏。他在雅典作为一个演说家度过精力充沛的职业生涯后，于75岁高龄在雅典去世，被葬在通往厄琉西斯的大道旁的郊外。那处郊外即所谓的"圣无花果林"，当厄琉西斯的圣像被游行队伍运到雅典城时，常常中途在那里休息。

21

接下来，我将叙述瑙克拉提斯的普罗克洛斯（Proclus）的生平，因为我很熟悉这个人，事实上他是我的老师之一。普罗克洛斯是埃及的重要人物，［603］但是，由于看到瑙克拉提斯派系混乱、政府运作无视法律和秩序，他渴望拥抱雅典的和平与安宁。于是，他航往雅典，在那里度过余生。他去雅典时随身带着巨额金钱、很多奴隶和其他家具，都非常奢华。

当他还是年轻人，在雅典名声就很大，待他成熟后，变得更加出名。这首先要归因于他选择的生活方式。不过我认为，应归因于他的善行，尽管善行只是针对一个雅典公民，仍清晰地表明他具有高贵且仁厚的天性。当他乘船抵达比雷埃夫斯港，向当地居民询问某个人是否仍住在雅典，他是否一切都好。这些询问是关于他的一个朋友和主人的，他年轻时在雅典参加哈德里安的讲座时就与那人很熟。

他得知,他的那位朋友仍健在,仍住在雅典,但是此时境况不妙,几乎要被赶出房子,房子正在市场上待售,标价1万德拉克马。于是,普罗克洛斯还没有进城,就派人将1万德拉克马送到那位朋友家中,顺便告诉他:"赎回你的房子,我不想看到你落魄。"我们不能把这件事仅仅视作富人的行为,而是看作知道如何运用财富之人的行为,看作一个受过教育的真正仁慈之人的行为、对友谊有确切理解之人的行为。

普罗克洛斯买了四所房子,两所在雅典,一所在比雷埃夫斯,一所在厄琉西斯。他经常从埃及直接收到定期供应的香、象牙、没药、莎草纸和书籍,然后将它们卖给负责此类商品交易的人。但是,他从未表现出贪得无厌或吝啬。他不逐利,也不放高利贷,只满足于自己的本金。他有一个儿子将财产挥霍在饲养斗鸡、鹌鹑、猎狗、小狗和马上,普罗克洛斯非但没有责备这个儿子,反而和他一起从事这些年轻人的乐事。当很多人因此责备他,他说:"他将比同龄人更早停止与老年人厮混。"[604]他的儿子去世,接着他的妻子也去世,普罗克洛斯爱上一个情妇,因为即使是衰老的眼睛也会被迷住,那个女人具有女人的所有恶习,普罗克洛斯让她全权处理一切,这表明他在守卫自己的财产上很差劲。

普罗克洛斯在他的演说学校制定下述规则,支付100德拉克马就有权随时来听课。此外,他的家中有一个图书馆,向他的学生开放,以辅助讲座教学。为了防止我们像在智术师学校里经常发生的互相唏嘘或彼此嘲笑,我们被召集到一起,服从命令坐下,前排是孩子们,中间是伴读人员,① 然后是年轻人。普罗克

---

① 指带孩子来学校的服务人员。

洛斯极少发表正式的开场白，每当他开始这样的演说时，类似于希琵阿斯和高尔吉亚。他常常在发表公开演说的前一天琢磨他的演说。即使到了 90 岁高龄，他的记忆力也超过西蒙尼德。他的演说风格浑然天成，但是在同义词的大量运用上，效仿的是哈德里安。

22

色萨利的菲尼克斯（Phoenix）既不值得钦佩，也不能轻视。他是菲拉格卢斯的学生，但是他的口才不如创作演说稿有天赋。因为，虽然他的观念安排适当，也从不说不合时宜的话，可是他的口才杂乱，缺乏韵律。他更适合教初学的年轻人，而非那些已掌握基础知识的人。因为他的主题用最简单的词汇来展现，措辞缺乏修辞。他以 70 岁高龄在雅典去世，被埋在一个不起眼的地方，他的墓地位于阵亡将士墓旁边，在通往阿卡德米的路的右边。

23

[605] 现在我要叙述一个最杰出的人，以弗所的达米阿努斯（Damianus）。我略过了索特尔（Soter）、① 索苏斯（Sosus）、尼卡德（Nicarder）、斐德若斯（Phaedrus）、塞勒斯（Cyrus）和菲拉克斯（Phylax）等人，因为这些人与其说是值得提及的智术师，不如说是希腊人的玩偶。达米阿努斯的祖先非常显赫，他们在以弗所极受尊重，后代同样享有很高的荣誉，因为他们都是市

---

① 索特尔是雅典人，但是在以弗所受教育。以弗所有一则铭文记载，以弗所人两次授予他"智术师领袖"的头衔。记载这则铭文的石碑可能是他的 11 位学生所立，上面记载了那 11 位学生的名字。

元老院成员，因名望和不吝啬金钱而广受敬重。

达米阿努斯本人有各种各样的财产，不仅供养以弗所的穷人，而且通过捐赠大额金钱、修复公共建筑给予以弗所元老院最慷慨的支持。此外，他修了一条柱廊，将以弗所的阿尔忒弥斯神庙与通往马格尼西亚之门的大路连接起来。这段路有 1 斯塔德长，全由大理石铺设。达米阿努斯修建这条长廊的出发点是，朝拜者在下雨时无需远离神庙。这项工程耗资甚巨，完工后达米阿努斯在上面题铭献给他的妻子，但是神庙里的宴会厅，则题铭献给他自己。他建造的这条长廊在规模上超过其他地方所有现存长廊。

他用一种无法用言语形容的优雅来装饰这个长廊，因为它用弗里吉亚的大理石装饰，这种大理石以前从来没有开采过。甚至当他还是个年轻人时，就开始将他的财富用于有意义的事情。阿瑞斯忒德斯在士麦那、哈德里安在以弗所支配智术界时，达米阿努斯参加过这两人的讲座，付给他们 1 万德拉克马的费用，宣称他认为将钱花在喜欢的人身上要比花在俊男美女身上更合意。事实上，我上面所记载的那些智术师的生平，都是基于达米阿努斯所述，他对哈德里安和阿瑞斯忒德斯的职业生平很熟悉。

[606] 达米阿努斯的财富也体现在我接下来要叙述的内容上。首先，他的地产上都栽满树，既能结果子，又能遮荫。他还为自己在海边的产业建造人工岛和防波堤作为港口，以供货船停泊用。他在郊区的住宅，有些房子的家具和设备像城里，有些则更像是石窟。其次，他的性情是这样的，如他在法律事务上的行为所示，他不会抓住每个赚钱的机会，不赞同从每个人那里谋取利益。相反，只要看到有人处境艰难，他就愿意无偿代他们诉讼。他的智术讲座差不多也是这样，只要看到来自遥远民族的学生生活窘迫，他都会免除他们的学费，这样他们就不会在不知不

觉中花费太多。

  达米阿努斯的演说风格要比一般的诉讼演说家更具智术味，比一般的智术演说更具诉讼味。随着逐渐年老，达米阿努斯放弃了这两项事业，不是因为精神虚弱，而是因为身体虚弱。无论如何，当学生们慕他之名来到以弗所，他仍然允许他们与他接触，所以他也给了我一次拜访他的机会，然后是第二次和第三次。所以，我见到一个与索福克勒斯笔下的那匹马很像的人。① 虽然他年纪很大了，显得迟钝，可在我们的谈话中，又恢复青春活力。他在家乡去世，享年 70 岁，被葬在他的一栋乡间别墅，他在那里度过他一生中的大部分时光。

---

  ① 索福克勒斯，《厄勒克特拉》（*Electra*），行 25。

第二代智术师合传之五

24

智术师安提帕特（Antipater）的出生地是赫拉波利斯（Hierapolis），这座城市是小亚细亚最繁华的城市之一。他的父亲叫宙克西德莫斯（Zeuxidemus），是赫拉波利斯最杰出的人之一。他尽管跟随哈德里安和珀律德科斯学习，[607] 却更愿意模仿珀律德科斯，因此他通过模仿珀律德科斯的节奏，弱化了他的观念的力度。他也参加过雅典的芝诺（Zeno of Athens）的讲座，学到了后者技艺的精妙之处。

虽然他有即兴演说的天赋，却没有忽视著书立说，常常给我们背诵奥林匹亚节和泛雅典娜节上的演说，著有一部讲述塞维鲁皇帝功绩的史书。因为，正是通过塞维鲁的任命，他才成为皇帝秘书，负责撰写希腊语信件，他在这些信件中展现出一种杰出的风格。让我说得更直白一些，尽管有许多人在史书写作和演说方面超过安提帕特，但是书信没有人比他写得更好，就像一个才华横溢的肃剧演员，非常清楚以国王的身份如何说话才合宜。因为他替皇帝写的所有信都包含清晰且伟大的思想，风格总是适宜具体处境。他还通过省略连接词（asyndeton），取得令人愉快的效果，这是一个技巧，尤其是在信中，能增加书信的光彩。

安提帕特被提升为执政官级，负责治理比提尼亚行省。但是，正当准备好赴任履职时，被解职。安提帕特活到68岁，葬在老家。据说，他是自然离世，而非出于任何疾病。他被任命为塞维鲁皇帝两个儿子的导师——事实上，当我们向他的演说喝彩时，常称他为"神的导师"——当弟弟盖塔（Geta）被处死，[①]罪名是阴谋反对兄长，安提帕特给卡拉卡拉（Caracalla）写了封信。信中包含一首哀歌、一首挽歌，哀恸卡拉卡拉现在只有一只眼、一只手，他曾教导拿起武器为彼此而战的人，现在则拿起武器互相攻击。我们完全可以相信，卡拉卡拉皇帝收到这封信必定无比恼火，实际上这类话也会激怒一个普通人，如果他急于让人们相信存在所谓的反对自己的阴谋的话。

25

[608] 福基斯（Phocis）的赫莫克拉底（Hermocrates）是智术圈的一员，非常有名，比我在这里叙述的任何人都更有天赋。尽管赫莫克拉底没有跟任何著名的智术师学习，只是士麦那的儒斐努斯（Rufinus）的学生——他的这位老师在智术上表现得更大胆而非言辞精妙——他还是在智术技艺上轻易超过他那个时代的所有希腊人，[609] 不管是口才，还是演说稿写作，抑或谋篇布局。这不是说他仅在某些方面优于别人，而是在所有方面，无一例外，他都投入精力。

事实上，他非常擅长用影射论证处理演说，构思出很多模棱两可的表达，在这些含蓄的暗示中插入他真正想表达的意思。他

---

① 公元212年，卡拉卡拉阴谋处死弟弟盖塔。

的外祖父叫阿塔鲁斯（Attalus），是智术师珀勒蒙之子，他的父亲是福基斯的儒斐尼阿努斯（Rufinianus），属执政官级，[610]娶了阿塔鲁斯之女卡里斯托（Callisto）。父亲去世后，赫莫克拉底与母亲爆发激烈争吵，以至于卡里斯托在儿子英年早逝时，没有掉一滴眼泪，尽管就算是最令人憎恨的敌人在这个年纪去世也令人怜悯。

一个人听到这一点，且只听到这一点，就会倾向于认为这是赫莫克拉底本人的坏性情所致，就连他的母亲也没有为他的离世感到悲伤。但是，如果考虑到真正的原因，即他不再爱他的母亲，是因为她竟然爱上一个奴隶，那么，看来儿子就没有违反法律，实际上法律赋予他有权处死犯有这类罪行的妇人，他的母亲给自己和儿子带来这样的耻辱，连外人也应当憎恶她。

不过，我们要宣告赫莫克拉底针对这项指控无罪尚属容易，要宣告他针对另一项指控也无罪就不那么容易。他从父亲那里继承巨额财产，但是将它挥霍殆尽，不是因养马或能为他带来声望的公共服务而挥霍殆尽，而是因为酗酒和能为喜剧提供素材的友伴，我指的是，比如希波尼库斯之子卡里阿斯（Callias, the son of Hipponicus）的谄媚者。

安提帕特升任皇帝秘书后，想安排赫莫克拉底娶他的女儿，他的女儿长得并不吸引人。但是，赫莫克拉底没有抓住这个机会分享安提帕特的发达。安提帕特之女叫赫莫克拉底注意安提帕特拥有的巨大权力，他回答说他永远不会成为一大笔嫁妆和岳父的浮夸荣耀的奴隶。[611]尽管他的亲属劝他攀附这门亲事，认为安提帕特是宙斯之子科林多斯（Corinthus, son of Zeus），①他

---

① 这个俗语有两种意涵：第一，自我吹嘘，科林多人吹嘘他们的同名英雄是宙斯之子科林多斯；第二，漫无目的的重复，见品达，*Nemean*, 7.105。这里的意思是对安提帕特过于夸张的尊敬。

都没有答应，直到塞维鲁皇帝召他前往东方，把安提帕特之女嫁给他。他的一个朋友问他，何时会揭开新娘的面纱，赫莫克拉底机智地回答说："我娶了这样一个妻子，还是让面纱遮面吧。"当他发现妻子既长得丑，性情又很恶劣时，就解除了婚姻。

塞维鲁皇帝听说赫莫克拉底宣称他像钦佩曾祖父一样钦佩皇帝，就赐予赫莫克拉底向皇帝索要礼物的特权。赫莫克拉底于是说道：

> 我要桂冠、豁免权和公费膳食，要执政官的袍子和我曾祖父传给后代的大祭司。难道我要向您要求我长久以来一直拥有的东西？阿斯克勒皮奥斯在帕加马曾命令我吃一种塞满乳香的鹧鸪，这种调味品在我的家乡十分少见，只用大麦粉和月桂叶来焚香献祭。因此，我请求您赐予我价值50塔兰同的乳香，这样我就既可以恰当地敬奉诸神，我自己也得到恰当治疗。

塞维鲁皇帝赞许地将乳香赐给他，还说他羞愧难当，赫莫克拉底竟向他索要这么微不足道的礼物。

在公共演说上，赫莫克拉底首先得到他曾祖父名声的帮助，因为高度评价父亲传给儿子的能力是人类的天性。正是基于这个原因，一个来自奥运冠军家庭的奥运冠军会赢得更多的荣誉。[612] 来自军人家庭的士兵更值得尊敬；追随父亲的和祖父的职业有一种强烈的乐趣。事实上，继承而来的技艺拥有更大的优势。

不过，赫莫克拉底也得到他俊美外貌的帮助，他的外貌极有魅力，看起来就像一尊青春绽放的雕塑。此外，这个年轻人面对人山人海般的听众时的勇气，让他的大多数听众产生一种激动人心的钦佩之情，就像人们对那些不费吹灰之力就取得巨大成就的人的感情一般。他口若悬河的口才、极具震撼力的嗓音都对他的成功有所帮助。事实上，他眨眼间就能回顾他的主题，拥有背诵手稿或曾公开演讲过的演说的功夫，这实际上是人们对老人而非对一个年纪轻轻之人的期许。

赫莫克拉底现存可能有 8 篇或 10 篇演说，还有一些他在福凯亚（Phocaea）举行的泛伊奥尼亚人友谊节（loving-cup）上发表的短篇致辞。① 让我在这里写下我的评价，要不是一位嫉妒之神将他杀死，阻止他达到成熟的年纪，这个年轻人的口才将无人能及。有人说，他在 28 岁去世，别的人则说他去世时年仅 25 岁，他父亲的土地和坟墓接纳了他。

26

吕西亚人赫拉克莱德斯（Heracleides the Lycian）也是一个非常著名的人物，首先是他的家族，他的祖先非常显赫，担任过吕西亚的高级祭司，这个官职尽管只涉及一个小国，［613］却很受罗马人重视，我猜想原因是他们与吕西亚古老的盟友关系。其次，赫拉克莱德斯作为一个智术师更加有名，因为他在理解主题和阐释主题方面具有极高的才能，他的诉讼演说简单而直接；为公共集会写的颂词，从不沉溺于言辞之狂热。

赫拉克莱德斯被逐离雅典的修辞讲座教席，这是琉克拉提斯的阿波罗尼欧斯的追随者策划的阴谋，多里克的玛西阿努斯（Marcianus of Doliche）就参与其中。之后，赫拉克莱德斯定居士麦那，这座城市在致力于智术方面，无城可出其右。伊奥尼亚、

---

① 这个节庆在士麦那举行，节庆期间，聚集一处的伊奥尼亚人共饮友谊杯中的酒，以昭示所有伊奥尼亚人的友谊。参菲洛斯特剌托斯《阿波罗尼欧斯传》，4.5—6。

吕底亚、弗里吉亚和卡里亚的年轻人涌向伊奥尼亚，跟他学习，丝毫不值得大惊小怪，因为士麦那紧邻这些地区。但是，他还吸引了欧洲的希腊人、东方的年轻人、很多早就听闻过他的埃及人，因为他曾在埃及与瑙克拉提斯的托勒密争夺博学的桂冠。士麦那就这样挤满才华横溢之士。

他还以下述方式施惠于这座城市。一座受外邦人青睐的城市，尤其如果它的居民是学问的热爱者，它的元老院和市民大会会明智和节制，因为它必须如此，以免在这么多杰出人士面前有不当行为，它必然会关心它的神庙、体育馆、喷泉和柱廊，以满足各种需求。这个城市应有海上贸易，就如士麦那那样，海洋将为他们提供丰富的物品。通过为阿斯克勒皮奥斯体育馆建造一个喷泉，饰以橄榄油的金顶，赫拉克莱德斯对士麦那的壮美有所贡献。他还担任士麦那的祭司之职，祭司会头戴桂冠，士麦那人以这些祭司的名字来命名年份。

[614] 人们说，在塞维鲁皇帝面前，赫拉克莱德斯曾中断即兴演说，因为宫廷和皇帝卫队让他很不安。如果这种不幸发生在一位诉讼演说家身上，他可能会受到批评，因为诉讼演说家作为一个群体非常大胆和自信，但是一名智术师的绝大部分时间都在教授学生，怎能不被恐慌击倒？一个即兴演说家会由于一个目空一切的听众或迟来的掌声而不安，会因听众没有以他习惯的方式鼓掌而局促不安。此外，如果他意识到恶意在等着他，就如赫拉克莱德斯那次的情形，他敏锐地觉察到安提帕特的恶意，他的思绪断然中断，嘴巴突然变得很笨，因为那种怀疑让人心神不宁、无法开口。

据说，因为砍伐神圣的香柏树，他被没收大部分财产。在那个案件中，庭审结束他准备离开法庭时，在现场旁听的学生们安慰和支持他，其中一个说：

但是，赫拉克莱德斯，没人剥夺你的演说才能，也没人能剥夺你凭借演说赢得的声望。

这个学生继续为他吟诵那句诗：

"我认为一个人仍然滞留在广阔的——"赫拉克莱德斯插话说"私人金库"，①

如此机智地自嘲不幸。

与其他智术师相比，赫拉克莱德斯精湛的技艺似乎源于勤奋，因为他的天性并不擅长此术。[615]他现存一篇令人愉悦的演说，有一本书的篇幅，名叫《劳作赞》(In Praise of Work)。有一次，他手里拿着这本书，在瑙克拉提斯碰到智术师托勒密，后者问他在研究什么。当他回答说，是赞颂劳作的演说，托勒密把书要来，删掉字母"Π"，②说道："现在你再读一下演说的标题。"瑙克拉提斯的阿波罗尼欧斯批评赫拉克莱德斯的文章，谴责他头脑迟钝、做事拖沓。

至于赫拉克莱德斯的老师，希罗德斯算一个，不过我们没有确切证据。确切是他老师的智术师有哈德里安和克勒斯图斯。我们也可以认为，他参加过阿里斯托克勒斯的学校。据说他胃口很

---

① 这个学生在此的意思是，赫拉克莱德斯和他的名望仍在，但是赫拉克莱德斯通过插入"私人金库"，将最后一个词"大海"变成"私人金库"，影射他的财产被皇帝剥夺。原文出自荷马《奥德赛》，4.498，指奥德修斯仍滞留在广阔的大海。

② [译注]劳作的希腊文是 πόνος，去掉首字母后，变成 ὄνος，意思是"驴"，如此赫拉克莱德斯的演说标题就会变成《驴赞》。

大，一次能吃很多东西，但这种暴饮暴食没有对他的健康造成不良影响。无论如何，他过了80岁才去世，且身体健朗。据说，他葬在吕西亚，留下一个女儿，把"修辞园"留给几个不太诚实的自由人。"修辞园"是他在士麦那周边的一处小庄园，值10塔兰同，是他用办讲座的钱买来的。

27

千万不要以为色萨利的希波多罗摩斯（Hipppodromus）比我前面描述的智术师差。他显然比其中一些优秀，总之，他不是在任何方面都不如其他智术师。希波多罗摩斯出生在拉里萨（Larissa），这是色萨利的一座大城，他的父亲名叫奥罗姆皮奥德洛斯（Olympiodorus）。他父亲作为养马人，闻名色萨利，任何人都比不上。

色萨利人认为，主持皮托运动会是一件大事，希波多罗摩斯两次主持皮托运动会，[616] 在优雅和财富方面超过前任，作为裁判表现得非常宽宏大量和公正。无论如何，他在"肃剧演员事件"上的表现，就公正和明智的判断而言，没有给其他人留下超过他的机会。事实如下。拜占庭的克莱门（Clemens of Byzantium）是一位肃剧演员，从未有过艺术造诣比他更高的演员。有一次克莱门赢得胜利时，拜占庭正在被围攻，① 他于是被送走，没有得到胜利奖赏，以免一个拿起武器对抗罗马人的城市中的一个人被宣布为胜利者。

随后，克莱门在近邻同盟（Amphictyonic）运动会上出色表

---

① 这次围攻发生在193—196年，由塞维鲁皇帝发起。参卡斯西欧斯·狄翁，《罗马史》，75.10关于拜占庭人英勇防御的叙述。

演,① 近邻同盟进行投票，认为克莱门不应该获得奖品，原因是我刚刚提到的那个令他们恐惧的原因。于是，希波多罗摩斯立即跳起来，大喊道：

> 就让这些人通过违背誓言、不公正的决定，继续他们的繁荣吧！但我投票克莱门获胜。

另一位演员向塞维鲁皇帝上诉反对克莱门获奖，希波多罗摩斯的投票再次被获准，因为这位拜占庭演员曾在罗马获过奖。

但是，希波多罗摩斯尽管在面对人山人海的民众时表现得如此坚定不屈，在公共演说中却展示出值得敬佩的温和。他所从事的职业尽管容易产生傲慢和自负的倾向，他却从不自夸，而是常常检省那些过度赞美他的人。有一次，希腊人当着他的面颂扬他，甚至将他与珀勒蒙相比，他说道："你们为何要拿我和不朽的神相比？"这个回答，一方面没有剥夺珀勒蒙受到神启的名声，另一方面也是拒绝认为自己与如此伟大的天才有任何相似之处。

[617] 瑙克拉提斯的普罗克洛斯创作一篇讽刺作品讥讽——这与一位老人不相配——在雅典教书的智术师，其中也包括希波多罗摩斯。人们期待希波多罗摩斯也会发表一篇讥讽普罗克洛斯的演说。但是，他没有说一句刻薄之语，而是背诵一段如何公正演说的赞辞，以孔雀开始，展示人的钦佩之情如何让孔雀开屏。这就是希波多罗摩斯对待那些比他年龄大、他视作前辈之

---

① [译注] 近邻同盟以神庙为中心建立，同盟每年举行一次会议，讨论盟内各邦之间以及盟邦与外邦之间的关系，同时也商讨神庙维修及财政问题。从形式上看，近邻同盟是一个宗教性同盟，但是作为一个政治性集团广泛存在于希腊世界。最著名的近邻同盟当属德尔斐近邻同盟。

人的举止，不管是比他大很多还是只大几岁。

至于他如何对待他的同龄人，读者可以从下述事例中有所了解。一个来自伊奥尼亚的年轻人，到达雅典后总是背诵对赫拉克莱德斯的颂词，直到让听众感到厌烦不已。有一次，希波多罗摩斯看到这个年轻人在下面听讲，他说道：

> 这个年轻人爱他的老师。因此，我们要与他所珍爱的人一同让他进步。如果他在离开我们时学会如何赞颂，对他将是意外收获。

于是，他立刻发表一篇赞美赫拉克莱德斯的演说，完全不同于以前对赫拉克莱德斯的颂词。

此外，他为卡帕多西亚的狄奥多图斯早逝哀恸不已，为他服丧时身穿黑色衣服，因为狄奥多图斯极有演说天赋，刚成年就离世，这个年轻人宣称希波多罗摩斯是希腊学生的父亲，宣称希波多罗摩斯非常关心在他死后，应继续有一批真正杰出的人。这一点他在奥林匹亚表现得最明显。当利姆诺斯人菲洛斯特剌托斯①——此人是他的学生，只有 22 岁——想冒险在奥林匹亚发表一篇即兴演说。希波多罗摩斯教给他许多颂辞技艺的技巧，亦即什么该说、什么不该说的技巧。当在场的希腊人一起召唤希波多罗摩斯不要拖延即刻出场时，他回答说："我不会与我的骨肉竞争。"说过这些之后，他将演说推迟到献祭那一天。这些例子清楚表明，他是一个真正有教养的人，同时具有仁慈高尚的性情。

[618] 希波多罗摩斯主持雅典修辞讲座 4 年，在他妻子的要

---

① 《智术师列传》作者菲洛斯特剌托斯的女婿。

求下辞职,当然也有财产方面的原因。他的妻子是一个精力充沛的妇人,是他的财产的卓越守卫,若缺乏这两者,他的财产就会减少。他经常参加希腊的各类公共节庆,部分是为了发表公共演说,部分是避免被大众遗忘。即使在这些场合,他也表现得比其他人优秀,他一直坚持学习,甚至不再教书后仍一如既往。

事实上,卡帕多西亚的亚历山大之后,被认为有超强记忆力的人中,希波多罗摩斯更多是靠勤奋学习,他的阅读面极广,唯一比他博学的是漫步派哲人阿摩尼乌斯(Ammonius)。我迄今还不知道哪个人比阿摩尼乌斯更博学。此外,希波多罗摩斯从未忽视演说技艺的学习,不管是住在乡下庄园时,还是在旅行途中,他都忙着学习,他常常称演说技艺是比财富更大的财富,并引用欧里庇得斯和安菲翁(Amphion)的颂歌来证明这一点。

尽管他的外表有些土气,但眼睛流露出非凡的高贵,眼光既锐利又和善。士麦那的曼吉斯提亚斯(Megistias)公认是一流的面相学家(physiognomist),也说他曾察觉到希波多罗摩斯眼神的这种特征。希波多罗摩斯在赫拉克莱德斯去世后来到士麦那,他之前从未来过,他一下船,就赶往市场,期望碰到某个精通亚细亚风格的演说家。

他看到一座神庙,周围坐满差役和奴隶,背包里装满书,他知道有个重要人物的学校在神庙里面。所以,他进入神庙,跟曼吉斯提亚斯打过招呼后,安静地找位置坐下。曼吉斯提亚斯以为,希波多罗摩斯要与他谈论某个学生,以为希波多罗摩斯是某个孩子的父亲和监护人,就问他到此地的缘由。[619]希波多罗摩斯回答说:"只剩我们二人时,你会知道答案。"因此,曼吉斯提亚斯授完课后,对希波多罗摩斯说道:"告诉我你的目的。"希波多罗摩斯回答说:"我们交换一下斗篷。"他当时穿着一件旅行用的斗篷,而曼吉斯提亚斯穿着一件适合公共演说的斗篷。

曼吉斯提亚斯问道:"你这是什么意思?"希波多罗摩斯回答说:"我向你展示一下我的演说术。"听到这话,曼吉斯提亚斯以为希波多罗摩斯疯了,他的理智有问题。但是,当他注意到希波多罗摩斯眼神的敏锐,看到他似乎神圣且严肃,就将斗篷交给对方。希波多罗摩斯要求他提出一个主题,曼吉斯提亚斯提出的主题是"一心求死的魔法师是因为他没有能力杀死另一个通奸的魔法师。"希波多罗摩斯在演说者的椅子上坐定,短暂停顿后,站起来。

此时,认为希波多罗摩斯是疯子的想法仍占据着曼吉斯提亚斯的头脑,他认为这些熟练的行为仅仅是精神错乱。当希波多罗摩斯开始讨论这个主题,说到"但我至少可以自杀"这句时,曼吉斯提亚斯无法抑制自己的钦佩之情,请求希波多罗摩斯告诉自己是谁。希波多罗摩斯说:

> 我是色萨利的希波多罗摩斯,我来这里是为了锤炼我的技艺,以便我可以向一个你这样精通演说的人学习伊奥尼亚的演说方式。请观察我的整个论证。

演说快结束时,士麦那所有热爱学问的人冲到曼吉斯提亚斯的门口,因为消息很快就传开:希波多罗摩斯到访他们的城市。于是,他重新论证那个主题,但是赋予他已经阐述过的观点不同的力量。后来他出现在士麦那人面前,众人都认为他的确很了不起,配得上成为前辈名家的一员。

[620] 他的开场白的风格完全依赖柏拉图和金嘴狄翁,而他的演说具有珀勒蒙的力量,更为温和和饱满,语言轻松流畅,仿佛在毫不费力地朗读他非常熟悉的一部作品。有一次,尼卡格

拉斯（Nicagoras）称肃剧是"智术师之母"，希波多罗摩斯接着这个评论继续说道："我认为应该称荷马为智术师之父。"此外，他还是阿基洛科斯（Archilochus）的忠诚信徒，曾说荷马是智术师的声音，阿基罗库斯是智术师的气息。

希波多罗摩斯现存30篇演说，最好的是下面几篇："卡塔纳的公民"、① "斯基泰人"、"亚历山大在印度期间，德玛德斯（Demades）反对反叛亚历山大"。② 他的抒情歌仍在被传唱，因为他在创作抒情歌方面也很有才能。他大概于70岁在家乡去世，留下一个儿子，这个儿子尽管有足够的能力照管好庄园和家庭，却有点蠢，没有接受智术教育。

28

让那些认为劳迪西亚的瓦鲁斯（Varus of Laodicea）值得被传颂的人自身永不被传颂。因为瓦鲁斯浅薄、虚荣、愚昧，他的声音非常迷人，但因为唱了几首歌曲而名声丢尽，那些歌曲适合做某些无耻之徒的舞曲。为何我有必要叙述他的老师或学生，既然我清楚没有人会教授这种技艺，如果就连他的学生也承认听过这样的教诲也是一种耻辱？

29

智术师奎里努斯（Quirinus）的出生地是尼科米底亚（Nico-

---

① 这个主题源于公元前425年埃特纳火山喷发，修昔底德在《战争志》3.116中提到过那次喷发。这个主题要讨论的问题是，卡塔纳人要不要移居他处。

② 德玛德斯反对德摩斯梯尼的建议。

media)。他的家族既没有杰出人士，也不是完全默默无闻，不过他有一种接受教诲、传授教诲的天赋。［621］他不仅勤奋地训练记忆力，而且练习流畅的表达能力。这位智术师的句子很短，但不太擅长抽象的主题。不过，他的演说很有力量，充满活力，很擅长抓住听众的注意力。

他常常发表即兴演说，但是由于他的天性看起来更适合诉讼演说，被皇帝委任为皇帝私库的辩护律师（advocatus fisci）。① 他尽管因此获得巨大权力，却既没有显得盛气凌人，也没有傲慢无礼，而是非常温和，性情没有改变，从未变得贪得无厌，而是就阿瑞斯忒德斯的故事所示——雅典人传诵着这个故事，阿瑞斯忒德斯虽负责安排税贡数额和岛屿事务，却仍穿着从前一样破旧的斗篷——奎里努斯也是如此，返回家乡后，因贫穷而显得更为尊贵。

亚洲的告密者发现他在审判案件时过于宽大、没有严苛遵从他们提出的证据时，奎里努斯说道："不，你们接受我的仁慈要比接受我对你们的无情要好得多。"告密者传唤一个小城支付1万德拉克马，尽管违背己愿，仍判告密者获胜。当这些告密者对他说："这个案件一旦传到皇帝那里，会大大增加你的声望"，他反驳说："让一个城镇变得荒凉来赢得奖赏的人，是你们而不是我。"

他的儿子先于他去世，他的亲戚试图安慰他，他说："［我的子］若非此时去世，如何证明我是一个男人？"他曾是哈德里安的学生，但不完全认可哈德里安的所有作品，甚至删掉一些表述错误的段落。他大概70岁时去世，葬在家乡。

---

① 对希腊语智术师来说，虽然多数担任撰写希腊语信件的职务（ab epistulis Graecis），但那些更擅长诉讼演说的智术师也适合担任 advocatus fisci。

30

色萨利人菲利斯库斯（Philisicus the Thessalian）是希波多罗摩斯的亲戚，曾主持雅典修辞讲座7年，[622]不过没有得到这一职位应有的豁免权。我现在要讲讲这是怎么回事。马其顿人中的赫戴亚（Heordaean）人曾召菲利斯库斯到他们的城市完成公共服务，① 因为只要母系一边是赫戴亚人，他们就有权这样做。由于菲利斯库斯没有回应这一召唤，被告到法庭。于是，这个案子被捅到皇帝那里——即睿智的尤利娅之子安东尼努斯［·卡拉卡拉］皇帝——菲利斯库斯被迫前往罗马保护自己的利益。

他曾在罗马与尤利娅圈子的数学家们和哲人们关系密切，② 通过尤利娅得到皇帝的批准，前去主持雅典修辞讲座。但是，卡拉卡拉皇帝就像荷马笔下时而互相帮助、时而互相争斗的诸神，生出同一种怨恨，对菲利斯库斯相当不满，因为他认为菲利斯库斯的任命是盗窃来的。[623]所以，当卡拉卡拉皇帝听说有一个针对菲利斯库斯的案子，积极主动打听这个案子，命令负责案子的官员告诉菲利斯库斯，他必须亲自为自己辩护，不得雇佣他人。

菲利斯库斯来到法庭，他的步态、站姿都冒犯了卡拉卡拉皇帝，他的衣着也与这个场合格格不入，声音柔和，语言慵懒，任何话题都能信手拈来。所有这些都让卡拉卡拉皇帝对他愤恨不已，所以在整个演讲过程中，不断打断菲利斯库斯，时而在菲利

---

① 赫戴亚是马其顿的一个部落，属母系社会，希罗多德在《原史》7.185提到过这个部落。这个部落依照母系传统有权要求女子的后代履行公民职责。

② 这里的数学家指占星师。

斯库斯演说时插入评论，时而提出一些唐突的问题打断演说。由于菲利斯库斯的回答离题很远，皇帝喊道："他的头发透露出他是个什么样的人，① 他的声音透露出他是个什么样演说家！"

多次打断菲利斯库斯之后，皇帝重提赫戴亚人问题。菲利斯库斯回答："您任命我主持雅典修辞讲座，赋予我免除公共服务的权利。"卡拉卡拉皇帝高声喊叫道：

> 你没有得到豁免，任何教师都没有得到这个豁免权！我从不会因为一些可怜的演说，就［从各城市］抢走那些应该履行公共服务的人。②

然而，这件事之后，卡拉卡拉皇帝授予利姆诺斯的菲洛斯特剌托斯——当时年仅 24 岁——公共服务豁免权，作为对他的一篇演说的奖赏。这就是菲利斯库斯被剥夺豁免权的原因。

但是，我们不能因为他表情、声音和服饰的缺点，就剥夺他在修辞家中的崇高地位，这是由他的希腊教养和创作演说辞的能力决定的。他的演说风格是口语式的，而非法庭式的，但是这种风格被一种纯粹的阿提卡词汇照亮，听起来有一种原汁原味的效果。他去世时，留下一个女儿和不值一提的儿子，他活了 67 岁。尽管他在雅典有一处优美的小庄园，却没有埋在那里，而是葬在阿卡德米，雅典的军事统帅曾在那里举行葬礼竞技会，以荣耀那些战死沙场被葬在那里的士兵。

---

① 菲利斯库斯头发卷曲，这里是说菲利斯库斯不像男人，充满女人气。

② 卡拉卡拉的话是模仿德摩斯梯尼，参德摩斯梯尼《论奉使无状》，255。

31

[624] 智术师埃里安（Aelian）是一个罗马人，但他像阿提卡内陆的雅典人那样，能写纯正的阿提卡语。在我看来，这个人配得上最高称赞，首先是因为虽然生活在一个使用另一种语言的城市，却通过辛勤学习，掌握纯正的希腊语；其次是因为尽管他被智术师们授予智术师称号，却不完全信任他们的决断，既不因这个称号沾沾自喜，也不得意洋洋，虽然这个称号的确很尊贵，而是对自己的能力有清醒的认识。他看出自己的能力不适合发表演说，就致力于史书写作，在这个领域赢得人们的敬重。简朴是他的风格的主要特征，也有尼克斯特拉图斯（Nicostratus）的些许魅力，有时他也模仿金嘴狄翁的刚健风格。

[625] 利姆诺斯的菲洛斯特剌托斯有一次碰到他，当时他手里拿着本书，正用一种愤慨的、强调的音调大声朗读，菲洛斯特剌托斯问他在研究什么。他回答说：

> 我创作了一篇控诉那个女人气的男人（*Γύννιδος*）的诉状，① 我用这个名字称呼那个不久前被处死的僭主，因为他做尽各种荒唐的坏事羞辱罗马帝国。

菲洛斯特剌托斯反驳道："如果他还活着时你就控诉他，我会更敬重你。"因为菲洛斯特剌托斯曾说过，一个真正的男人应能遏制活着的僭主，而僭主只要已经死掉，任何人都能驯服他。

---

① *Γύννιδος* 的意思是"女人气的男人"，指埃拉伽巴路斯（Elagabalus, 203—222 年，218—222 年在位）皇帝，222 年被处死。

埃里安曾说，他的足迹从未越出过意大利，从未坐过船，从不熟悉大海。由于这些原因，他在罗马被视作一个珍视罗马生活方式的人，因而更受罗马人敬重。埃里安是泡萨尼阿斯的学生，不过他最敬重希罗德斯。他大概活了 60 岁，没有孩子，因为他没有结过婚。然而，这里不是讨论结婚是幸福还是不幸的恰当场合。

32

由于机运女神在人类事务上的作用巨大，赫利奥德洛斯（Heliodorus）不应被认为不配列入智术圈，因为他是机运女神获胜的绝妙例子。他和一个同僚一起被选为自己家乡的凯尔特民族的辩护者。当他的同僚生病，他听说卡拉卡拉皇帝正在撤销很多案件，因担心自己的案件，立即赶往皇帝的营地。由于比预期早得多就被召到法庭，赫利奥德洛斯尽力拖延等待那位生病的同僚到场。但是，那个负责案件的官员非常傲慢，不允许这样做，而是违背他的意愿将他拖上法庭，甚至拽着他的胡子拖。

[626] 他进入法庭，大胆地看着皇帝，要求给予他规定的时间让他进行辩护，然后熟练地提出他的抗议：

> 最强大的陛下，一个人在没有您命令的情况下，单单通过恳求就让他的案件作废，在您看来，这事应该实在不可思议。

听到这话，皇帝从座位上跳起来，称赫利奥德洛斯是"一个我从未见过的人，这样的新现象只在我的时代出现"，还有别的一些修饰词，然后举起赫利奥德洛斯的手，抖开赫利奥德洛斯的斗篷的褶皱。①

一开始我们有种想笑的冲动，因为我们认为卡拉卡拉皇帝在取笑他。但是，当皇帝赐予他骑士级公共荣誉，同时赐予他的孩子这个荣誉，人们对机运女神惊叹不已，她通过如此难以置信的事件显示她的力量。这种力量在后来的事情中表现得更加清楚。当这个阿拉比亚人（the Arabia）意识到事情对他来说进展顺利时，② 他利用皇帝的好冲动的性格，就像一位领航员，当风正适合航行时会乘风而航，他说道："陛下，定个时间让我展示下我的演说。"皇帝说："你现在就讲，主题是'与腓力二世决裂后，德摩斯梯尼针对说他懦弱的指控为自己辩护'。"③

赫利奥德洛斯演说时，皇帝不仅表现得友好，而且严肃地看着那些没有鼓掌的观众，让赫利奥德洛斯赢得在场人的掌声。最重要的是，皇帝让赫利奥德洛斯负责最重要的公共辩护（public adovates）团体，④ 因为他特别擅长处理法律案件。[627] 但是，卡拉卡拉皇帝驾崩后，赫利奥德洛斯被驱逐到一个岛屿，在岛上被指控谋杀，然后被带到罗马，在禁卫长官面前为自己辩护。他证明自己实属无辜，被解除流放，从岛屿返回。他在罗马度过晚年，既不受人敬仰，也没有被完全忽视。

---

① 表示赞同的动作。对照厄乌纳皮欧斯《哲人和智术师列传·尤利安努斯传》，484。

② ［译注］阿拉比亚是罗马帝国的行省，范围约是现在的约旦全境、叙利亚南部、西奈半岛和沙特阿拉伯西北部。

③ 这个主题基于埃斯基涅斯的《论奉使无状》34。

④ 参上文编码621处，那里提到智术师奎里努斯担任皇帝私库辩护律师（advocatus fisci）。

33

拉文纳（Ravenna）是智术师阿斯帕西乌斯（Aspasius）的出生地，拉文纳是意大利的一座城市。他的父亲叫德米特里阿努斯（Demetrianus），考证学造诣很高，亲自教育他。阿斯帕西乌斯非常勤奋，修习诸多科目，拜很多人为师。他常称赞新奇之物，但从未陷入低级趣味，因为他用一种适宜的分寸感运用他的奇思妙想。这种分寸感在音乐中也非常重要，因为正是这些音符的节拍赋予竖琴和长笛声音，教会我们旋律。尽管他煞费苦心用恰当且简洁的方式进行表达，却很少考虑活力和修辞的夸张。虽然他缺乏即兴演说的天赋，但通过勤奋弥补了这一缺点。

他游历过天下的很多地区，既有陪同皇帝出访，也有独自旅行。他主持罗马的修辞讲座，为自己赢得很高的声誉，不过这是他年轻时，随着年龄渐长，他因不愿辞职受到批评。阿斯帕西乌斯和利姆诺斯的菲洛斯特刺托斯的争论始于罗马，之后在伊奥尼亚变得更为激烈，这一争论由智术师卡西阿努斯（Cassianus）和奥勒里乌斯（Aurelius）制造。

奥勒里乌斯是那种即使在低档酒馆里喝酒时也会演说的人，而卡西阿努斯则是一个厚颜无耻之徒，渴望主持雅典的修辞讲座，总是抓住能利用的一切机会，这一点除了教会吕底亚人佩里格斯（Periges），他没教过任何人。不过，既然我已经描述过他们争吵的情形，何必再把明明白白的事说一遍？［628］有句谚语说，即使从敌人身上，我们也能学到一些有价值的东西，[①] 世间事务常证明这句话，但是在上述这些人的争吵中体现得再清

[①] 阿里斯托芬，《鸟》，行375。

楚不过。随着他们的争论持续，阿斯帕西乌斯学会轻松流畅的即兴演说的艺术，因为菲洛斯特剌托斯在这个领域已经极有声望，而后者反过来精简自己咄咄逼人的演说风格，直到赶上对手的准确和简洁。

菲洛斯特剌托斯创作出名为《如何写信》(*How to Write Letters*) 的文章瞄准阿斯帕西乌斯，后者被任命为皇帝秘书后，以一种不合宜的有争议的风格写了几封信；还用晦涩的语言写了其他几封信，尽管这些特征对任何一个皇帝来说都不合适。对皇帝来说，当他写信时，不应该使用修辞的三段论或一连串推理，而是应该直接表达他的意愿；也不应写得晦涩，因为他就是法律的声音，法律的解释者应当做到明晰。阿斯帕西乌斯是泡萨尼阿斯的学生，也参加过希波多罗摩斯的学校。当我写这部传记时，他仍在罗马教书，年事已经很高。

这就是阿斯帕西乌斯的生平。但是，关于利姆诺斯的菲洛斯特剌托斯的生平，他在法庭、政治讲演、论文写作、演说和即兴演说方面的才能，不应由我来记述。我也不应该记述雅典的尼卡格拉斯（Nicagoras），① 他被任命为厄琉西斯神庙的传令官。我也不应该记述腓尼基人阿璞西内斯（Apsines）及其在记忆力和准确性方面的伟大成就。② 若是记述他们的生平，就会有人认为我偏爱他们，因为他们是我的密友。

---

① 依照苏伊达斯《辞海》，尼卡格拉斯的父亲叫姆涅塞乌斯（Mnesaius），他的儿子叫米努西阿努斯（Minucianus），后者生活在伽里恩努斯（Gallienus，公元 253—268 年在位）的统治之下。尼卡格拉斯在菲洛斯特剌托斯的后半生之时，在雅典教书。

② 此人即加大拉的阿璞西内斯，是《修辞术》的作者。阿璞西内斯约 235 年在雅典教授修辞术，是德摩斯梯尼的忠实粉丝。

哲人和智术师列传

厄乌纳皮欧斯　撰

序　言

1

[453]① 哲人色诺芬，在所有哲人中独一无二，他不仅用言辞，而且用事迹装扮哲学。② 在言辞方面，他著有论卓越德性的文章和史书；在事迹方面，他的实践成就非常卓越，通过给出的范例，③ 培育出军队统帅。例如，要是没有色诺芬，亚历山大大帝绝不会变得那样伟大。④ 色诺芬说，我们应该记述贤良之士闲暇时的所为。但是，我的这部传记不是要记述贤良之士的闲散行为，而是要记述他们的主要成就。⑤ 因为，若美德的嬉笑之行值得记述，那么对美德的严肃目标保持沉默就是绝对的不敬。

对那些渴望读这部传记的读者来说，这部传记所讲述的内

---

① 方括号中的数字是原文编码。
② 对照希罗多德《原史》，3.72。
③ 《阿革西拉欧斯传》（Agesilaus）、《居鲁士的教育》（Cyropaedia）。
④ 色诺芬的《居鲁士上行记》（Anabasis）对亚历山大远征波斯影响很大，参阿里安《亚历山大上行记》（Anabasis），1.12.3—4。
⑤ 对照希罗多德《原史》，1.1，1.5；普鲁塔克《亚历山大传》，1；菲洛斯特剌托斯《智术师列传》，540。

容，并非在所有方面都是确凿无疑的事实，因为准确搜集所有的证据实属不可能，我也没有将最杰出的哲人和演说家分开。不过，我要记下每个人物的职业和生活方式。这部传记，是否在所有方面都做到真正的卓越——这是这部传记的作者的目标——留给读者去判断，他们可从这部传记提供的证据做出判断。① 本传记作者读过精确且详尽的评注，因此，如果他错失真理，他会将错误归咎于他人，就像一个落入差劲老师手中的勤奋学生；如果他的叙述真实，他就可以提供值得敬重的引导，至少他的作品清白无辜、无可指责。因为他严格遵循了他应该追随之人的步伐。

说实话，由于几乎没有作家谈论过这个主题，本传记作者不会向读者隐瞒前辈作家就这个主题所写的任何东西，也不会隐瞒口传到现在的任何东西。在这部传记中，这两个来源皆有恰切的比重。我的意思是，书面文件没有任何改变，而那些依赖道听途说、由于时间推移而易于变得混乱和令人困惑的内容，通过记录在本书中，已经固定下来，将来会成为一个稳定且持久的传统。

2

[454] 波菲利（Porphyry，公元 243—305 年）和索提翁（Sotion）编撰过哲学史和哲人列传。② 波菲利的书以柏拉图和他的时代结束，索提翁虽然生活在波菲利之前，他的传记却囊括[柏拉图]之后时代的哲人。不过，对索提翁和波菲利之间的哲

---

① 普鲁塔克《伯里克勒斯传》2.4 处阐明过一条类似原则。
② 厄乌纳皮欧斯忽视了第欧根尼·拉尔修的哲人传记。[译注] 索提翁，公元前三世纪末漫步派哲人，出生于亚历山大里亚，著有《哲人谱系》(*Successions of Philosophers*)，共 13 卷，把每个哲人都看作另一个继承者。第欧根尼·拉尔修写作《名哲言行录》时用过他的材料。

人群体与智术师群体生平的叙述，没有从他们卓越美德的重要性和广泛性的角度加以恰切评价。

利姆诺斯的菲洛斯特剌托斯以悦人的风格漫不经心地简述了最杰出的智术师的生平；① 但是，没人准确记述［同一时期］哲人们的生平。例如，埃及的阿蒙尼乌斯（Ammonius），他是神圣的普鲁塔克（Plutarch，公元 50—120 年）的老师；普鲁塔克本人，他的全部哲学美妙至极，犹如七弦琴；埃及的幼发拉底斯（Euphrates）和比提尼亚的狄翁（Dio of Bithynia），这两人皆有"金嘴"的绰号；泰安那的阿波罗尼欧斯（Apollonius of Tyana），不是一位［有死的］哲人，相反，是一位半神半人的人物。阿波罗尼欧斯是毕达哥拉斯学派的追随者，他做了很多工作，向世界展示那种哲学神圣而生动的特征。利姆诺斯的菲洛斯特剌托斯写了一部阿波罗尼欧斯的传记，命名为《阿波罗尼欧斯传》（*The life of Apollonius*），尽管他本应该称之为《神在凡间之旅》（*Visit of a God to among mortals*）。卡尼阿德斯（Carneades）也生活在那个时代，是犬儒学派中不容小觑的人物，② 如果我们确实应该考虑叙述犬儒学派，我们更应该关注穆索尼乌斯（Musonius）、德米特里乌斯（Demetrius）、墨尼波斯（Menippus）和其他很多人物，这些人要比卡尼阿德斯更著名。

要想找到这些哲人生平的准确叙述根本不可能，据我所知，没有哪个作家写过他们的传记。但是，他们自己的著作在过去和现在都是对他们生平的充分记录，那些著作装满博学且彻底的研

---

① ［译注］指菲洛斯特剌托斯的《智术师列传》。
② 不是公元前一世纪柏拉图主义者卡尼阿德斯。新柏拉图主义哲人非常鄙视犬儒派，部分是因为他们的生活方式在某些方面与基督教类似。这位卡尼阿德斯不为人所知，有人认为他与阿忒奈欧斯在《智者之宴》中提到的卡奈乌斯（Carneius）是同一个人。

究，竟至这样的程度，不仅论及和传达了道德上的卓越，而且提出和思考了万物的本性，就像驱散迷雾一般驱散了有能力追随之人的无知。例如，卓越的普鲁塔克在他的著作中分散地记述了他本人和他的老师的生平。他说，阿蒙尼乌斯在雅典去世，却没有详述阿蒙尼乌斯的生平。普鲁塔克最杰出的著作是《对比列传》(*The Parallel Lives*)，记述闻名遐迩之人的行迹和功业。但是，他本人的生平和他老师的生平却分散在各部作品中，以至于只有敏锐地注意这类叙述，在它们出现时追踪，明智地逐个阅读它们，才能掌握他们一生中的大部分经历。

萨摩撒塔的路吉阿诺斯总是煞费苦心地逗人发笑，著有德摩纳克斯（Demonax）的传记，此人是路吉阿诺斯时代的一位哲人。在这部传记和其他少数几部著作中，路吉阿诺斯自始至终都非常严肃。

因此，我郑重声明，我意识到有些事情可能逃过了我的眼睛，但其他的没有。在此之前，尽管我曾花费极大心血、不辞劳苦，想要连贯、准确地记述最受尊敬的哲人和修辞家的生平，[455] 如果现在我丧失雄心，那是因为我和那些疯狂热恋的情人有相同的经验。当他们拥抱爱人，凝视美丽的面容时，低下头颅，他们太虚弱无法凝视他们渴望的东西，被它的光线照得眼花缭乱。① 但如果他们看到爱人的凉鞋、项链或耳环，就能从中得到鼓舞，将他们的灵魂注入看到的景象，并与之融为一体，因为对他们来说，凝视和爱恋美的象征要比凝视美本身更容易。

因此，我也打算以这种方式来撰写这部传记，不因沉默和嫉妒遗漏我道听途说、阅读所得和从同时代人那里打听到的任何事情，但是，我会尽我所能敬畏真理的入口和大门，把它传给那些

---

① ［译注］这显然是一个新柏拉图主义的隐喻。

要么渴望聆听，要么有力量追求至善的子孙后代。

我要叙述的这个时期，某种程度上被帝国连续不断的灾难中断和打破。第三代哲人始于克劳狄乌斯（Claudius，公元10—54年，41—54年在位）和尼禄（Nero，公元37—68年，54—68年在位）的时代，第二代哲人出现于柏拉图之后，已经得到纪念，他们的生平也已为世人所知。至于那几位仅持续一年的不幸皇帝，根本不值得记述，我指的是伽尔巴（Galba，公元68年6月9日—69年1月15日在位）、维特里乌斯（Vitellius，公元69年4月16日—12月22日在位）、奥托（Otto，公元69年1月15日—4月16日在位）；至于那些继他们而统治的皇帝，如韦斯帕芗（Vespasian，公元9—79年，69年12月22日—79年在位）、提图斯（Titus，公元39—81年，79—81年在位）以及继他们而统治的皇帝，没人会认为我应该严肃关注他们，只是粗略且简短地提到，最佳哲人群体甚至延续到塞维鲁（Septimius Severus，公元145—211年，193—211年在位）皇帝统治时期。① 毫无疑问，在叙述历史时，这是皇帝们的荣幸：美德的最佳时刻依照一位皇帝的命运来计算。② 因此，如果我选择记述这个时代，请不要误解我，因为这个时代能让我获得充分的资料，我也认为这个时代是我这部传记的恰切开端。

---

① ［译注］厄乌纳皮欧斯将哲人分为三代，第一代是泰勒斯到柏拉图为止的哲人，第二代是柏拉图之后到克劳狄乌斯皇帝时期的哲人，第三代是克劳狄乌斯皇帝时期到塞维鲁皇帝时期的哲人。他的传记记述的是第四代哲人，即始于普罗提诺的新柏拉图主义哲人。普罗提诺生于塞维鲁皇帝驾崩前不久。如此，哲人与古希腊文明的关系线索就变得非常清晰。显然，厄乌纳皮欧斯对古希腊文明有着明确的担纲意识。

② 指依照皇帝们的统治时期来确定哲人们的生活年代。

普罗提诺和波菲利传

3

普罗提诺（Plotinus，公元205—270年）是一位在埃及出生的哲人。尽管我刚刚称他为一个埃及人，我还要补充他具体的出生地：埃及人称之为吕科（Lyco）。神圣的哲人波菲利没有记载这个细节，尽管他是普罗提诺的学生，一生或是一生中的大部分时间都在跟随普罗提诺学习。纪念普罗提诺的祭坛仍然温热，有教养之士皆手持他的著作，他的著作比柏拉图的对话还要受欢迎。不仅如此，甚至大多数俗人，尽管无法理解普罗提诺的教诲，仍受到他的著作的影响。波菲利将普罗提诺的生平讲得如此详尽，以至于没人能提出更多的材料。

此外，众所周知，波菲利阐释过普罗提诺的很多作品。但是，据我所知，没人为波菲利写过传记。通过阅读流传下来的材料证据，我了解到有关他的下述事实。

4

波菲利出生于推罗（Tyre），这座城市是古腓尼基人的都城。波菲利的祖先亦是杰出之辈。他先接受与其身份相称的教育，进步神速，异常专心致志，以至于受教于朗基努斯（Cassius Longinus，公元213—273年）门下后，① 很短时间内就为老师增光添彩。[456] 当时，朗基努斯是一个活的图书馆和行走的博物馆；此外，朗基努斯就像很多先辈一样，以评判古代作家为天职，这些先辈中最著名的是卡里亚的狄奥尼修斯（Dionysius of Caria）。②

波菲利的叙利亚原名是 Malchus，意思是"王者"，但是朗基努斯为他改名为 Porphyry，这个名字指皇帝长袍的颜色。③ 受教于朗基努斯门下，波菲利获得极高学识，像朗基努斯一样很快掌握语法和修辞的完美知识。但是，他并不热衷于这种学问，因为他更热衷于各种哲学。朗基努斯是他那个时代在一切学问领域最杰出的人，他的大部分著作传阅甚广，深受喜爱。任何批评家在批评某个古代作家时，他的看法都不会赢得赞同，除非朗基努斯的裁定证实他的看法。

接受这些早期教育，且得到所有人敬重之后，波菲利想看看伟大之城罗马，以便用他的智慧降服这座城市。但是，到了罗马，成为伟人普罗提诺的密友之后，波菲利忘记一切，全心全意追随普罗提诺。由于他以永不满足的欲望吞食普罗提诺的教诲、极富原初性和启发性的论述，正如他自己所说，有段时间他只满足于做普罗提诺的学生。④ 被普罗提诺学说的力量征服后，波菲

---

① ［译注］朗基努斯是三世纪的修辞大师和哲人，在雅典教书授业，在生命的最后几年，成为帕尔米拉女王芝诺比娅（Zenobia）的顾问，罗马皇帝奥勒里安（Aurelian，公元270—275年在位）攻下帕米尔拉时，朗基努斯被杀。朗基努斯为柏拉图的《蒂迈欧》写过注疏，不过最著名的作品当属《论崇高》（On Sublime）。

② ［译注］即哈利卡纳苏斯的狄奥尼修斯，著有《罗马古事纪》（Antiquitates Romanae）和一系列论古代演说家的批评性作品。

③ ［译注］即"紫色"的意思。罗马皇帝的皇袍皆是紫袍。

④ 波菲利，《普罗提诺传》，18.8—20。

利开始厌恶自己的身体，厌恶自己生而为人。接着，波菲利沿着据说奥德修斯当年游历的路线，渡过墨西拿海峡和卡律布狄斯（Charybdis），前往西西里。①

他无法忍受看到城市，听到人的声音，因此让自己远离一切痛苦和快乐，一直待在利利俾（Lilybaeum）。此城位于西西里岛三个伸向利比亚的海岬之一。他在那里苦苦呻吟，折磨身体，不吃任何东西，想要"躲避人间的道路"。② 但是，伟大的普罗提诺在这些事情上"洞察发生的一切"，③ 要么追踪波菲利的踪迹，要么向别人打听这个逃走的年轻人，最后在利利俾找到奄奄一息的波菲利。普罗提诺用丰富的言辞唤回波菲利的灵魂，当时他的灵魂正要离开身体。普罗提诺还赋予波菲利的身体以力量，以让它收纳他的灵魂。④

如此，波菲利苏醒过来，普罗提诺在他的一篇论文中记述了他唤回波菲利的灵魂所用的言辞。⑤ 某些哲人以晦涩隐藏他们的隐微教诲（τὰ ἀπόρρητα），就如诗人们在神话中隐藏他们的隐微教诲，⑥ 波菲利则称赞明晰的知识是至高的救赎。由于亲自品尝过这种知识，他将之记录下来，公之于众。

---

① 荷马，《奥德赛》，12.426—446。对照修昔底德《战争志》，4.24。
② 荷马，《伊利亚特》，6.202。
③ 荷马，《伊利亚特》，10.515。
④ 厄乌纳皮欧斯这里的说法与波菲利自己的说法不同。依照波菲利在《普罗提诺传》11.113处的说法，实情如下：普罗提诺发现波菲利想要自杀，就劝说他，这种抑郁源于健康不佳，将他打发到西西里休息。普罗提诺没有跟着他去，普罗提诺去世后，波菲利返回罗马。
⑤ 这篇作品已经散佚。厄乌纳皮欧斯可能指普罗提诺在《九章集》3.2处针对屈服于逆境给出的建议，但也可能指波菲利本人对《九章集》的评注，不过后者已经散佚。
⑥ 对照尤利安《诸神之母颂》（*Hymn to the Mother of the Gods*），170；《驳犬儒赫拉克奥斯》（*To the Cynic Heracleios*），217c。

波菲利返回罗马后，继续研究哲学辩论，以至于他甚至能公开展示他的辩论力量。不过，每处讲坛、每群人都将波菲利的声望归因于普罗提诺。由于普罗提诺的灵魂极为神圣，他的论述隐晦而神秘，所以非常严肃，难以让听众听懂。[457] 但是，波菲利就像赫尔墨斯（Hermes）通向凡人的链条，[1] 凭借渊博的学识，将普罗提诺的所有主题阐述得足够清晰和易懂。他自己说——也许他写下这话时还很年轻，至少看起来如此——他从未碰到过任何通俗的神谕。他在同一本书中描述了人应该如何对待这类神谕，之后又阐述许多其他内容。他还说到，他曾在某个浴室驱逐过某种精灵，当地人称这个精灵为考撒塔（Kausatha）。

照波菲利自己所说，普罗提诺有几位著名的同胞—门徒（fellow—disciples）：奥利金（Origen）、阿莫里乌斯（Amerius）和阿奎里努斯（Aquilinus）。[2] 他们的作品至今仍保存着，不过没人记述他们的生平。因为他们的教诲虽值得敬重，论文讲辞却普遍缺乏魅力。波菲利却称赞他们的专长，尽管他本人对各种风格的魅力都非常擅长，单靠自己的能力就能宣讲和赞美他的老师，因为他没有漏掉任何一门学问。

我们很可能会为波菲利感到困惑，好奇他最认真研究的科目是哪一门：是涉及修辞术主题的那门，还是力求语法准确的那门，或是依赖数字的那门，或倾向几何的那门，抑或是指向音乐的那门？就哲学而言，人们既不能凭靠理性把握他在逻辑

---

[1] 荷马，《伊利亚特》，8.19。对新柏拉图主义者来说，金链条是他们学派哲人前后相继的一种象征，参玛里努斯（Marinus），《普罗克洛斯传》（*Life of Proclus*），26.53。

[2] 波菲利在《普罗提诺传》16 处，没有称阿奎里努斯为同伙—门徒，而是说他是一位基督教灵知派，他的学说将他人引入歧途。此处的奥利金并非同名的基督教教父。

论证方面的天才，也不能凭靠理性把握他在道德哲学方面的天才。至于自然哲学和预言术，留给神圣的礼仪和秘仪吧！鉴于波菲利在各个领域皆达至卓越，他实在是个奇人。人们可能会更称赞波菲利的论说风格之美而非他的学说……如果更关切这些而非他演说的力量。①

波菲利后来似乎结婚了，他有一篇现存的书信写给他的妻子玛尔塞菈（Marcella）。他说他娶了她，尽管她已是五个孩子的母亲。② 他的本意不是想与她生孩子，而是为了让玛尔塞菈的五个孩子接受教育，因为孩子的父亲曾是波菲利的朋友。波菲利结婚时，似乎已到老年。无论如何，他留下很多与他先前出版的书相冲突的论断。对于这些矛盾，我们只能假设，随着年龄增长，他的看法有所改变。据说，波菲利在罗马离世。

当时，雅典最杰出的演说家是保卢斯（Paulus）和叙利亚人安德洛马库斯（Andromachus）。但是，在伽里恩努斯（Publius Gallienus，公元218—268年，253—268年在位）、克劳狄乌斯（Marcus Claudius Ⅱ，公元213—270年，268—270年在位）、奥勒里安（Lucius Aurelian，公元214—275年，270—275年在位）、塔西佗（Claudius Tacitus，公元200—276年，275—276年在位）和普罗布斯（Marcus Probus，公元232—282年，276—282年在位）诸帝时代，波菲利的演说力量正处于巅峰。当时还生活着德克希普斯（Dexippus），一位博学雄辩之士，他著有一部编年史。③

---

① 有缺漏。
② 玛尔塞菈有5个女儿，2个儿子。
③ 德克希普斯的《天下史》（*Universal History*）仅有残篇存世，止于公元269年。德克希普斯也是著名的将军。当哥特人于267年侵占雅典时，德克希普斯纠集一支规模不大的部队，给予侵略者严重打击。

杨布里科传

5

杨布里科（Iamblichus）生于一个非常富裕的家庭，祖先非常显赫。他的出生地是卡尔基斯（Chalcis），这是科勒叙利亚（Coele Syria）地区的一座城市。① 作为安纳托利乌斯（Anatolius）——他是波菲利的继任者——的学生，杨布里科进步神速，在哲学上达至极高境界。[458] 然后，杨布里科离开安纳托利乌斯，投身波菲利门下。除演说的结构和风格的力量外，他在任何方面都不弱于波菲利。

杨布里科的演说缺乏魅力和优雅，不够清晰，缺乏简洁之美。然而，它们并非晦涩难懂，也没有措辞缺陷，如柏拉图曾关于色诺克拉底说的那样，"他没有向赫尔墨斯的美惠女神献祭"。② 因此，杨布里科无法让读者迷恋并痴迷地阅读，而是让读者反感，

---

① 科勒叙利亚地区位于黎巴嫩山脉和前黎巴嫩山脉之间，即所谓的"群山中的叙利亚"地区。

② 此句引文引自第欧根尼·拉尔修《名哲言行录》，4.6，也可能出自普鲁塔克的《婚姻诫命》（*Conjugal Precepts*），141。厄乌纳皮欧斯在引文后面添加了"赫尔墨斯"一词，因为赫尔墨斯是雄辩之神。

激怒读者。但是，因为他践行正义，很容易就可以听到诸神的声音，以至于他的学生满天下，热望学问之人从四方蜂拥而至。

很难判断他的弟子中谁最杰出：叙利亚人索帕特（Sopater）在演说和写作方面最雄辩；① 埃德希乌斯（Aedesius）和尤斯塔忒乌斯（Eustathius）来自卡帕多西亚（Cappadocia）；品德高洁的忒奥多罗斯（Theodorus）② 和幼发拉西乌斯（Euphrasius）来自希腊，还有一大批演说能力一点也不弱的人。不可思议的是，杨布里科竟能全部满足他们，他的确对所有学生同样慷慨。

偶尔，他避开朋友和学生们，单独举行某种仪式，敬拜神圣的存在者（Divine Being）。但是，他大部分时间都在与学生们交谈，在生活中，他所求甚少，生活方式相当古朴。学生们饮酒时，他常常用谈话吸引在场的人，让他们陶醉，仿佛陶醉在甘露之中。由于他们永不满足、永无止境地贪求这种快乐，所以他们不让杨布里科获得片刻安静，派出最雄辩的一个学生，代表他们对杨布里科说：

> 最神圣的导师，您为什么只想着自己的福佑独自举行这些仪式，而不是与我们分享您更完美的智慧？③ 不过，一则流言通过您的奴仆传到我们耳中。那奴仆说，您向诸神祈祷时，

---

① 这里的索帕特是老索帕特，被君士坦丁处死。他的同名儿子是利巴尼欧斯的通信人，也是尤利安皇帝的朋友。

② 亚辛的忒奥多罗斯（Theodorus of Asine）著有一部柏拉图《蒂迈欧》的注疏，很可能他与尤利安皇帝书信中谈到的那位忒奥多罗斯是同一人。在尤利安的那封书信中，尤利安提到忒奥多罗斯曾攻击杨布里科的学说，对照尤利安《书信集·致普利斯库斯》，2。

③ 对涌神美德来说，"更完美"意味着教学水平比以前教授政治美德的水平更高。

腾空十尺,① 身体和衣服发出耀眼的金光。现在,您的祈祷结束,您的身体已经恢复原样,来到地上,与我们交谈吧。

杨布里科并不爱笑,但是听到这话,他大笑起来。② 他回答说:

如此欺骗你们的那个奴仆是个机灵鬼,但事实不是这样。无论如何,未来这事发生时,你们都会在场。

杨布里科向众学生展示了类似性质的仪式,关于此种展示的叙述经萨尔迪斯的克律桑提乌斯(Chrysanthius of Sardis)传给本书作者。克律桑提乌斯是本书作者的老师,他是埃德希乌斯的学生,埃德希乌斯则是杨布里科最杰出的学生之一。埃德希乌斯就是我刚刚提到的,代表众学生对杨布里科说话的那个人。

他〔克律桑提乌斯〕说,杨布里科的神圣天性有下述确凿表现。当太阳与天狼星一起升起时,太阳正朝着狮子座的边缘运动。③ 此时即献祭的时刻,郊外一幢属于杨布里科的别墅中一切已准备停当。〔459〕献祭仪式结束后,他们步行返回城市,走得很慢、很悠闲,边走边谈话,谈话内容是关于刚刚献祭的诸神。正在他们谈话时,杨布里科突然陷入沉思,仿佛他的声音被打断,他盯着地面定神一会后,望向朋友们,突然对他们大声喊道:"我们走另一条路,因为刚刚有一具尸体经过这条路。"说完,杨布里科就转向另一条似乎不那么不洁净(καϑαρωτέρα)的路,④ 一

---

① 对照菲洛斯特剌托斯《阿波罗尼欧斯传》,3.15,那里提到婆罗门祭司也拥有同样的能力。
② 对柏拉图《斐多》64b 的模仿。
③ 太阳位于狮子座边缘,与天狼星一起升起时,表明时间是 8 月至 9 月。
④ 该词是毕达哥拉斯派的一个概念。

些学生赶紧转向跟在他后面，认为抛弃老师可耻。但是，那些更固执的学生，其中就有埃德希乌斯，仍待在原地，将事件归因于预兆和气味，像猎犬一样寻找证据。很快，那些埋葬死者的人回来了。即使如此，他们仍不罢休，问那些人他们是否之前经过这条路。他们回答说："我们必须经过。"因为没有其他的路可走。

他们还见证了一件更令人惊叹的事。他们烦扰杨布里科，说我刚刚叙述的小事一桩，那兴许要归因于一种敏锐的嗅觉，他们希望通过一次考验来见证他更大的能力，他回答说："不，这不由我决定，要看预定的时刻。"过了一些时候，他们打算到加大拉（Gadara）去，该城位于叙利亚，那里有温泉浴，仅次于意大利巴亚（Baiae）的温泉，① 其他地方的温泉都无法与这两地的温泉相比。所以，他们于夏季时出发前往加大拉。当时，杨布里科与众学生正在泡温泉，众学生仍在就同一事情烦扰他，杨布里科笑着说道："向你们做这样的展示是对诸神的不敬，但是，为了你们，我必须这样做。"

有两眼温泉比其他的要小，却更赏心悦目。他让学生们问当地人这两眼温泉过去叫什么名字。学生们遵照他的要求询问当地人后，对他说："它们的名称一清二楚，一眼叫爱若斯（Eros），另一眼叫安忒爱若斯（Anteros）。"杨布里科立即用手触碰泉水——他碰巧坐在泉水流溢出来的边沿——简短召唤一声，② 一个男孩从泉水深处走了出来。他皮肤白皙，中等身材，头发呈金

---

① 巴亚是著名的海滨度假胜地，位于那不勒斯附近。
② 关于爱若斯和安忒爱若斯的神话，对照忒米斯提欧斯（Themistius），《演说辞集》，304d。[译注] 忒米斯提欧斯是公元四世纪的漫步派哲人和修辞家，317年生于帕夫拉戈尼亚（paphlagonia），为亚里士多德的《论灵魂》《物理学》《前分析篇》《论天》《形而上学卷十二》写过注疏，现存34篇演说辞。

色，后背和胸部闪闪发光，完全像一个正在沐浴或刚刚沐浴过的人。

杨布里科的学生惊讶不已，但是杨布里科说："我们去另一眼温泉。"他站起来，走在前面，若有所思。然后，杨布里科召唤出同样一个爱若斯，各方面都与第一个一模一样，只是头发稍黑一些，在阳光下散了下来。两个男孩都拥抱杨布里科，紧紧贴着他，仿佛他是他们的父亲。然后，杨布里科让他们回到原处，沐浴完后离开温泉。这让学生们敬畏不已。这事以后，杨布里科的众学生们不再寻求别的证据，而是完全相信向他们显示的一切，紧紧依从杨布里科，仿佛他们中间有根无法挣断的锁链。

杨布里科还有更惊人、更不可思议的奇迹，但我没有记述，[460] 因为我认为，将一种虚假的、不确定的传说引入可靠、有根据的传记，是一件危险和亵渎神圣的事情。甚至我所记述的上述奇迹，我也担心它们是道听途说，只不过由于我追随的那些人，他们虽然不相信别的奇迹，却被上述事件带到真正的实在中。据我所知，杨布里科的弟子没有谁记述杨布里科行的奇迹。我这样说有充分的理由，因为埃德希乌斯断定，他没有就这类奇迹写过任何东西，其他人也没有写过。

杨布里科的时代，还生活着阿律皮乌斯（Alypius），他特别擅长辩证法。阿律皮乌斯非常矮小，比侏儒高不了多少。就连他看似拥有的身体，实际上也全是灵魂和智慧，竟达到这样的程度，他身上易堕落的因素没有增长，因为他的身体被他的神圣本性全部吸收。因此，正如伟大的柏拉图说，① 与人的身体相反，神圣的身体寓居于灵魂之内，因此可以这样说阿律皮乌斯，他已

---

① 这似乎是对《蒂迈欧》36 处相当混乱的引用，在那里，世界灵魂据说包裹着宇宙的身体。

进入一个灵魂，被某种超自然的力量限制和支配。阿律皮乌斯有很多追随者，但是他的教诲仅限于谈话，没有人曾出版过他的著作。

因此，他的弟子急切找到杨布里科，以使自己充实，仿佛从一个泉水四溢的泉眼将自己灌饱。① 随着两人的名声越来越大、齐头并进，有一次，他们或是偶然相遇，或是像在各自轨道上运行的行星一样相遇，一群听众围着他们坐成一圈，仿佛坐在缪斯女神周围。杨布里科在等听众提问，而非主动要求听众提问，但是，阿律皮乌斯出人意料地，推掉关于哲学的所有问题，试图影响听众，② 对杨布里科说：

> 哲人，告诉我，一个富人是不义者，还是说他是不义者的继承者，是或不是？因为没有中间路线。

杨布里科不喜欢这个问题中的陷阱，回答道："不，最受尊敬的人，这不是我们讨论比他人拥有更多财物的人的方法，而只是讨论在哲人独有和适合哲人的美德方面出类拔萃者的方法。"说完之后，杨布里科起身离开，这次会面就结束了。在离开众人，集中思想后，杨布里科很佩服阿律皮乌斯这个问题的尖锐，常常私下跟阿律皮乌斯会面，后者的敏锐和睿智给他留下了深刻印象。

阿律皮乌斯去世后，杨布里科为他写了传记。事实上，我读过那部传记。传记的内容被风格遮蔽，仿佛被一团厚厚的云层掩盖，尽管这不是因为所述事件不够清晰，因为杨布里科在传记中

---

① 类似于普罗提诺笔下取之不竭的至善。对照菲洛斯特剌托斯《阿波罗尼欧斯传》，3.14，3.25。

② 可能是对柏拉图《会饮》194b 的模仿。

对与阿律皮乌斯有关的事情做了长篇相近的叙述，不过没有提到任何包含辩论的讨论。杨布里科的那部传记还叙述了阿律皮乌斯的罗马之旅，但没有给出任何理由，没有显示出阿律皮乌斯在那些场合灵魂的伟大。尽管杨布里科暗示阿律皮乌斯有很多仰慕他的追随者，但没有明言阿律皮乌斯说过什么著名的话，做过什么了不起的事。

闻名遐迩的杨布里科似乎犯有同画家一样的错误，他们画青年之美，希望能为画作增添一些他们自己发现的魅力，结果破坏画作的整体感，既没有达到相似，也没有实现美。[461]当杨布里科完全用准确的事实来赞美阿律皮乌斯时，就是这样。尽管他清楚展示出阿律皮乌斯在法庭上所受的惩罚和苦难有多么严重，然而他的天性既不适合像精通政治的人那样清楚阐述这些事情的原因和目的，当然，这也不是他撰写阿律皮乌斯传记的目的。因此，他把阿律皮乌斯一生的整体品格搞得一团糟，甚至目光最敏锐的人也很难看出他敬重阿律皮乌斯这一事实，尤其是很难看出他非常钦佩阿律皮乌斯面对危险时表现出的坚忍不拔，很难看出他敬重阿律皮乌斯敏锐且大胆的言说风格。

阿律皮乌斯出生在亚历山大里亚，这是我关于他要说的全部。他以高龄在亚历山大里亚去世。他去世后，杨布里科在培植哲学的诸多根基和源泉之后，也去世了。这部传记的作者有幸受益于杨布里科培育的弟子群体。实际上，前面提到的他的其他弟子分散在罗马帝国的各个方向，只有埃德希乌斯选择定居在米西亚（Mysia）的帕加马（Pergamon）。

杨布里科弟子传

6

卡帕多西亚人埃德希乌斯（Aedesius）继承了杨布里科的叙利亚学派的掌门之位。① 埃德希乌斯的出身很好，但家庭不太富裕，所以他的父亲将他送到希腊去接受教育，为的是这个儿子将来能挣大钱，认为他的儿子会带来大富贵。但是，埃德希乌斯学成归来时，他父亲发现他热衷于哲学，认为他没用，打算将他赶出家门。赶走他时，他父亲问他："为什么学哲学？智慧能给我们带来什么好处？"埃德希乌斯转身回答说：

> 父亲，学会尊敬自己的父亲可不是一件小事，尤其是父亲要将儿子赶出家门时。

他父亲听到这话，将他叫回来，甚是赞许他的品德。然后，埃德希乌斯全身心致力于完成他中断的教育。他父亲甚至热切地

---

① ［译注］埃德希乌斯去世于公元355年，杨布里科的弟子，是新柏拉图主义的第三代掌门人，没有作品存世。

鼓励他继续求学，对埃德希乌斯如此热衷于学问非常高兴，仿佛他是一位神的父亲，而非一个凡人的父亲。

埃德希乌斯游学当时的名师，从经验中积累大量智慧后，从卡帕多西亚前往叙利亚，求教于闻名遐迩的杨布里科。他见到杨布里科，听过他的谈话后，被完全迷住，怎么也听不够，直到最后埃德希乌斯也变得有名，除通神秘术（θειασμὸν）外，在各个方面都不亚于杨布里科。在这个方面，我没什么可记述的，部分因为埃德希乌斯本人由于时代关系严守秘密——当时君士坦丁大帝（Constantine the Great，公元274—337年，306—337年在位），正在推倒著名神庙和建造基督教教堂——部分因为他最杰出的弟子对通神秘仪（ἱεροφαντικὴν）保持恰切的沉默，保持一种与导师相配的审慎。无论如何，尽管我从少年起就是克律桑提乌斯的学生，到我20岁时仍被认为不够资格分享更真实的学说，杨布里科的哲学是如此奇妙，从那个时代一直延续到我们今天。①

[462] 杨布里科离世之后，他的弟子分散到帝国的不同方向，每个人都赢得极大名声。索帕特由于崇高的天性和伟大的灵魂，要比其他所有同门师兄弟更雄辩。由于不愿与庶民厮混，索帕特赶往帝国宫廷，希望通过言辞支配和改变君士坦丁的意图和倾向。凭借他的智慧和言辞力量，君士坦丁皇帝被他迷住，公开任命他为宫廷顾问成员，准许他坐在右手边，现在听起来真是难以置信。

朝臣们对新近转向哲学研究的朝廷充满嫉妒和敌意，等待机会对索帕特下手，就像刻克洛普斯（Cercopes）一样，不仅试图趁赫拉克勒斯熟睡时抓住他，而且试图抓住非理性的、非常警觉

---

① 杨布里科死于君士坦丁大帝统治时期，可能是公元333年之前；欧纳皮乌斯写作此书时已是60年后。

的机运女神。朝臣们秘密谋划，不放过渎神的阴谋的种种细节。就像著名的苏格拉底所在的时代一样，当时没有哪个雅典人敢提出那样的指控，没有人敢于控告所有雅典人都认为是一个活生生的智慧者的苏格拉底，尽管当时雅典是民主制。要不是酒神节期间的醉酒放纵、夜晚的狂欢中，在雅典人中间发现轻松的大笑、粗心大意和危险的激情，阿里斯托芬首先嘲笑雅典人精神的堕落，通过舞台上的戏剧表演赢得观众的赞同，通过描述跳蚤的跳跃、云的形状以及其他各种逗人发笑的滑稽手段，① 来嘲弄哲学高深的智慧，根本没有人敢于指控苏格拉底。

险恶之徒看到剧场观众倾向于这样的放纵，一些人谋划指控，冒险针对苏格拉底向城邦提出那项不虔敬的指控。于是，一人之死给整个城邦带来灾难。如果有人从苏格拉底暴死之时算起会发现，从那以后雅典再未取得任何光辉成就。相反，这个城邦逐渐衰败，由于它的衰败，整个希腊也随之毁灭。因此，在我叙述的这个时代内，有人可以观察一下针对索帕特的阴谋到底是怎么回事。

君士坦丁堡原初叫拜占庭，在遥远的古代，这个城市定期为雅典供应谷物，雅典人从那里进口大量货物。② 但是，在我们这个时代，既没有从埃及和小亚细亚来的商船队，也没有叙利亚、腓尼基捐献的和其他民族作为贡赋进贡的丰富谷物能满足君士坦丁堡醉醺醺的民众，这些民众是君士坦丁通过清空其他城市转运到君士坦丁堡来的，以便有民众围着他，因为他喜欢在剧场被那些喝得醉醺醺的人喝彩。

君士坦丁渴望不可靠的民众赞美他，希望他们传颂他的名

---

① 阿里斯托芬，《云》，行 144。
② 对照德摩斯梯尼《金冠辩》，87。

字,尽管他们愚顽得几乎说不清楚话。此外,实际情况是,拜占庭所在的位置不适合船只靠近,除非有强劲的南风。[463]当时发生了由于季节变化导致的饥荒,君士坦丁堡的民众饿得精疲力尽,聚集在剧场里。醉醺醺的民众没有欢呼君士坦丁,皇帝大为泄气。那些一直嫉妒索帕特的人认为已经找到绝佳机会,就对君士坦丁说:"是你宠爱的索帕特干的,他用你所称赞的过分聪明束缚住风,① 以此来谋取帝位。"君士坦丁被这话说服,下令将索帕特砍头。那些嫉妒之辈监管这事,君士坦丁的命令一下达,索帕特就被处死。

阿伯拉比乌斯(Ablabius)要为所有这些恶行负责,因为他尽管是大区长官(praetorian prefect),② 却非常嫉妒索帕特比他更受君士坦丁器重。如我已经说过的,尽管此书记述那些学问高妙之人,要是我简略涉及那些错误地伤害他们的人,应该不会不妥。

造成这起谋杀的阿伯拉比乌斯来自一个很低贱的家庭,他的父系甚至不属于卑微的中等阶层。下面关于他的故事流传甚广,没人能反驳它们的真实性。一个投身于所谓的占星术的埃及人,来访罗马——埃及人旅行时,即使在公共场合也能表现得彬彬有礼,他们可能在家里受过这样的训练——这个人到罗马后,挤进一家价格昂贵的酒馆,大声叫唤,他刚刚结束长途旅行,口渴难

---

① 对照荷马《奥德赛》,10.20。这暗示索帕特运用魔法。
② [译注]君士坦丁统一帝国后,依照四帝共治的经验,将整个帝国划分四个大区:东方、意大利、高卢和伊利里亚。这是帝国的一级行政区。四个大区的行政中心分别在君士坦丁堡、米兰、特里尔和西米乌姆。这四个行政区名叫 prefectures,由大区长官(praetorian prefect)治理。Praetorian prefect 本来是禁卫军统领,君士坦丁大帝解散禁卫军后,保留了这一官职名称,用来指称治理大区的长官。君士坦丁时代的 praetorian prefect 仅具有民事权力,不再享有军事权力。

耐,几乎喘不过气,命令酒馆老板给他准备一些甜酒,随即把银子摆在桌上。

酒馆老板娘看到银子,立即开始忙碌。这位老板娘碰巧是一位娴熟的接生婆。正当她将酒杯摆在埃及人面前,拿出备好的酒准备倒酒时,她的一位邻居跑进来对她耳语:"你的朋友和亲戚"——实情的确如此——"难产,有生命危险,你快点来"。老板娘听到这话,立即跟着邻居出去,没有给埃及人倒酒。当老板娘顺利为邻居接生后,洗干净手,立即返回照看她的顾客。发现埃及人非常恼怒,老板娘解释了她迟缓的原因。听闻实情后,那位优异的埃及人注意到时间和节气,立即感到更渴望说出神给他的信息,而不是缓解他的口渴。他大声喊道:"老板娘,去告诉刚刚生产的那位母亲,她生了一个仅次于皇帝的男儿。"

说完这个预言后,他将杯中的酒喝得一滴不剩,还给那个男孩取了个名字,供妇人参考。这个婴儿即阿伯拉比乌斯,事实证明,他是喜欢新奇之事的机运女神的宠儿,他甚至比君士坦丁皇帝还要有权势。[464] 阿伯拉比乌斯的权势大得多,对索帕特提出比雅典人对苏格拉底提出的更愚蠢的指控后,将索帕特处死。在那些日子,他影响君士坦丁的决定,仿佛皇帝是一个毫无原则的暴徒。

然而,君士坦丁由于宠幸阿伯拉比乌斯遭到了惩罚,他是怎样死的,我已经在我的那部史书中叙述过。① 君士坦丁将阿伯拉比乌斯留给他的儿子君士坦提乌斯二世(Constantius Ⅱ,公元317—361年,337—361年在位),后者起先是皇帝的副手,后来跟他的两个兄弟君士坦丁二世(Constantine Ⅱ,公元317—340

---

① [译注]指厄乌纳皮欧斯的《天下史》,这部史书叙述公元270年至东罗马皇帝阿卡狄乌斯时代的历史,共14卷,已散佚。

年，337—340 年在位）、君士坦斯一世（Constans I，公元 323—350 年，337—350 年在位）共同继承父亲的帝位。不过，在我对神圣的尤利安皇帝的叙述中，我已经更完整地叙述这些事件。

君士坦提乌斯二世继承帝位、成为东部帝国——即从伊利库姆（Illyricum）到东方的地区——的皇帝后，立即解除阿伯拉比乌斯的职权，同时赐予他另一种不同的宠爱。阿伯拉比乌斯在比提尼亚早就备好的庄园里过着奢侈的生活，这庄园为他提供了一个安全的藏身之所，可以享受奢华且闲散的生活。同时，所有人都好奇，阿伯拉比乌斯竟然无意当皇帝。于是，君士坦提乌斯二世从君士坦丁堡派出许多剑士到阿伯拉比乌斯那里，皇帝还吩咐领头的送一封信给他。

那些送信的剑士在阿伯拉比乌斯面前纷纷跪倒，就如罗马人习惯于在皇帝面前跪倒那样。他非常傲慢地接过信件，不再感到丝毫恐惧，他向来者索要紫袍，他的表情变得更为狰狞，旁观者惊恐不已。剑士们说，他们的任务只是带信给他，担负献上紫袍使命的士兵正在门口。阿伯拉比乌斯于是凭着愚蠢的判断傲慢地命令等在门口的士兵进屋。但是，进来的士兵人数更多，全都带着剑，不过没有给他带来紫袍，而是带来"紫色的死亡"。[①] 他们把他砍成碎片，就像公共宴会上被砍杀的动物。这样，索帕特的魂影就向"有福的"阿伯拉比乌斯报了仇。

当这些事件发生，天意表明她并未背弃人类时，杨布里科的弟子中仍有最著名的埃德希乌斯在世。有一次，他以祷告的方式求助于他最信任的神谕形式——即梦境，神回应他的祷告，并以六音步诗句赐给他如下回应。他刚睁开眼睛，心里仍满含敬畏之

---

① 荷马，《伊利亚特》，5.83。尤利安皇帝被授予凯撒之位时，也引用过这句诗，因为他不相信君士坦提乌斯二世是真的想提拔他做副帝，参阿姆米阿努斯《罗马史》，15.8。

情，想起那几行诗句的字面含义，尽管他已经忘记诗句中超自然的、怪异的成分。然后，他叫来一个奴仆，因为他想用清水洁净眼睛和脸，这个奴仆对他说："瞧，你的左手背面写满字。"埃德希乌斯看到后，认为这是一个神圣的预兆，虔诚地向他的手和背面的字母敬礼，在他的手上发现下面这则神谕：

在两个命运纺锤的纺线上，躺着你生命之网的线头。如果你选择凡人的城市，照看年轻人想变得像神的渴望，你的名声将永垂不朽。［465］但是，如果你选择成为牛羊的牧人，你总有一天会成为有福的诸神的伙伴。你的命运线就是这样织成。

神谕就是这样。埃德希乌斯认为自己有义务遵从神谕，他以最快的速度出发，寻找最快的路线，找到一处小庄园，献身于牧羊人或牧牛人的生活。但是，他先前的名声如此之大、如此之广，以至于他的这个目的根本无法瞒过那些渴望掌握雄辩术或学问的人。他们跟踪他，像在门前吠叫的猎狗一样围攻他，威胁他说，如果他把如此伟大和罕见的智慧献给山丘、岩石和树木，仿佛他不是人，也不了解人类的生活，他们就会撕碎他。面对这种言辞和行动的威胁，埃德希乌斯不得不回归共同体的生活。

现在，他只能将他的天赋运用到那条较差的命运之路上。他把卡帕多西亚的财产交给尤斯塔忒乌斯照管（他们是亲戚），独自前往小亚细亚行省，因为整个小亚细亚都伸出双手欢迎他。他选择在古城帕加马定居，他的学园中有希腊人和叙利亚人，以至于他的声望直达天际。

至于尤斯塔忒乌斯，若是忽略他的生平，将是对神明的亵渎。所有人都同意，他不仅是一个极高尚之人，而且经受考验时也极具口才,他口舌的魅力无异于巫术。他的温文尔雅与和蔼可亲,在他的言辞中得到充分体现,而且滔滔不绝。人们听他说话,就像品尝忘忧果一般沉醉忘我,对他的演说痴迷不已。他的话语很像悦耳的塞壬,以至于皇帝尽管被基督徒的经书包围,当对帝国事务惊慌,被波斯国王迫在眉睫的危险逼迫时——波斯国王有一次围攻安条克,用他的弓箭手突袭安条克——派人将他招来。① 波斯人的军队出人意料地突然攻占控制安条克剧场的制高点,弓箭手射死一大群观众。

就如这些人被俘获的同一种方式,所有人都被尤斯塔忒乌斯牢牢地俘获和迷住,以至于他们毫不犹豫地把一个信奉希腊诸神的人推荐给皇帝。之前的皇帝们习惯于选那些在军中获得荣誉之人、或军队长官或地位仅次于这类人的官员作为使臣。但是,在那个迫不得已的时刻,经过深思熟虑并得到广泛同意的观点是,尤斯塔忒乌斯是最明智之人。因此,他被皇帝召见,便立即前往。他话语的魅力如此强大,以至于那些建议让尤斯塔忒乌斯领衔出使波斯的使团的人更受皇帝器重,皇帝更喜欢他们。[466] 此外,这些人中有一些自愿参加使团,因为他们想看一下,尤斯塔忒乌斯在与蛮夷的交锋中,是否也具有同样的迷惑和说服力量。

使团抵达波斯后,得知沙普尔二世(Shapur Ⅱ,公元 309—379 年在位)对那些接近他的人非常残暴和野蛮,过去的事实证明这是真事。然而,当尤斯塔忒乌斯率领使团获准觐见国王,国王被他的眼神折服,被他那既骄傲冷漠又仁善和蔼的神情折服,尽管国王准备充分,试图让尤斯塔忒乌斯头晕目眩和胆怯。当沙

---

① 波斯人围攻安条克的事件要早得多,发生在伽里恩努斯皇帝统治期间,大概是 258 年。对照阿姆米阿努斯《罗马史》,23.5。

普尔二世听到尤斯塔忒乌斯说话的声音那么平静优雅、那么谦虚和善，当他听完尤斯塔忒乌斯有条不紊、平静地倾倒不容反驳的论点，他命令尤斯塔忒乌斯退出。尤斯塔忒乌斯离开宫廷，沙普尔二世则沉醉于他的雄辩无法自拔。

不久，沙普尔二世的家臣邀请尤斯塔忒乌斯赴宴，他遵令前往。因为在他看来，沙普尔二世似乎对美德有一种天然的热情，他于是亲赴沙普尔二世的宴会。尤斯塔忒乌斯因此成为沙普尔二世的餐桌友伴，他的雄辩对国王产生巨大影响，以至于这位波斯国王差一点放弃王冠，脱下紫袍和镶着宝石的华服，穿上尤斯塔忒乌斯的哲人袍。尤斯塔忒乌斯对奢华生活和肉体的浮华与虚弱的谴责是如此成功，以至于他似乎将那些热爱自己身体的人拖入痛苦的深渊。

但是，几个碰巧到访沙普尔宫廷的波斯麻葛（Magi）阻止了这件事，他们断言尤斯塔忒乌斯不过是一个魔术师。他们劝沙普尔二世这样回复罗马皇帝：当机运女神赐予他们如此多杰出之士时，为何要派一个比那些致富的奴隶好不了多少的人出使波斯？因此，整个使团的结果与人们的期望完全相反。①

在研究尤斯塔忒乌斯时，我还发现下述事迹：所有希腊人都祈祷能见到他，向诸神恳求，希望尤斯塔忒乌斯能访问他们。种种预兆和那些擅长解释预兆的人都一致认为，尤斯塔忒乌斯定会访问希腊。但事实证明他们错了，因为尤斯塔忒乌斯没有访问希腊，所以希腊人派出一个使团到他那里，并选择他们中最智慧的人组成使团。使团的任务是与尤斯塔忒乌斯讨论下述问题："为什么事实与之前的预兆不同？"尤斯塔忒乌斯听了他们的问题，

---

① 阿姆米阿努斯在《罗马史》17.5 提到这个使团，358 年被派往泰西封。

然后考察和筛选在预言术上名声广播之人,反复盘问他们,问他们预兆的大小、颜色和形状。听到事实真相后——因为虚假不仅与神圣的唱诗班相反,① 而且与理性相反——尤斯塔忒乌斯照例微笑着对他们说:"这些预兆没有说我会访问希腊。"然后,他说了一些在我看来对一个凡人太过高深的东西,回答说:"所显示的预兆,对我这样的尊贵之人来说,太微不足道、太迟缓。"

之后,尤斯塔忒乌斯与著名的索西帕特拉(Sosipatra)结婚,她高妙的智慧让她的丈夫看起来逊色不少。这个女人的名声流传甚广,以至于即使是在这部叙述智慧的男人的书中,我也应该详细叙述她的生平。索西帕特拉出生在以弗所附近,凯斯特河(Cayster)流经这个地区,因此得名凯斯特平原。[467]她出生于望族,家财万贯。还是一个小姑娘时,索西帕特拉就似乎给一切都带来福佑,她的美丽和端庄照亮她的幼年时代。

她5岁时,两个老人(两人都已过盛年,一个年纪比另一个还大些)带着充足的钱,身穿皮衣,来到索西帕特拉父母的乡间庄园,轻而易举地说服管家,让他们照看葡萄藤。当收获大大超出意料时,庄园主人和小女孩索西帕特拉也在场,人们无比惊讶,甚至怀疑有神干预。索西帕特拉的父亲邀请两位老人赴宴,给予他们最高礼遇,责备庄园里的其他工人没有取得同样的收成。两位老人得到希腊人的款待且在希腊人的餐桌上占有一席之后,被小女孩索西帕特拉的美貌和魅力迷住,他们对索西帕特拉的父亲说:

> 我们把其他能力隐藏起来不让人发现,你如此赞许的丰盈收成,简直是儿戏,根本没有显示我们超人的能力。但

---

① 对柏拉图《斐德若》247a处的模仿,是一个修辞术习语。

是，如果你想从我们这得到合宜的回报，不是金钱或易朽坏的利益，而是远远高于你和你的生活方式、能让声名直达九天繁星的礼物，就将这个小姑娘交给我们培育，我们才是她真正的父母和护卫，从现在起的5年以内，不用担心这个小女孩会生病、会死掉，而是要保持冷静和坚定。但是，你要牢记，在第5年到来之前，不要到这个庄园来。财宝必自动为你生长，在土中发芽。此外，你的女儿将有不像一个女人或一个凡人的精神。你自己对这孩子也会有比凡人更高的期许。你若有勇气，就毫无保留相信我们，若心中猜疑，就当我们什么也没说。

索西帕特拉的父亲听后，一言未发，既谦卑又敬畏地将孩子交到他们的手里。然后，他把管家叫来，对他说："给老人们所需要的一切，不要问任何问题。"他这样说过后，没等天亮，离开庄园，仿佛逃离他的女儿和庄园。

不管这两个老人是英雄、精灵还是某种更神圣的族类，总之他们负责照料小索西帕特拉。没人知道他们将她引入何种秘仪，也没人知道他们让她献身于何种宗教仪式。约定的时间快到了，应该交付庄园的所有收入。[468]索西帕特拉的父亲来到庄园，几乎认不出他的女儿，她已长得很高。在他看来，她的美已经改变特征，而她也几乎认不出自己的父亲。他甚至恭敬地向女儿致敬，因为在他眼中，她显得与众不同。与她的老师们围着桌子坐下后，两位老师说："你想问她什么就问什么。"索西帕特拉插话说："不，父亲，问我你旅途中发生了什么。"

他非常富有，所以旅行时乘坐一架四轮马车。乘这种马车旅行，可能会发生很多事情。她不仅详细叙述旅行的经过，而且描述了父亲遇到的威胁和恐惧，仿佛她一直在他身边。她的父亲对她敬重无比，不仅敬重她，而且惊讶得说不出话来，确信他的女儿是一个神圣存在。然后，他跪倒在两位老人面前，恳求告诉他，他们是谁。一开始他们不愿意透露，但想到这可能是天意，他们告诉他，他们是传说的迦勒底秘仪的成员，即使是这样，他们也是低着头，讲得很神秘。

索西帕特拉的父亲抱着他们的膝盖，恳求他们成为庄园的主人，继续教育他的女儿，将她引入更神圣的存在时，他们点头表示同意，但没有多说一个字。然后，他鼓起勇气，仿佛他已经获得某种神圣的允诺或神谕，但还未掌握其中的含义。他在心里称赞荷马比其他诗人都出色，因为荷马吟唱过这样一种美妙而神秘的神显：

> 神明们常常幻化成各种外乡来客，
> 装扮成各种模样，巡游许多城市，
> 探察哪些人狂妄，哪些人遵守法度。①

他确实相信，他落入装扮成陌生人的神的怀抱。当他心中想着这些句子时，睡着了。两位老人带着索西帕特拉离开桌子，小心翼翼地将她加入的秘仪的整套服饰交给她，并在上面加了一些神秘符号。他们还把一些书放入索西帕特拉的箱子，命令她把书封起来。她和他父亲一样，非常喜欢这两位老人。天亮之后，大门打开，人们开始劳作之时，两位老人也依照他们的习惯，与其他人一起出去。索西帕特拉跑到她父亲那里告诉他好消息，让一个仆人抬着她的箱子。他的父亲提前从管家那里探知索西帕特拉的必要花费，已经备好所有金钱，然后派人去找两位老人，但找

---

① 荷马，《奥德赛》，17.485。

不到他们。他对索西帕特拉说:"我的孩子,这是什么意思?"

经过短暂停顿,索西帕特拉回答说:

> 现在我才理解他们对我说的话。当他们哭着将这些东西交给我时,说:"孩子,照顾好它们。因为我们要去西方的海洋旅行,不过不久就会返回。"

这清楚证明,那两位老人是有福的精灵。[469]两位老人就这样离开,消失在远方;索西帕特拉的父亲负责照顾她,现在她已经被秘仪完全接纳,以一种谦逊的方式充满神圣的灵感。他允许索西帕特拉依照自己的意愿生活,丝毫不干涉她的事情,只是偶尔对她沉默不语感到不快。

当她长到青春活力四射之时,一直没有别的老师,常吟诵诗人、哲人和演说家的作品。对一般人来说,即便付出大量艰辛和痛苦的努力也很难理解的那些作品,索西帕特拉却可以毫不费力地阐述,只要浏览一遍,就能沉着且轻松地阐明它们的含义。

然后,她决定结婚。无可置疑,所有活着的男人中,只有尤斯塔忒乌斯配得上她。她对尤斯塔忒乌斯和在场的人说:

> 尤斯塔忒乌斯,听我说,让其他人做个见证:我会给你生三个孩子,他们三个都不会获得俗人所理解的幸福,而是会得到神赐的幸福,每个孩子都会得到。你要先于我离世,前往一个公正合理的居所,我会前往更高的居所。因为你的位置属于月亮圈,① 从现在起的第 5 年以后,你就不再能献

---

① 月亮是善精灵和英雄的家园,但索西帕特拉属于太阳圈或以太圈。

身哲学——这是你的魂灵（εἴδωλον）告诉我的①——然后，你会在一个有福的精灵引导下穿越月亮之下的区域。我也会告诉你我的命运。

沉默一会后，她哭喊道："我的神禁止我说出我的命运！"这次预言之后——这是机运女神的意志——她嫁给尤斯塔忒乌斯。她的话就如永恒的神谕那样强大，后来发生的事情与她预言的完全一致。

我也必须叙述之后发生的事情。尤斯塔忒乌斯去世后，索西帕特拉返回她的庄园，居住在帕加马。著名的埃德希乌斯爱她、关心她，教育她的三个儿子。索西帕特拉在自己的家中设置了一个与埃德希乌斯竞争的哲学讲席，学生们参加完埃德希乌斯的授课后，会到她那里听课。凡是赞赏和钦佩埃德希乌斯精确的学识的学生，没有哪个不崇拜和敬重这位女士受神激发的教诲。

索西帕特拉有一个亲戚叫斐洛弥陀（Philometor），被索西帕特拉的美貌和雄辩征服，认识到她的神圣性，陷入对她的疯狂爱恋。他完全被自己的激情掌控。不仅他本人被这种激情控制，而且索西帕特拉亦感受到这种激情的攻击。她对埃德希乌斯最杰出的学生马克西姆斯（Maximus）②——他也是她的亲戚——说："马克西姆斯，请你查查我得了什么病，免得我受它困扰。"马克西姆斯问她："什么让你困扰？"她回答：

---

① εἴδωλον是迦勒底神谕派的一个概念。
② [译注]马克西姆斯是埃德希乌斯的学生，属第四代新柏拉图主义者，四世纪著名的通神术大师。与其他新柏拉图主义者一样，马克西姆斯兼修通神秘术和严肃哲学，著有论亚里士多德的逻辑学的著作，为《范畴篇》写过评注。马克西姆斯最著名的学生是尤利安皇帝，后来也深度卷入尤利安皇帝复兴古希腊宗教传统的运动。马克西姆斯死于371年。

斐洛弥陀与我在一起时，他就是斐洛弥陀，与其他人没有任何差异。但是，当我看到他离开时，我的心灵就感到痛苦和折磨，仿佛要从我的身体蹦出来。请你竭尽全力，显示你的虔诚。

[470] 听了这些话，马克西姆斯骄傲地离开，仿佛他正在与众神交往，因为这样一位了不起的女士竟如此信任他。同时，斐洛弥陀谋求实现目的，但马克西姆斯通过他的秘仪学问发现斐洛弥陀拥有的力量，就用一个更有效的咒语来抵消和削弱斐洛弥陀那个较弱的咒语。完成这个仪式后，马克西姆斯跑到索西帕特拉那里，要求她仔细查验是否还有同样的感受。索西帕特拉回答说，她已感受不到它们，向马克西姆斯描述了他的祈祷和整个仪式，还告诉他整个仪式发生的时间，向他显现的种种预兆，仿佛她就在旁边看着。

马克西姆斯立即扑倒在地，宣称索西帕特拉显然是一位女神。她说："起来，我的儿子。如果你仰望诸神，不注视地上必朽的财物，诸神就会爱你。"听了这话，他走的时候比以前更得意，因为他现在有了明确证据，可以证明索西帕特拉的神圣本性。在靠近门口处，他遇到正与一群朋友兴高采烈走进来的斐洛弥陀，他隔着一段距离大声地朝斐洛弥陀喊道："我奉上天之名命令你，别再徒劳地点火！"他说这话也许是因为他已经觉察到斐洛弥陀又在从事那种可疑的仪式。于是，斐洛弥陀被马克西姆斯慑服，认为他是神圣的存在，不再从事阴谋，嘲笑自己的谋划和之前从事的仪式。从那之后，索西帕特拉用与从前完全不同的纯洁眼神看斐洛弥陀，尽管她也因他敬重自己而敬重他。

有一次，众学生聚在索西帕特拉家里，讨论和探究的主题是灵魂,① 不过斐洛弥陀不在场,而是待在乡间。学生们列举几个关于灵魂的论点后,索西帕特拉开始说话,通过证明逐渐解决他们提出的问题。然后,她开始讨论灵魂的堕落,灵魂的哪一部分会遭受惩罚,哪一部分不朽,正当她滔滔不绝说话时,突然陷入沉默,仿佛她的声音突然被切断,短暂停顿后,哭喊道:

> 这是什么?我看到我的亲戚斐洛弥陀乘着一驾马车。马车在路上一处崎岖不平的地方倾翻,他的双腿有危险!等等,他的仆人已经将他拖出,他的眉毛和手受伤,没有什么大碍。他正在被抬着回家,呻吟不断。

这就是她的话,并且事实的确是这样。这更加确证索西帕特拉无处不在,就如哲人们对诸神所做断言一样,每件事发生时她都在场。

索西帕特拉去世后,留下三个儿子。其中两个的名字没必要记述。但是,安东尼努斯(Antoninus)配得上他的父母,因为他居住在尼罗河河口的加诺比(Canobic),一生献给那个地方的宗教仪式,竭尽全力实现他母亲的预言。[471] 所有心灵健全、渴望哲学的年轻人都到他那里去,神庙里挤满当祭司的年轻人。尽管他自己看起来仍是凡人,与人交往,但向所有门徒预言,他死后,神庙会消失,甚至伟大神圣的塞拉皮斯(Serapis)的神庙也会消失于无形的黑暗,一种难以置信的、不合时宜的黑暗将笼罩大地上最美丽的事物。时间见证了这一预言,他的预言也获得神谕的力量。②

---

① 可能在研读柏拉图的《斐多》。
② 安东尼努斯去世于 390 年,塞拉皮斯神庙第二年被毁。

这个家族有些仿佛流溢自诸星球的东西幸存下来——我的目标不是写一部《神谱》，如赫西俄德的诗作的名称——这些东西分散在各类哲人那里，他们凭借精通热爱智慧的活动而谋利，他们大部分时间在法庭上冒险，就如苏格拉底在国王门廊的所为。① 这就是他们对金钱的蔑视和对黄金的厌恶！事实上，他们的哲学由穿哲人斗篷和不断暗中提及索西帕特拉组成，也会提及尤斯塔忒乌斯。此外，他们还有其他明显的外在标志，大包里塞满书，足以装上几头骆驼。虽然他们确实对这些书籍了如指掌，但这些书籍与古代哲人无关，它们只是遗嘱、遗嘱的副本、买卖契约和诸如此类的文件，那些注定要受罚的人，即那些一生漫无目的、虽然愚蠢却桀骜不驯的人，往往崇拜这些文件。

因此，这也证明索西帕特拉能准确预言后来发生的事件。不过，我不需要记下这些人的名字，因为我的这部传记不是要记述那些不值得的人，而是那些值得记述的人。一个例外是她的儿子，我刚刚提到他叫安东尼努斯。他渡海到亚历山大里亚，在尼罗河入口处的加诺比受到极大尊敬和喜爱。他毕生都献给那里的神和他们的秘仪。他与神的亲密关系取得迅速进步，鄙视自己的身体，从身体快乐中解脱出来，拥抱一种不为大众所知的智慧。

关于安东尼努斯，我可以叙述得更详尽些。安东尼努斯没有热衷于通神术，也没有表现出与理智不一致的倾向，可能因为他对帝国反对通神术的观点和政策保持警惕。② 但是，所有的人都钦佩他坚忍不拔和坚定不移的品质。当时在亚历山大里亚求学的人常常到海边去向他请教。由于有塞拉皮斯神庙，亚历山大里亚

---

① ［译注］苏格拉底遭受不虔敬的指控，前往法庭进行辩护时在国王门廊碰到游叙弗伦，就虔敬展开谈话。这里所指的冒牌哲人则频繁出入法庭，就种种牵涉物质利益的案件替人打官司。

② 参阿姆米阿努斯《罗马史》，28.1。

本身就是一个被宗教奉为神圣的世界。无论如何,从四面八方到这里的人与本地居民人数不相上下,这些人在敬拜过塞拉皮斯后,通常会赶到安东尼努斯那里,有的走路,有的乘船,以一种悠闲的方式去跟他学习。

获准拜访他后,有人会提出逻辑问题,立即畅享一次柏拉图哲学的盛宴;[472] 要是有人提出神学问题,就会遇到一尊雕像。因为安东尼努斯对这类问题不愿说一个字,只是凝视着天空,躺在那里,一言不发,没有任何人见过他与别人讨论过这类主题。

不久之后,一个明确无误的奇迹表明,他身上有某种更神圣的元素。安东尼努斯去世后不久,亚历山大里亚的种种神庙、包括塞拉皮斯神庙皆随风飘散,不仅崇拜的仪式没有保留下来,就是神庙建筑也一同消散,一切就如神话中所说的,巨人族占据上风所发生的那样。加诺比的神庙在狄奥多西(Theodosius I,公元346—395 年,379—395 年在位)皇帝统治期间,也遭受同样的命运。忒奥菲鲁斯(Theophilus)掌管那些可憎之辈时,① 就像统治骄傲的巨人族的欧律墨冬(Eurymedon)。② 当时,埃瓦戈留斯(Evagrius)是亚历山大里亚的长官,罗马努斯(Romanus)指挥驻扎埃及的军团。③

这些人做好准备攻打那些由石头建造并装饰着大理石雕像的圣所后,没有提出任何借口,甚至没有提出任何可发动战争的谣

---

① 忒奥菲鲁斯曾任亚历山大里亚主教,对照佐西莫斯(Zosimus),《罗马新史》(*Historia Nova*),5.28;忒奥多勒(Theodoret,公元 393—466 年),《教会史》(*Church History*),5.22。

② 荷马,《奥德赛》,7.59。

③ 苏索门诺(Sozomenus)《教会史》7.15 处描述了基督徒将塞拉皮斯神庙改建为教堂的过程。

言，就下定决心发动攻击，拆毁塞拉皮斯神庙，攻打神庙的祭品，没有遇到任何敌人或打一次战役，就赢得胜利。他们用这种方式与雕像和还愿祭品如此"高贵地"战斗，以至于他们不仅征服了它们，而且偷走它们，他们唯一的军事策略就是确保窃贼不会被发现。他们唯一没有拿走的是塞拉皮斯神庙的地基，仅仅因为地基的石头太重，无法搬走。这些"好战的""广受尊敬的人"，将一切推入混乱和无序，伸出没有被鲜血玷污，却被贪婪玷污的双手，夸口说他们战胜了诸神，把这种渎神且不虔敬的行为视作他们值得大赞特赞的功绩。

接着，他们将僧侣引入圣所，这些所谓的僧侣，表面上是人，实际上过着猪一般的生活，公开做和允许他人做那些无法言说的罪行。然而，他们所谓的虔敬，实际上却是对神圣事物的蔑视。在那些日子里，凡是身穿黑袍、在公共场合甘行污秽之事的人，都具有僭主般的权力，人类的"美德"竟然进步到这种地步！我在我的《天下史》(Universal History)中描述过这一切。

他们也在加诺比安置僧侣，如此他们将人类束缚于对奴隶的崇拜——并且不是诚实的奴隶——而非敬拜富有理智的诸神。他们搜集罪犯的骨头和头盖骨，那些罪犯因许多罪行被处死，帝国法庭已经宣判惩罚，他们却将这类罪犯当成神，崇拜他们的坟墓，① 认为他们在罪犯的坟墓前通过玷污自己会变成更好的人。死者被他们称作"殉道士""神甫"和诸神派到人间回应人之祈祷的"使者"，这些承受最卑劣奴役的奴隶，被鞭打得遍体鳞伤，带着恶行留下的伤痕。然而，这些所谓的神皆是大地所造。

[473] 这些事件极大增加安东尼努斯的声誉，因为他曾作

---

① 此处是对《斐多》81d 的模仿；对照尤利安《憎恶胡子的人》，344a；《驳加利利人》，335c。基督教的教堂建在殉道士的坟墓之上。

出预言。他在预言中说，所有神庙都会变成坟墓。① 就如著名的杨布里科，我已经在叙述他的生平时说过，一个埃及人召唤阿波罗，看见这异象的人都非常惊讶，阿波罗出现后，杨布里科说道："我的朋友们，不要惊讶，这只是一个角斗士的幽灵。"一个人是用智慧之眼看，还是用肉体具有欺骗性的眼睛看，差别竟如此之大。但是，杨布里科只是看穿眼前的危险，安东尼努斯却预言未来之事。这一点至少说明了他唯一的不足。安东尼努斯到了老年仍无病痛，他的结局毫无痛苦，然而，他预言的神庙的结局，却令所有热爱智慧的人痛苦不已。

---

① 对照尤利安《驳犬儒赫拉克勒奥斯》，228c。

埃德希乌斯弟子传

7

我前面提到过马克西姆斯,实际上我亲眼见过马克西姆斯。在后者年老,我还很年轻时见过他,听过他讲话。听他讲话犹如听荷马的雅典娜或阿波罗讲话。在学生看来,他的眼睛生有羽翼,长长的灰白胡须,双眼透露出他灵魂敏锐的渴求。他的灵魂具有完美的和谐,眼睛和耳朵亦是如此;凡是与他交谈的人都惊讶他的这些能力,因为任何对话者都难以承受他敏锐眼睛的凝视和快速的语调。在讨论时,没人敢反驳他,即便是最有经验、最雄辩的人也不敢,只能沉默地听从,仿佛他所说的出自神谕。这就是他言辞的魅力。

马克西姆斯出生于一个望族,非常富有。他有两个兄弟,他禁止他们拥有最高的荣誉衔,而是独自占据。一位叫克劳迪安努斯(Claudianus),在亚历山大里亚任教,另一位叫尼姆斐底安努斯(Nymphidianus)是士麦那杰出的智术师。

马克西姆斯是充满智慧的埃德希乌斯最杰出的学生之一;他还是尤利安皇帝的老师。如我在叙述尤利安皇帝时详细表明的那样,所有亲戚皆被君士坦提乌斯皇帝处死,整个家族被屠戮一空后，尤利安由于年纪太小、性情温和而遭到轻视，才得以幸存。①然后，皇帝派阉人照料他，还派卫视监视他，确保他不得远离基督教信仰。但是，即便面对这些困难，尤利安仍显示出他强大的天才。他将基督教的经书背得滚瓜烂熟，以至于阉人老师们为自己学识贫乏而烦恼，因为他们已经没有什么可以教给这个孩子。

由于他们没什么东西教给尤利安，尤利安也没什么向他们学习的，他恳求自己的堂兄允许他参加智术师的学园和哲学讲座。[474] 正如诸神所愿，君士坦提乌斯［二世］皇帝批准这一请求，因为他希望尤利安沉迷于书海，而非反思自己家族的命运，进而生发出皇权野心。请求被恩准后，由于有大量财富可供支配，② 尤利安在皇帝的监视和卫队陪同下游历，前往他想去的地方。

如此，尤利安循着埃德希乌斯的智慧名声，来到帕加马。此时，埃德希乌斯年龄已经很大，身体已经衰朽。他最好的弟子有四个，分别是马克西姆斯、来自萨尔迪斯的克律桑提乌斯、来自摩洛希亚（Molossia）的普利斯库斯（Priscus）、来自卡里亚（Caria）小城明都斯（Myndus）的欧西比乌斯（Eusebius）。

尤利安获准在埃德希乌斯门下求学，尽管与尤利安的年龄相比，埃德希乌斯太老，但尤利安敬重他的活力、灵魂的神圣品质，所以拒绝离开他，而是像那些传说被蛇咬的人，③ 渴望张开

---

① ［译注］337 年 5 月 22 日，君士坦丁大帝驾崩，帝国分成三个部分，由他的三个儿子继承：君士坦丁二世治理高卢、伊比利亚半岛和大不列颠岛；君士坦提乌斯二世治理帝国东部；君士坦斯一世治理意大利和北非。同年，三兄弟合谋杀害君士坦丁家族的几乎所有成年男性，以根除家族内部对帝位的觊觎，其中包括尤利安的父亲。尤利安与同父异母的哥哥伽卢斯（Constantius Gallus, 325—354）尽管因年幼得以幸免，仍被堂兄们软禁。

② 对照尤利安《致雅典元老院和人民》（Letter to the Senate and People of Athens），273b。

③ 依照希腊传说，被蛇咬的人，会感到永不满足的口渴。

嘴巴将智慧一饮而尽。为了达到他的目的，尤利安送给埃德希乌斯皇帝才配送出的礼物。但是，埃德希乌斯不接受这些礼物，将尤利安招来后，对他说：

> 你已晓得我的灵魂，因为你多次来聆听我的教诲，但你现在想看到灵魂如何受影响，它的各部分如何联系，如何与组成它的部分融为一体。亲爱的智慧之子，如果你想成就什么，你灵魂的种种迹象和标记，我都能看得出，去找我的学生们吧！他们的智慧宝库中有各种智慧和学问，可以填满你。一旦获悉他们的秘仪，你就会为生而为一个人感到羞愧。① 我本希望马克西姆斯能在这，但他眼下正在以弗所。普利斯库斯也已前往希腊。② 只有欧西比乌斯和克律桑提乌斯在这里，如果你愿意和他们一起学习，就不会再打扰我的晚年。

听到这话后，尤利安并没有离开这位哲人，不过大部分时间都跟从欧西比乌斯和克律桑提乌斯学习。③ 克律桑提乌斯的灵魂与马克西姆斯类似，充满热情地沉浸于造奇迹的工作，遁入对预言术的研究。在其他方面，他也有与马克西姆斯类似的性情。

但是，马克西姆斯在场时，欧西比乌斯常常不会精准划分演说的诸部分，也回避辩证法的策略与复杂性。马克西姆斯不在场时，他就像一颗耀眼的星，发出太阳般的光芒；这是他的言辞绽放的能力和魅力。克律桑提乌斯也会得到尤利安的赞同和喝彩，

---

① 这是对波菲利关于普罗提诺的著名说法的模仿，对照波菲利《普罗提诺传》，1。
② 对照阿姆米阿努斯《罗马史》，25.3；尤利安《书信集》，2—3。
③ 这两人代表新柏拉图主义的两个方向：辩证法和通神术。

但尤利安更敬重欧西比乌斯。讲座结束时，欧西比乌斯会补充［辩证式的讨论］才是唯一真实之物，而欺骗感官的巫术和魔法假象，是那些被人世物质力量引入迷途的疯子的魔术作品。神圣的尤利安由于多次听到这话，就去问克律桑提乌斯。他问：

亲爱的克律桑提乌斯，如果你也认可这一真理，坦率告诉我，欧西比乌斯的讲座的那个结语是什么意思？

[475] 经过深入且审慎的反思，克律桑提乌斯回答说："对你来说，问这个问题的确明智，不过不是问我，而是去问他。"尤利安领会克律桑提乌斯的暗示，照着他的话去做，考虑到他所说的话，认为克律桑提乌斯是某个神。

尤利安又去听欧西比乌斯的讲座。欧西比乌斯以同样的结语结束讲座之后，尤利安大胆地问他每次重复的结语究竟是什么意思。于是，欧西比乌斯展开他的雄辩之口，充分展示他的演说力量，说道：

马克西姆斯是埃德希乌斯年纪较大、更有学问的学生之一。由于具备崇高的天赋和超凡的口才，他轻视对这些问题的逻辑论证，而是急匆匆地选了一条疯狂之路。不久前，他邀请我们去赫卡忒（Hecate）神庙，还召集许多人来见证他的疯狂。我们到那里后，先敬献那位女神。马克西姆斯说："请坐，朋友们，请看看接下来会发生什么，我比你们有多强。"我们坐定后，他点燃一炷香，背诵一段韵文。

然后，庙中那尊女神像渐渐绽放微笑，最后仿佛在大笑。我们都被眼前的一幕惊呆了。马克西姆斯说："不必惊慌，你们很快会看到女神手中的火炬会点燃。"还没等他说完，女神手中的火炬燃了起来。那一瞬间，我们对这位变戏法的魔术师充满敬意。但是，不要对这类事情好奇——至少我本人不好奇这类事——而是要相信，最重要的事是用理智净化（διὰ τοῦ λόγου κάϑαρσιν）灵魂。

然而，神圣的尤利安听完后，说道："既然如此，祝您好运，献身您的书本吧！您已经给我展示我一直在寻找的人。"之后，尤利安告别克律桑提乌斯，前往以弗所。在以弗所与马克西姆斯交谈后，尤利安完全被马克西姆斯的智慧折服。但是，马克西姆斯劝他把神圣的克律桑提乌斯也召到以弗所。克律桑提乌斯也抵达以弗所后，两位大师才勉强能满足尤利安获得学问的强大能力。

尤利安的学问在两位大师的教导下不断精进之时，他听说希腊有一种更高级的智慧，掌握在那两位女神的祭司长（hierophant）手中。[①] 他立即启程前往希腊。依照圣法，我不能说出那位祭司长的名字，因为他也引导我加入那种秘仪，还将我引荐给欧摩皮戴（Eumolpidae）。[②] 正是这位祭司长亲口向我预言了诸神神庙的倾覆和整个希腊的毁灭，他还清楚证实，在他死后，将有一个本来无权担任祭司长之位的人担任此职，因为那人已献身于别的神，曾发过最神圣的誓言，不会主持他们的神庙之外的神庙。然而，他预言那人将会主持厄琉西斯秘仪，尽管那人甚至不是一个雅典人。

[476] 他拥有如此强大的预言能力，甚至预言在他有生之年，神圣的庙宇将被夷为平地，化为废墟，厄琉西斯的祭司长将

---

① 指厄琉西斯秘仪，崇拜的女神是得墨忒尔和珀尔塞福涅。
② 厄琉西斯的得墨忒耳秘仪的世袭祭司。

眼睁睁看着它们被毁灭,并因自己过分的野心而被轻视;在他死之前,厄琉西斯秘仪崇拜就会完结;他的荣誉会被剥夺,他的生活就不再是一个祭司长的生活,他也活不到年老。

这些预言的确都得到应验。不久之后,一个忒斯皮埃人(Thespiae)成为厄琉西斯秘仪的祭司长,他本来是密特拉(Mithras)崇拜的祭司,没有一刻延迟,许多无法解释的灾难洪水般涌现。我的《天下史》详细叙述过这些灾难,如果天神允许,我应再叙述一次。阿拉里克(Alaric)率领蛮夷经温泉关侵入希腊,仿佛是在一个露天体育场或一片回荡着马蹄声的平原上奔驰。由于那些身披黑袍的渎神之徒(基督徒)把希腊这个大门敞开给阿拉里克以及厄琉西斯祭司长的教规和律法被废除这一事实,那些渎神之徒与阿拉里克一道不受任何阻碍、一路畅通无阻地进入希腊。但这一切都是后来发生的,由于这则预言,我的叙述已经离题。

正当尤利安与厄琉西斯秘仪最神圣的祭司长成为密友,贪婪地吮吸那种智慧时,他被君士坦提乌斯[二世]皇帝强行召走,被提升为凯撒,成为皇帝的同僚。① 彼时,马克西姆斯仍待在小亚细亚——埃德希乌斯当时已经去世——在各种智慧上突飞猛进,这意味着尤利安得到他并不想要,却强加给他的东西。成为凯撒后,尤利安被派往高卢。君士坦提乌斯[二世]皇帝与其说是要尤利安去治理高卢,倒不如说是想用卑劣手段毁灭尤利安。但是与所有人的预料相反,凭借[希腊]诸神的护佑,尤利安竟然活下来,一方面向所有人隐藏对诸神的虔信,② 另一方

---

① 对照尤利安,《致雅典元老院和人民》,271d,273a,273c。[译注]君士坦提乌斯二世于355年11月将尤利安召到米兰。11月7日,君士坦提乌斯二世在米兰任命尤利安为副帝,加凯撒称号,命他前往高卢清剿蛮族。

② 对照阿姆米阿努斯《罗马史》,21.2.4。

面凭借对诸神的虔敬战胜所有人。

尤利安率军渡过莱茵河，打败和征服所有蛮夷，正如我在《天下史》中所述，尽管同时存在许多针对他的阴谋。然后，他将那位厄琉西斯秘仪的祭司长召往高卢，在他的帮助下举行只有他们熟知的秘仪，被鼓动去推翻君士坦提乌斯［二世］的僭政。他的同伴是帕加马的奥里巴西乌斯（Oribasius）和一个利比亚人欧赫莫鲁斯（Euhemerus），罗马人称利比亚为阿非利加。我在论尤利安的书中已经详述过这些事件。① 尤利安推翻君士坦提乌斯［二世］的僭政后，② 将那位厄琉西斯秘仪的祭司长送回希腊，仿佛在送回一位向他显现的神，同时赐予他想要的任何东西，还赠送给他皇帝才配送出的礼物，还有照看希腊众神庙的随从。然后，尤利安立即召唤马克西姆斯和克律桑提乌斯前往首都。

事实上，只有一份诏书送抵马克西姆斯和克律桑提乌斯两人手中。马克西姆斯和克律桑提乌斯决定求问神，因为他们都是精力充沛、经验丰富之人。为了这个共同目的，他们结合自己的经验，将他们在这类事情上的全部敏锐洞见和理智洞察用于占卜。但是，他们遇到禁止他们前往首都的凶兆。他们非常清楚征兆的含义。克律桑提乌斯被他所看到的异象吓得目瞪口呆，说道："亲爱的马克西姆斯，我不仅必须待在这里，还得躲避起来。"但是，马克西姆斯坚定不移，对克律桑提乌斯说：

---

① ［译注］厄乌纳皮欧斯似乎还著有一部《尤利安皇帝传》，参 478 处。也有可能指他的《天下史》一书。

② ［译注］高卢的军队于 360 年 2 月在今巴黎拥立尤利安为皇帝，加奥古斯都称号。361 年春，尤利安率大军朝君士坦丁堡挺进。这一年 11 月 3 日，君士坦提乌斯二世病逝于军中，临终前指定尤利安继承帝位。12 月 11 日，尤利安进入君士坦丁堡，即位为罗马帝国皇帝。

[477] 克律桑提乌斯，我认为，你已遗忘我们被教育去相信的东西，那是最高贵的希腊人的责任，尤其是博学之士的责任，他们有责任在遇到最初的困难后不屈服，而是要同命定的力量搏斗，直到使它们愿意为你服务。

但是，克律桑提乌斯回答说："可能你有这样的能力，敢于这样做，但我不会反抗这些征兆。"说完，克律桑提乌斯离开了。马克西姆斯仍待在占卜之地，尝试用各种方法不断献祭，直到获得希望的结果。但是，克律桑提乌斯像一座雕像那样坚定不移，决心不改变他心中原先根深蒂固的结论。

于是，全小亚细亚的人蜂拥到马克西姆斯那里，不仅有当时在任的或被去职的官员，还有各城市元老院的领袖们。这些人涌到马克西姆斯家的门前，堵满整条街，发出狂乱的呼喊，这是暴民的一种古老习俗，用来赢得某人的欢心。与此同时，妇女们跑到后门去看马克西姆斯的妻子，惊讶于她的好运，恳求她不要遗忘她们：她的哲学知识如此渊博，以至于她让马克西姆斯看起来好像不会阅读［或游泳］。①

得到整个小亚细亚崇拜的马克西姆斯前往首都觐见皇帝，但克律桑提乌斯仍待在以弗所，因为一位神曾在梦中向他显现，他后来告诉我这件事时，背诵了下述诗句：

　　　谁听从天意，天神就听取他的祈祷。②

马克西姆斯带领庞大的随从前往君士坦丁堡，一到首都就获

---

① 对照柏拉图《法义》，689d。
② 荷马，《伊利亚特》，1.218。

得全部荣耀。统治者和被统治者完全被他迷住。他们不分白天和晚上，不断拿日常生活出现的一切问题求问马克西姆斯。结果是马克西姆斯在皇宫变得越来越无礼，穿着不符合哲人的奢华衣服，变得越来越难以接近，而尤利安对此一无所知。

然后，他们决定，依照尤利安的迫切希望，召普利斯库斯前来首都，而马克西姆斯一直坚持应将克律桑提乌斯也招来首都。因此，两人都得到皇帝的召唤，普利斯库斯应从希腊前往首都，克律桑提乌斯应从萨尔迪斯前往首都。神圣的尤利安如此依赖与二人的交往，亲自写信给他们，仿佛他们是他的密友，像恳求神那样恳求他们前往首都和他一起生活。

获悉克律桑提乌斯已经结婚，妻子名叫墨丽忒（Melite）——她是我的堂姐——且克律桑提乌斯非常敬重他的妻子，尤利安找一个僻静之地坐下给墨丽忒写了一封亲笔信，要求她尽一切可能劝说丈夫不要拒绝前来首都。然后，他将那封写给克律桑提乌斯的信要回，把给墨丽忒的信装入信封，盖上他的印章，派使者送出似乎只有一封信的信封。此外，尤利安还私下叮嘱送信人很多在他看来有益于达成目标的话，从而：

希望能说服埃阿科斯的孙儿的心灵。①

于是，普利斯库斯应召前来，② 抵达后，行事非常谨慎。[478] 尽管也有许多人寻求他的帮助，他却不为所动，并不因身在皇帝宫廷而举止傲慢，而是致力于抑制宫廷的傲慢，提升宫

---

① 荷马，《伊利亚特》，9.184。类似于涅斯托尔叮嘱前去劝诫阿基琉斯的使者。

② 对照尤利安《书信集》52。书信 52 写给利巴尼欧斯，写于 363 年年初的安条克，尤利安在信中抱怨普利斯库斯拖延。

廷的哲学水准。

克律桑提乌斯，面对尤利安的双重劝说，不为所动，而是求问诸神。由于天意仍未改变，他决定遵从诸神的意志，所以写信告诉尤利安，诸神要求他继续待在吕底亚。尤利安怀疑克律桑提乌斯故意拒绝他的命令，遂任命他和他的妻子为吕底亚高级祭司，委托他们挑选其他祭司。

与此同时，尤利安急匆匆出发远征波斯。① 马克西姆斯和普利斯库斯陪同他前往，② 还有其他一些人也加入远征，他们的人数相当大。实际上，他们是一群自吹自擂、骄傲自大的乌合之众，仅因为皇帝曾说他与他们关系密切。但是，当初怀着如此伟大和辉煌的希望发起的事业，竟轰然倒塌成为废墟，伟业从尤利安的指缝溜走，如我在叙述尤利安时代的书中详细叙述的那样，约维安（Flavius Jovian，公元 332—364 年，363 年 6 月 26 日—364 年 2 月 17 日在位）成为皇帝，继续敬重这些人。

然后，约维安很快暴死，没有加入前任之列——如果我们真的可以说尤利安已加入大多数前任之列。③ 之后，瓦伦提尼安（Flavius Valentinian，公元 312—375 年，364—375 年在位）和瓦伦斯（Flavius Valens，公元 328—378 年，364—378 年在位）继任帝位。于是，马克西姆斯和普利斯库斯被皇帝传唤。这次传唤与尤利安邀请他们的那次召唤完全不同。第一次召唤仿佛某个公共节日，是通往荣誉之路；第二次传唤则危险重重，对公众的恐惧和巨大的耻辱为整个前景蒙上一层阴影。然而，普利斯库斯没

---

① ［译注］363 年 3 月 5 日，尤利安率领 9 万大军从安条克出发，开始远征波斯。
② 尤利安驾崩时，两人都在身边。对照阿姆米阿努斯《罗马史》，25.3。
③ 厄乌纳皮欧斯暗示尤利安死后成神。［译注］罗马帝制有皇帝死后被祝为神的传统。参尤利安《诸皇帝》（*The Caesars*）。

有遭到伤害，因为一切证据显示，他是一个正直之士，服务于尤利安时行事端正，然后获准返回希腊。此时，正是本传记的作者在雅典接受教育之时，刚刚成年。

马克西姆斯尽管遭到很多人的诋毁，既有在剧场这类公共场合的诋毁，也有私下在皇帝跟前的诋毁，但他顶住了如此巨大的不幸，赢得敬重。尽管如此，皇帝还是给了他最严厉的惩罚。他们罚他一大笔钱，数额之大，连哲人都闻所未闻。这是因为他们怀疑马克西姆斯拥有巨额财产。之后，他们又后悔把罚款数额说得太小。

马克西姆斯被遣往小亚细亚筹集罚款。任何肃剧都无法与他遭受的痛苦相比，没人能从别人的不幸中得到快乐，从而充分描述这位伟人可怕的痛苦。就连波斯人所谓的"水槽"酷刑，① 抑或阿尔塔布里（Artabri）妇女的锄头酷刑的痛苦，② ［479］也无法与马克西姆斯所遭受的痛苦相比。他那位了不起的妻子始终陪伴左右，为他的痛苦而悲伤。但是，当痛苦似乎无止境，越来越强烈时，他对她说："我的妻子，买点毒药，让我解脱吧！"她买来毒药，交给自己的丈夫。马克西姆斯要求先喝毒药，但是妻子坚持先喝。妻子服毒死后，她的亲戚埋葬了她，但马克西姆斯没有喝下毒药。

我所有的才华和全体诗人们的赞颂都不足以描述克莱尔库斯（Clearchus）的行为。③ 克莱尔库斯出生于忒斯普罗提斯（Thesprotis）的一个富裕家庭。当整个事态突转，即瓦伦提尼安撤往

---

① 对照普鲁塔克《阿尔塔薛西斯传》，16。
② 斯特剌波（Strabo）《地理志》3.220 描述了这个部落在卢西塔尼亚（Lusitania）的掘金者。
③ 克莱尔库斯是利巴尼欧斯的一位通信人，公元 398—402 年任君士坦丁堡禁军统领。

西部帝国，瓦伦斯皇帝陷入极大的危险之中，不仅要为帝国，而且要为自己的生命而战，克莱尔库斯为自己赢得显赫声誉。其时，普罗科皮乌斯（Procopius）以庞大的军队发动叛乱，①从各个方向围堵他，想把他抓住。克莱尔库斯当时治理小亚细亚，也就是说他管理从赫勒斯滂海峡，穿过吕底亚和皮西迪亚（Pisidia），直达潘菲利亚（Pamphylia）的地区。他的治理表现得非常仁慈，却将自己置于最大的危险之中，公开与大区长官争吵，就连皇帝都无法忽视他们的争吵。当时，东部大区的长官是撒路斯特（Sallust），②尤利安皇帝统治期间，他得以升至高位。然而，克莱尔库斯指责他因年老而懒惰，给他取绰号尼西阿斯（Nicias）。③事实上，在那些日子里，撒路斯特只想通过阅读和探究历史来培养和增强自己的心智。

克莱尔库斯看到事情进展如此顺利，瓦伦斯皇帝对他无比钦佩，非但没有取消他的官职，反而将他调任更重要的职位，任命为整个小亚细亚行省的总督。这个行省包含直达帕加马的海边和远达卡里亚的内陆，特摩洛山（Mount Tmolos）将它的边界限定在吕底亚方向。这个行省在所有行省中最显赫，不归东部大区长官管辖，只是在后来的动乱中才陷入全面混乱。④但是，就我现

---

① 瓦伦提尼安363年撤往帝国西部，365年，普罗科皮乌斯发动叛乱。

② 这位撒路斯特，不是尤利安的那位同名密友，其完整的拼写是Sallustius。他的正式名字是Secundus Sallustius。尤利安死后，他曾被举荐继承帝位，但遭到他拒绝。364年，约维安努斯驾崩后，他再次拒绝继任帝位。他似乎于365年任东部大区长官，但是由于克莱尔库斯的攻击，被迫辞职。

③ 尼西阿斯是雅典将军，在伯罗奔半岛战争中推行一种"伺机而动"的政策。

④ 厄乌纳皮欧斯可能是指公元398年哥特人的霸业或387年安条克暴动。

在叙述的这个时期，克莱尔库斯执掌小亚细亚行省，小亚细亚非常平静。

他在那里发现马克西姆斯饱受酷刑折磨，快撑不住了。现在，我必须叙述一个超自然现象。因为没有人能公正地将如此惊奇的现象归因于人，而不是归因于神。所有被派去惩罚马克西姆斯的士兵，都被克莱尔库斯的优势兵力驱散，他解开马克西姆斯的脚镣释放他，让他去医治身体，与他本人同桌进餐。此外，他大胆且坦率地对皇帝说明情况，结果皇帝不但缓和愤怒，而且同意克莱尔库斯的建议。

因此，皇帝解除撒路斯特的官职，任命奥克索尼乌斯（Auxonius）为东部大区长官。[480] 接着，克莱尔库斯惩罚那些折磨过马克西姆斯的士兵，迫使那些在不幸日子里偷过他东西的人将赃物归还，还惩罚那些侮辱过他的人。所以，开始流传这样一句话：对马克西姆斯来说，克莱尔库斯是第二个尤利安。于是，马克西姆斯又在公开场合发表演说，但由于他天生不适合对强词夺理的听众演说，他的声望没有恢复多少，最后重拾辩证法讨论。这样，马克西姆斯很快恢复自己的财富，以及被偷走的东西，很快又变得富裕，就像他第一次到尤利安的宫廷时那样富有。

接着，马克西姆斯再次作为一个名流来到君士坦丁堡，所有人发现他的好运已经恢复，无不敬畏他。他甚至冒着被判刑的风险再次表演通神术，并增进他的声誉。于是，他那广为流传的名声再次引起人们对他的强烈反感。

朝臣们策划一个反对皇帝的阴谋，私底下提出他们的一个神谕——并不是每个人都能理解我这样说的意思——当遇到晦涩难懂的地方，他们去请马克西姆斯解答，不过，他们没有向马克西姆斯说明他们的真实计划，佯装急切渴望知道神谕更清楚的意思，以造成是马克西姆斯本人说出并揭示那条神谕的印象。① 因为彼时这事已经众所周知：所有人中，只有马克西姆斯知晓神的计划，不管那些计划在其他人看来多么晦暗不清。马克西姆斯于是聚精会神于神谕，密切观察神谕的内容，很快洞察到词句背后的含义。他的解释比神谕本身更真实，真相是阴谋者不仅会毁灭读懂神谕的人（指他本人），而且会毁灭其他所有人——他补充说，不仅知晓他们阴谋的人会被毁灭，就连很多无辜之人也会被不义地惩罚。

接着，他最后宣布：

> 对所有人进行全面且多样的屠杀后，造成谋杀的皇帝会以一种奇怪的方式死去，且被认为不配埋葬或不配葬在宏大的墓中。

正如我在《天下史》中详细叙述的，这些后来都得到应验。不久，这些策划阴谋的人被逮捕，他们被从四面八方拖进监狱，被斩首，就像在招待全体民众的宴会或节庆上的母鸡一样。马克西姆斯也一同被拖走，被拖到安条克，皇帝当时正待在那里。② 但是，他们羞于直接处死马克西姆斯，既因为他在审讯中驳斥每一项指控，并指控逮捕他的人说谎，又因为他之前准确地预言了要发生的事情。因此，尽管马克西姆斯是凡胎，他们却像惩罚一

---

① 可能是阿姆米阿努斯在《罗马史》29.1.33记载的那条神谕。[译注] 那条神谕的内容是："你将被复仇！当［战神］阿瑞斯在米玛斯（Mimas）平原上狂怒，［复仇女神］提西福涅深沉的愤怒将给你带来邪恶的命运。"

② 马克西姆斯371年在以弗所被处决。对照阿姆米阿努斯《罗马史》，29.1。

个神一样，派一个名叫费斯图斯（Festus）的人同他一起到小亚细亚，这是一个凶残的人，有着屠夫的灵魂，认为小亚细亚适合这样一个人居住。费斯图斯抵达后，开始执行命令，甚至超过命令的限度，尽情放纵他那野兽般的狂躁脾气。他首先砍了很多人的头，不管是有罪还是无辜，接着宰杀马克西姆乌斯这位伟人。[481] 所以，神谕得以应验，其余的也都应验。皇帝本人后来在一次与哥特人的激战中，以一种奇怪的方式被杀，甚至找不到一根尸骨来埋葬他。①

精灵又给这一切增添一件更奇妙的事。那位费斯图斯被剥夺官职，他先去拜访狄奥多西，后者当时已是皇帝；然后返回小亚细亚——因为他在小亚细亚订下一桩适合暴君的婚事——以展示他奢靡的生活和逃避针对他的所有指控。他宣称将为那些身居要职或拥有最高荣誉头衔的人举行盛大宴会。一月一日后的第三天，他们都向他祝贺，答应会参加他的宴会。然后，费斯图斯进入复仇女神涅墨西斯（Nemesis）的神庙，尽管他从未敬畏过任何神灵，恰恰相反，死于他之手的人，都是因为虔诚地敬拜诸神。

不过，他仍然进入复仇女神的神庙，向神庙祭司讲述他的一个梦，讲述梦境时，泪流满面。这个梦的内容如下：他说，马克西姆斯在他脖子上套了一个套索，抓住他，将他拖往地狱，在冥王前受审。在场的人回想起费斯图斯的一生，惊恐不已，但是他们擦干眼泪，劝他向女神祈祷。费斯图斯遵令而行，向女神祷告。当他从神庙中出来，两脚立即滑倒，躺在地上，无法说话。他被抬回家，随即死去，这是天意最令人钦佩的安排。

---

① [译注] 公元378年8月9日，瓦伦斯皇帝率领3万大军在阿德里亚堡与西哥特人展开决战，皇帝战死，6个军团全军覆没。参阿姆米阿努斯《罗马史》，31.13。

8

我前面已经叙述过普利斯库斯的部分生平,也提到过他的出生地。下面的叙述单独记述他的品格。他生性低调,学问非常深奥。此外,他的记忆力极好,学富五车,脑中装着所有古代的教诲,能脱口而出。他长得高大俊美,人们可能会认为他没有受过教育,因为很难诱使他参与辩证法讨论。他把自己的信念隐藏起来,就像在守护一件珍宝,并且常常称那些轻率吐露自己信念的人为浪荡子。他常说,一个在哲学论辩中被打败的人,并不会因此而变得温和,相反,由于他与真理的力量斗争,忍受野心挫败的痛苦,会变得更野蛮,结果对诗文和哲学皆怀恨在心,头脑变得完全混乱。

正是由于这个原因,普利斯库斯在大多数场合常常保持沉默。他的举止庄重而高贵,不仅与朋友们和弟子在一起时保持这种风度,而且从青年时代到老年,他的举止从未改变。因此,克律桑提乌斯曾对我说,埃德希乌斯的举止彬彬有礼、平易近人,在辩论中激烈交锋后,埃德希乌斯会沿着帕加马的城墙散步,由他最杰出的弟子陪同。当埃德希乌斯看到学生们因自己的见解而自命不凡进而不宽容、专横跋扈时——他们的翅膀虽然比伊卡洛斯(Icarus)的更大,却也更脆弱——埃德希乌斯常给他们灌输一种和谐感和对人类的责任感,[482]他会强迫他们下降,不是降到海里,而是降到地上,降到人的生活上去。埃德希乌斯这样教导弟子们,他自己本人也是这样做,如果他遇到一位卖蔬菜的妇人,喜欢看这位妇人,他就会停下来与她攀谈,谈论蔬菜的价格,说妇人的店铺生意兴隆,同时他还会与妇人讨论蔬菜的种植。他也会以同样的方式对待织布工、铁匠或木匠。因此，他更加审慎明智的弟子就培养出这种和蔼可亲，尤其是克律桑提乌斯以及与克律桑提乌斯相似的弟子。

但是，普利斯库斯不顾及对老师的感情，当着他的面称他为哲学尊严的叛徒，一个精通格言的人，① 它们虽有助于提升灵魂，在实际生活中却从未被遵循。由于他的性情，甚至在尤利安皇帝驾崩后，不仅从未遭到批评，而且还在他的那些陶醉于智慧的学生——那些学生就像库伯勒的狂热随从（Corybants）——中引入诸多新奇的观念。不过，普利斯库斯在所有场合始终秉持高深莫测的行事风格，嘲笑人类的弱点。② 普利斯库斯最后以 90 多岁高龄去世，其时正是希腊的神庙被毁坏的时代。在那些日子里，许多人因悲痛而丧命，也有一些人被蛮夷屠杀。

普利斯库斯有个弟子叫普罗忒里乌斯（Proterius），是克法勒尼亚（Cephallenia）岛人，他的品德和正直有目共睹。我也认识普利斯库斯的弟子希拉里乌斯（Hilarius），他出生于比提尼亚，但在雅典长大，除了学识渊博外，还精通绘画艺术，仿佛欧弗拉诺尔（Euphranor）在世。③ 由于他的画作非常精美，我过去对他的敬仰和爱戴超过任何人。然而，希拉里乌斯也无法逃过普遍的灾难，他在雅典之外被逮捕（他住在靠近科林多的地方），然后同他的奴仆一起被蛮夷砍头。④ 如果这些事件是精灵的意

---

① 对德摩斯梯尼《论奉使无状》421 的模仿，对照菲洛斯特剌托斯《智术师列传》，623。
② 对柏拉图《斐多》107b 的模仿。
③ ［译注］欧弗拉诺尔，古希腊雕刻家、画师，公元前 360 至 330 年为其创作期，主要在雅典从事创作。约有 12 尊雕像为人所知，包括腓力二世以及亚历山大大帝驾驭两轮战车的威武英姿。
④ 395 年，哥特人入侵希腊时的事件。

志，我应在我的《天下史》中更加详尽地叙述，因为在那里可以更清晰地讲述事件经过，不用提及个体，而是将之当作关系所有人的事件来叙述。眼下，这些事件对个体命运的影响已经在我的叙述中得到清楚阐述。

尤利安努斯传

9

智术师卡帕多西亚的尤利安努斯,在埃德希乌斯时代盛极一时,支配着雅典。因为各地来的学生皆涌向他,因他的雄辩和高贵性情敬重他。实际上,他的同时代人中,也有人某种程度上理解真正的美,获得很高的声望,如拉克戴蒙的阿璞西内斯(Apsines of Lacedaimon)作为修辞作家赢得广泛声誉,恩帕佳图斯(Epagathus)以及一大群人赢得这样的声誉。但是,尤利安努斯凭借他的天才超过所有人,他若是第二,没人敢称第一。

[483] 尤利安努斯的学生人数众多,来自天下各处,分散到各地后,不管何时何地都广受尊敬。尤利安努斯最杰出的弟子是普罗海勒西乌斯(Prohaeresius)、赫法斯提翁(Hephaestion)、叙利亚的厄琵法尼乌斯(Epiphanius of Syria)和阿拉比亚的狄奥法图斯(Diophantus the Arab)。我还应提到图斯西阿努斯(Tuscianus),他也是尤利安努斯的学生,但我在叙述尤利安皇帝统治的书中已谈到过他。

我本人亲自参观过尤利安努斯在雅典的房子,尽管贫穷寒酸,但吐露着赫尔墨斯和缪斯的芬芳,近似一座神圣的宫殿。尤利安努斯后来将这所房子赠送给普罗海勒西乌斯。那里还立着他最敬重的学生的雕像。尤利安努斯按照公共剧院的模型,用抛光的大理石建造了一个剧院,但比公共剧院要小,只有一所房子那么大。因为那时,雅典市民和年轻学生之间的冲突非常激烈,①仿佛在这座城市经历古代的战争后,城墙内滋生出不和的危险,竟至于没有哪个智术师敢到城内公开演说,只能在私人讲堂里对自己的学生演说。如此,他们就没有生命危险,但是需要为赢得掌声、赢得雄辩之名激烈竞争。

虽然我还有很多话要说,但我现在必须叙述足以表明尤利安努斯的博学和才智的事例。有一次,在一场激烈的派系冲突中,② 阿璞西内斯最大胆的学生占了尤利安努斯的学生的上风。阿璞西内斯的学生以斯巴达人的方式打倒尤利安努斯的学生之后,尽管受伤的学生有生命危险,他们仍起诉尤利安努斯的学生,仿佛他们才是受害者。案件提交到总督那里,总督严厉无情,命令将他们的老师也逮捕,所有受指控的人皆被套上锁链,就像被指控谋杀而被监禁者。

然而,似乎对罗马人来说,尤利安努斯绝非没有受过教育,也不是在粗野的乡下长大从而不熟悉自由教育,因此,尤利安努斯受命出庭受审。阿璞西内斯也在法庭上,不过不是受命而来,而是为了帮助原告。现在,所有人都已准备好旁听案件审理,原告获准进入法庭。乱哄哄的斯巴达派的领袖是忒米斯托克勒斯

---

① 宗教信仰的差异可能激化了二者的冲突,因为大多数学生都敌视基督教。

② 利巴尼欧斯经常提到雅典的智术师及其学生们之间的派系冲突,对照希美瑞欧斯,《演说辞集》,9.9;希美瑞欧斯的演说 *Oration* 19 就针对那些太专注于派系冲突,以至于忽视讲座的学生。厄乌纳皮欧斯此处描述的这个事件发生在四世纪二十年代。

(Themistocles),这是一个雅典人,实际上应为所有麻烦负责。他是一个鲁莽任性的年轻人,是对他的名字的侮辱。总督严厉地盯着阿璞西内斯,问道:"谁让你来这儿的?"他回答说,他之所以来是因为操心他的孩子们。总督克制住自己的真实看法,没有多说什么。

然后,遭到不公对待的囚犯们被带入法庭,一同被带入的还有他们的老师。他们的头发没有修剪,身体伤痕累累,所以在法官看来,他们非常可怜。接着,让原告发言,阿璞西内斯正准备发表一篇演说,总督打断他,说道:

>罗马人不赞成这种做法。在第一次审讯时为控方发表演说的人也必须在第二次审讯时碰碰运气。

由于这个决定很突然,控方没有时间进行准备。[484]忒米斯托克勒斯之前发表了指控演说,现在必须自己演说,所以脸色突变,尴尬地咬着嘴唇,偷偷望着他的同学们,低声征求他们的意见,看怎么做才最好。他的同学们来法庭只是为了对老师的演说大声喊叫和鼓掌。所以,全场鸦雀无声,一片混乱,原告的队伍也一片混乱。

然后,尤利安努斯以低沉而可怜的声音说道:"那么,让我来演说吧。"接着,总督大叫道:

>不,你们谁也不能申辩。你们这些带着备好的演说到这里来的老师,不能让你们的学生给演说者鼓掌。你们应该首先懂得罗马人分配的正义多么完美、多么纯粹。首先由忒米斯托克勒斯完成他的控诉演说,然后你们再选出最合适的人进行辩护。

但是，没有人为原告说话，忒米斯托克勒斯则是他伟大名字的耻辱。于是，总督命令任何有能力的人应对最初的指控演说做出答复。智术师尤利安努斯说：

  总督大人，凭您最高的公正，您已将阿璞西内斯变成一个毕达哥拉斯，他慢慢地，但也恰当地懂得如何保持沉默。毕达哥拉斯在很久之前——无疑，您对此一清二楚——教导他的学生毕达哥拉斯式的行事方式。但是，如果您允许我的学生辩护，命令解除普罗海勒西乌斯身上的镣铐，让他来发表演说，您就能判断，我教给他的是阿提卡的方式，还是毕达哥拉斯的方式。

总督仁慈地批准这一请求。图斯西阿努斯当时在现场，他告诉我，普罗海勒西乌斯从被告队伍中出列，没有戴镣铐，尤利安努斯以低沉柔和的声音对他说："普罗海勒西乌斯，演说！现在是演说的时刻！"——这句话被那些劝诫和激励运动员争夺冠军的人使用，但尤利安努斯说的时候仍然带着具有穿透力的重音。

普罗海勒西乌斯首先讲了一段开场白。图斯西阿努斯没有准确地记住原文，但他告诉了我梗概。然后，普罗海勒西乌斯迅速转向陈述他们的痛苦，还插入一段对他们的老师的赞扬。在这段开场白中，他只一次提到委屈，即在他指出总督的做法多么鲁莽时，因为即使有充分的证据证明他们有罪，他们也不应该遭受这种对待。这时，总督低下头，对普罗海勒西乌斯论证的力量、均衡的风格、灵巧和高昂的口才佩服得五体投地。他们都想鼓掌喝彩，但缩成一团坐在那里，仿佛上天不许他们鼓掌似的，一种神秘的沉默笼罩着整个法庭。

然后，普罗海勒西乌斯继续演说（图斯西阿努斯记住了这一部分的内容）：

> 如果人们可以不受惩罚地行不义，能提出指控，在被告还未辩护之前，就能赢得法官信任，那就这样吧！就让我们的城市遭受忒米斯托克勒斯的奴役！

然后，普罗海勒西乌斯跳到总督面前，摇动他的紫边长袍，严厉无情的总督像个学童一样为普罗海勒西乌斯鼓掌。[485] 甚至阿璞西内斯也开始鼓掌，这不是他自愿的行为，而是因为不应该与必然性搏斗。普罗海勒西乌斯的老师尤利安努斯则独自抹眼泪。

总督命令全体被告和原告的老师退庭，留下忒米斯托克勒斯及其同党，让他们遭受拉克戴蒙式的鞭刑，外加上雅典流行的鞭刑。尤利安努斯凭借自己的雄辩和学生们的名声，赢得极大声望。尤利安在雅典去世时，给了学生们一个很好的机会来竞争谁发表的葬礼演说最好。①

---

① 可能是对亚历山大葬礼演说的模仿，后者成了一则谚语；对照狄翁多儒斯《史籍》，17.117；阿里安《亚历山大上行记》，7.26；普鲁塔克《箴言录》（*Apophthegmata*），181e。

普罗海勒西乌斯传

10

关于普罗海勒西乌斯，我在上面的叙述中已经说得够多，在我的史书中，对他的生平有更详尽的介绍。由于我对他了如指掌，曾获准参加他的核心圈，在这里更详细地重温一下这些事实是恰当的。这是一种莫大的荣幸，能极大激发人们对老师的感激之情。但是，这种深厚且无法言表的感激也无法表达我和普罗海勒西乌斯的亲密友谊。我在 16 岁时渡海从亚洲到欧洲，前往雅典求学。彼时，普罗海勒西乌斯已经 87 岁。在这样的高龄，他的头发仍卷曲而浓密，由于有大量银色的灰白发丝，他的头部类似海中的泡沫。

他的演说的力量如此强大，年轻的灵魂支撑着他那疲惫的身体，以至于现在我认为他是一个永恒不朽的存在。我听从他，就像听从某个未被召唤而主动显露的神。我第一次乘船到比雷埃夫斯港，在航行中患有严重的高烧。与我同行的还有我的几个亲戚。我乘坐的船晚上抵达比雷埃夫斯，例行的操作尚未开始——因为船只属于雅典，很多雅典人直接躺在船坞，等着船只到达，以争抢学生——船长直接向雅典出发。其他旅客步行前往，我由于太虚弱无法步行,尽管如此,我还是得到同行旅客的帮助,得以进入雅典城。当时已是深夜,正值冬季,夜晚很长。当时,太阳已进入天秤座,所以夜晚很长。

船长是普罗海勒西乌斯的一位老朋友,敲开他的门,引导学生进入,人数不少。之前通过打斗只能抢到一两个学生,而船长引来的这批学生足以满足雅典的所有智术师。新来的这些人中,有些人身体强健,有些人则因行李很大而引人注意,其他的人介于二者之间。我则处于可怜的状态,只是熟记古代作家的作品,这是我唯一的财富。这样,普罗海勒西乌斯家里立即欢声笑语,男男女女跑来跑去,有的欢笑,有的嬉戏。[486]普罗海勒西乌斯在那天晚上,派来两个自己的亲戚,吩咐他们收留新来的人。

普罗海勒西乌斯是亚美尼亚人,也就是说,他来自亚美尼亚靠近波斯的地区,他的两个亲戚名叫阿纳托利乌斯(Anatolius)和马克西姆斯(Maximus)。他们欢迎新来的学生,将他们引入邻近的房间,让他们洗澡,以各种方式炫耀,其他老生则用笑话和笑声来捉弄新生。新来的学生洗完澡后,离开普罗海勒西乌斯的家,但是我的病越来越重,很可能还没见到普罗海勒西乌斯,来不及看一眼雅典,就将死去,我渴望的一切似乎只是一场梦。同时,与我同来雅典的亲戚和从吕底亚来的同学也非常担心。

由于所有人倾向于把伟大的才能归于那些年纪轻轻就离世的人,他们编造出许多关于我的令人惊讶的谎言和故事,以至于整个雅典城笼罩着一种离奇的悲痛,仿佛我的离世是某种巨大的灾难。但是,一个名叫埃斯基涅斯(Aeschines)的人,他不是雅典人,而是出生于希俄斯(Chios)。埃斯基涅斯已经治死很多人,不仅包括那些他负责医治的人,还包括那些到他那里看过病的人。

埃斯基涅斯朝我那些悲伤的朋友喊道:"让开,让我给这具尸体服点药。"所以,他们允许埃斯基涅斯谋杀那些已死之人。然后,他用一个工具将我的嘴巴撬开,让我吞下一片药丸。他后来告诉我药丸是什么,多年以后神为之作证。无论如何,他往我嘴里放入一片药丸,我立马呕吐,渐渐睁开眼睛,认出身边的人。因此,埃斯基涅斯凭借这个行为,埋葬他过去的错误,既赢得起死回生之人[我]的尊敬,也赢得那些因我获救而欣喜不已之人的尊敬。凭借这一成就,他得到所有人的崇拜,然后渡海返回希俄斯。而我只要等上一段时间,再服用一些强效药,就可恢复体力。如此,被救者成为救人者的密友。

到那时为止,普罗海勒西乌斯虽然尚未见过我,却为我哀悼过,仿佛我已经死了。当他得知我起死回生,招来他最好的学生和那些强健的学生,对他们说:

> 我很想尽快见到这个起死回生的孩子,尽管我还没有见过他。然而,当他在死亡边缘徘徊时,我曾哀悼过。现在,如果你们想帮我一个忙,那就带他到公共浴室洗个澡,但是不要取笑和捉弄他,要像对待我的儿子那样温柔对待他。

我和普罗海勒西乌斯就这样认识,我描述他所处的时代时,会有更完整的叙述。尽管我断言普罗海勒西乌斯身上发生的一切都受到某种天意的指引,但是,考虑到柏拉图那句确定无疑的话,即真理是神和人通向一切善的向导,普罗海勒西乌斯不会因对人的热情,而以任何方式背离真理。

[487] 普罗海勒西乌斯的身体之美如此不同寻常,尽管他

已是一名老人,以至于有人会怀疑是否有人即便是青年时也这样俊美过。有人兴许也会惊讶普罗海勒西乌斯高大的身材,美的力量竟能塑造出一个在各方面都令人赞叹的身材。他比任何人都高,超出任何人的想象,实际上很难准确猜到他的身高。他看起来有九尺高,所以当他与他那个时代最高的人站在一起时,像一个巨人。

他很年轻时,命运迫使他离开亚美尼亚,前往安条克。他并不想立即前往雅典,因为那时他穷困潦倒。尽管他出身很好,但在财富方面很不幸。普罗海勒西乌斯在安条克受教于乌尔皮安(Ulpian),后者当时是安条克首屈一指的修辞教师,并且很快成为乌尔皮安最好的学生。跟随乌尔皮安学习很长一段时间后,他前往雅典,以最大的决心跟随尤利安努斯学习,并再次在雅典获得第一名。

赫法斯提翁与他一同前往,他们二人是密友,在贫穷方面不相上下,正如他们也是争夺修辞术最高荣誉的竞争对手。例如,他们共用一件长袍、一件破烂的斗篷、三四块小地毯。随着时间推移,这几块地毯也丧失原有的颜色和厚度。因此,他们唯一的办法就是两人合二为一,就如神话所说,革律翁(Ceryon)由三个身体组成。① 所以,这两人合二为一。当普罗海勒西乌斯外出时,赫法斯提翁就待在别人看不到的地方,躺在小毯子上研究修辞术。当赫法斯提翁外出时,普罗海勒西乌斯也是如此。他们二人的生活竟如此贫困。

然而,尤利安努斯的灵魂倾向于普罗海勒西乌斯,他的耳朵时刻准备听普罗海勒西乌斯演说,被普罗海勒西乌斯高贵的

---

① [译注] 希腊神话中居住在大西洋的巨人,高大如山,长着三个身躯和三头六臂。

天赋震撼。尤利安努斯离世后，雅典人想选择同样能力的继承者教授修辞术，很多人报名争夺这一极有影响力的席位，人数之多，若是记下他们的名字，会冗长乏味。经过所有人投票，雅典人选出普罗海勒西乌斯、赫法斯提翁、厄琵法尼乌斯和狄奥法图斯。索波利斯（Sopolis）也在列，他来自一个无足轻重、受轻视的阶层。还有一个候选者叫帕纳西乌斯（Parnasius），出身更低。

依照罗马的法律，在雅典必须有很多人开坛讲课，有多人听。这6人被选出后，出身低微的人只不过是名义上的智术师，他们的权力仅限于讲堂之内和他们的讲台。但是，雅典城立即站在更有影响力的一方，不仅是雅典城，而且是罗马统治下的所有城邦，它们的争吵不仅涉及演说术，而且涉及维护各个城市的演说声誉。因此，东方人明显支持厄琵法尼乌斯，阿拉比亚人选择支持狄奥法图斯。赫法斯提翁敬畏普罗海勒西乌斯，放弃竞争，离开雅典。但是，黑海及其周边的民族都送学生到普罗海勒西乌斯门下，尊他为他们土地产出的奇人。[488]所以，整个比提尼亚和赫勒斯滂地区，还有延伸到吕底亚的小亚细亚皆支持普罗海勒西乌斯。整个埃及也由他独占，还有延伸到利比亚的整个地区，奉他为修辞老师。

我已经以最普遍的术语叙述过这一切。准确地说，在上述这些地区仅有少数学生来到雅典没有跟随普罗海勒西乌斯学习，因为他们要么从一个老师门下转到另一个老师门下，要么有的学生上当受骗，找了一个他不中意的老师。由于普罗海勒西乌斯的非凡天才，引起一场激烈的争吵，其他派系的智术师争相谋取上层支持，通过贿赂总督，将普罗海勒西乌斯逐出雅典，由他们自己支配演说领域。但是，在被流放后，处于极度贫困中的普罗海勒西乌斯，就像佩西斯特拉图斯（Peisistratus）一样，再次返回雅典。不过，佩西斯特拉图斯有财富相助，而普罗海勒西乌斯只能凭靠自己的雄辩，就如《荷马史诗》中的赫尔墨斯陪同普里阿摩斯恳求阿基琉斯，不过那是到敌人那里去。幸运的是，机运女神帮助他，换了一位对所发生的事件非常愤怒的更年轻的总督。于是，正如谚语所说"陶片翻了面"，① 在皇帝的批准之下，普罗海勒西乌斯获准返回雅典。

他的敌人们再次团结起来攻击他，为他的即将返回策划种种针对他的阴谋。他的敌人们忙于这类阴谋时，他的朋友们已经提前着手，为他的归来铺平道路。吕底亚的图斯西阿努斯向我叙述了普罗海勒西乌斯的归来。要是没有普罗海勒西乌斯，图斯西阿努斯会是普罗海勒西乌斯式的人物。普罗海勒西乌斯回到雅典后，就像奥德修斯离家很久后归返故乡，他发现他的少数几个朋友（其中就有图斯西阿努斯）安然无恙。在这不可思议的奇迹发生后，他们向他寻求帮助。满怀希望找到他们后，普罗海勒西乌斯对他们说："等总督来。"总督来得比人们想得还要快。总督一抵达雅典，就召集智术师们开会。

这个手段打乱了其他智术师的全部计划。他们慢腾腾地、不情愿地来开会，因为他们必须服从命令。他们依照每个人的能力，讨论了向他们提出的问题，同时受邀参会的人依照会前约定彼此欢呼鼓掌。然后，会议解散，普罗海勒西乌斯的朋友们非常沮丧。但是，总督召集他们召开第二次会议，仿佛要奖赏他们，命令所有智术师留下，接着突然招来普罗海勒西乌斯。他们抵达后，不知道会发生什么事。总督宣布：

---

① 对照柏拉图，《斐德若》，241b。这个谚语源于孩子们玩官兵捉强盗的游戏：把一个黑白两面的小陶片抛起，看落下后哪一面朝上，由此决定哪些孩子扮官兵、哪些孩子当强盗。

我想为你们提出一个主题，听你们就这个论题发表演说。普罗海勒西乌斯也会演说，要么是在你们之后发表，要么依照你们同意的次序。

他们经过慎重考虑，引证阿瑞斯忒德斯（Aristeides）的说法，最后得出一致意见，说他们的惯例是"不能笼统地论述，而是要详细阐述每个主题"。①

[489] 总督再次大声叫道："普罗海勒西乌斯，开始演说！"普罗海勒西乌斯从座位上站起来，首先发表优雅的开场白，以作为演说的辅助。在开场白中，他赞扬即兴演说的伟大，然后自信满满地提出他将参与竞赛。总督正准备提出一个明确的主题，普罗海勒西乌斯仰起头，环视整个会场。他看到他的敌人众多，朋友极少，且难以注意到他们，有些沮丧。但是，他的守护神开始帮助他，他再次环视会场，看到最远的一排中有两个人穿着斗篷，修辞经验丰富，在他们手上他曾遭到最恶劣的对待。然后，他大喊道：

诸神啊！这是些多么尊贵、多么智慧的人！总督，让他们给我提出一个主题。到那时，他们兴许会相信他们的行为乃是渎神。

那两个人听到普罗海勒西乌斯的这话，偷偷躲进坐在那里的人群中，尽量不被发现。但是，总督派卫士将那二人带到众目睽睽之下。简短劝诫后，总督让他们用精确的释义（definition）术

---

① 阿瑞斯忒德斯的这一说法，参菲洛斯特剌托斯《智术师列传》，583。

语提出一个主题。① 经过短暂考虑和商量后，他们提出一个最艰难、最令人厌恶的主题，这个主题非常粗俗，没有给炫示演说提供机会。

普罗海勒西乌斯严厉地盯着他们，对总督说："我恳求您应允我在比赛之前提出的正义要求。"总督回答说普罗海勒西乌斯不会遭遇不公正，普罗海勒西乌斯说道：

> 我要求给我安排速记员，在会场中心位置就座。我指的是那些每天记诵忒弥斯（Themis）女神的话的人，② 他们今天要记我说的话。

总督让速记能力最强的人起立，站到普罗海勒西乌斯旁边准备记，但没人知道他想做什么。然后他说："我还要提出更难的事。"获准提要求后，他说："不管我说什么，都不能鼓掌。"

总督向在场所有人下达命令，违者将受到最严厉的惩罚。然后，普罗海勒西乌斯以滔滔不绝的雄辩开始演说，听众则保持毕达哥拉斯式的沉默。听众惊讶不已充满钦佩，开始突破总督的命令，窃窃私语。随着演说越来越高昂，演说者飞到人类心灵无法描述或无法想象的高度，接着讲完第二部分，完成对主题的阐述。就在这时，普罗海勒西乌斯就像一个受神激发的人，突然跳起来，放弃剩下的论证，任其毫无防卫，转而滔滔不绝地为相反的假设辩护。速记员几乎跟不上他的语速，听众也很难忍住不说话。

---

① 赫摩根尼斯（Hermogenes），《论发现》（*On Invention*），3.13 列举五种释义，每种类型所要求的论证都相当精细、极具技术性。这是呈现案情的必要部分；对照昆体良《修辞术原理》，7.3。

② 忒弥斯是正义和法律的守护神。

然后，普罗海勒西乌斯转身面对速记员，说道："仔细观察我是否记得我曾使用的所有论证。"他没有丝毫犹疑停顿，开始第二次发表同样的演说。这时，总督没有遵守他自己的规则，也忍不住发出赞叹声，听众也没有理会总督的威胁。在场的人轻轻拍打普罗海勒西乌斯的胸膛，① 仿佛他是某位神的雕像；还有人亲吻他的脚和手，其他人则宣称他是一位神或雄辩之神赫尔墨斯现身。②［490］他的敌人们躺在尘土中，被嫉妒吞噬，甚至有些人也忍不住鼓掌喝彩。总督则在卫队的护送下离开会场。经过这次演说后，没人再敢反对他，仿佛受到雷击一般，他的敌人们承认他更胜一筹。

然而，过了一些时候，他们故态复萌，就像海德拉（Hydra）的头一样，③ 再次恢复他们的天然性情，反对普罗海勒西乌斯。他们用奢华的宴请和聪明乖巧的侍女引诱城里一些最有权势的人，就如国王们在战场上被击败后，面对困境被迫采取极端措施，求助没有重装武器和后备部队的轻装部队和投石手，他们之前不认为这些部队有价值，现在则被迫这样做。这些智术师在恐慌中逃向他们能够召集的盟友，策划种种阴谋。他们的确卑鄙，但不值得嫉妒，任何愚蠢地爱自己的人都不值得嫉妒。无论如何，他们有一群追随者，得以执行阴谋，所以他们指望能取得成功。然而，普罗海勒西乌斯的天才似乎拥有一种超越人之精神的威严，他的演说的力量拥有非凡的好运。因为，要

---

① 表示崇拜或尊敬，对照路吉阿诺斯《尼格瑞诺斯的哲学》（*Nigrinus*），21；利巴尼欧斯《演说辞集》，1.89。

② 阿瑞斯忒德斯第一次用这个说法形容德摩斯梯尼，之后变成智术套话。对照尤利安，《致犬儒赫拉克勒奥斯》（*To the Cynic Heracleios*），237c。

③ 海德拉是希腊神话的水蛇怪，传说有九颗头，一颗头若是被斩断，立刻会生出两颗头。

么所有聪明人都选择他为老师,要么那些跟随他学习的人很快变得聪明。

这时,皇帝宫廷产出一位满腔热情渴望名声和雄辩之才的人。他来自贝鲁特(Berytus),名叫阿纳托利乌斯(Anatolius)。① 嫉妒他的人给他起绰号阿祖特里翁(Azoutrion),② 这个绰号是什么意思,我留给那些可怜的哑剧演员来决定!但是,渴望名声和雄辩的阿纳托利乌斯实现了这两个目标。因为,首先他在所谓的法学领域获得最高荣誉,这是很自然的,因为他的出生地是贝鲁特,那里是这类研究的养育者。③

然后,他乘船前往罗马,在那里由于他的智慧和口才得到提拔和重视,进入行政系统。他很快获得最高的衔级,担任高官,在很多职位上赢得极大声望,事实上他的敌人们也敬重他。最后,他获得大区长官的衔级,这一衔级尽管缺乏皇帝的威仪,却拥有皇帝般的权力。阿纳托利乌斯已经实现他的远大抱负,他治理的大区是伊利里亚大区。由于热衷向诸神献祭,尤其热爱希腊人的研究,尽管当时的主流是向其他方向发展,阿纳托利乌斯却

---

① 希美瑞欧斯有一篇演说[《牧歌》(*Eclogue*),32]献给阿纳托利乌斯,他是伊利里亚大区长官,公元345年左右访问雅典。[译注]君士坦丁大帝统一帝国后,依照四帝共治的经验,将整个帝国划分四个大区:东方、意大利、高卢和伊利里亚。这是帝国的一级行政区。四个大区的行政中心分别在君士坦丁堡、米兰、特里尔和西米乌姆。这四个行政区名叫prefectures,由大区长官(praetorian prefect)治理。Praetorian prefect本来是禁卫军统领,君士坦丁大帝解散禁卫军后,保留了这一官职名称,用来指称治理大区的长官。

② 可能是罗马官职 adiutorem [副手] 或 adiutrionem [助理官] 的扭曲版本。

③ 依照利巴尼欧斯的说法,贝鲁特因其罗马法学校而闻名。当年轻人蜂拥到那里,而不是到希腊智术师那里时,希腊文学的衰落就已不可避免。

访问他治下最重要的城市，按照自己的喜好管理一切。他被想一睹希腊风采的强烈热望征服，且得到他辉煌声望的支持，想要把他从学问中所获得的雄辩口才变为现实，想亲眼看看古代著作所表现出来的雄辩，究竟是一种什么样的智识概念。因此，他立即前往希腊。

[491] 他首先派人到智术师们那里，请他们思考一个命题，令他们对同一个命题练习演说。当所有希腊人听闻阿纳托利乌斯的智慧和学识，他坚定不移的正直和廉洁的品格后，无不惊叹不已。他们绞尽脑汁思考阿纳托利乌斯提出的命题，每天都在谋划如何胜过对方。但是，由于命令的限制，他们不得不聚在一起商讨，就命题的立场（στάσεως）提出许多相反的见解①——我从未听说过像这个命题这么可笑的事——结果他们打得不可开交，互相贬低，因为每个人都怀着虚荣心称赞自己的见解，在学生们面前妒忌重重地坚持它。

阿纳托利乌斯来到希腊比波斯人远征希腊还可怕。不过，并不是所有希腊人面临危险，② 而是只有智术师面临危险——他们中有一个希美瑞欧斯，是一个来自比提尼亚的智术师，我没有见过他，只是从其作品对他所有了解——他们不辞辛劳、不遗余力地劳作，每个人都在研究阿纳托利乌斯提出的命题的立场。在这场危机中，普罗海勒西乌斯进一步得罪他们，因为他相信自己的天才，既没有表现出野心，也没有发表他对那个命题的见解。

---

① στάσις 是一个修辞学术语，昆体良在《修辞术原理》3.6 中说这个术语等同于拉丁语中的 quaestio 或 constitutio 或 status。严格来说，这个术语指演说者为案件辩护时所采取的立场。阿纳托利乌斯暗示，他所提出的那个命题有 13 个可能的立场，参下文编码 496 处。

② 暗示当时由信基督教的皇帝统治。

阿纳托利乌斯很快抵达雅典。他鼓起勇气,① 按照礼敬诸神的圣规,献祭并正式拜访所有神庙后,召集智术师们参加竞赛。他们一到阿纳托利乌斯面前,个个都想第一个开口。这就是这些自爱之人的做法!可是,阿纳托利乌斯对那些为他们鼓掌的学生哈哈大笑,对那些把儿子交给这些人教育的父亲同情不已。然后,他叫单独站在一旁的普罗海勒西乌斯。普罗海勒西乌斯认识阿纳托利乌斯的一位朋友,那位朋友了解阿纳托利乌斯的所有情况。所以,普罗海勒西乌斯从他那里获悉阿纳托利乌斯对上述命题所采取的立场。这就是我在上面所说的可笑之处。尽管阿纳托利乌斯提出的命题不值得考虑,而且阿纳托利乌斯的立场也不占上风,但是当阿纳托利乌斯叫他的时候,他还是迅速服从召唤,基于我刚提到的阿纳托利乌斯赞同的立场进行论证。

普罗海勒西乌斯的论证如此优雅雄辩,以至于阿纳托利乌斯从他的座位上跳起来,听众热烈鼓掌喝彩,每个人都将普罗海勒西乌斯视作一个神圣存在。因此,阿纳托利乌斯公开表示对普罗海勒西乌斯的敬重,[邀请普罗海勒西乌斯与他同桌宴饮],却几乎不会给予其他智术师同等待遇。阿纳托利乌斯曾是一名智术师,常举行各种会饮;他的会饮是一场讲辞和学问的盛宴。但是,这都发生在多年前,我对道听途说的东西非常谨慎。

阿纳托利乌斯非常钦佩米勒西乌斯(Milesius),这个人来自伊奥尼亚的士麦那。虽然机运女神赋予他最伟大的才能,他却遁入与世无争的休闲生活,经常光顾神庙,拒绝结婚,悉心钻研各种诗歌、抒情诗和美惠女神青睐的作品。通过这种方式,他赢得

---

① 在君士坦斯一世和君士坦提乌斯二世治下,打压希腊诸神的献祭仪式。

阿纳托利乌斯的友谊,后者称他为一位"缪斯"。他称智术师厄琵法尼乌斯提出的诸问题为"分析",① 以此嘲弄那位老师琐碎和迂腐的准确性。

阿纳托利乌斯讽刺在场的所有智术师,因为他们竟然对一个主题的立场有分歧,说道:

> 如果再有 13 个智术师,他们无疑会发明更多的立场,以便从各种不同角度对一个问题进行论述。

[492] 普罗海勒西乌斯成了他唯一真正尊敬的智术师。

此前不久,普罗海勒西乌斯受君士坦斯一世召唤,前往高卢行省。普罗海勒西乌斯赢得君士坦斯一世的信任,竟能与君士坦斯一世最信任的人同桌就餐。高卢行省的居民不能完全理解他的演说,进而钦佩他灵魂深处的秘密,就把他们的惊奇和钦佩转移到他们能看见的东西上,惊讶于普罗海勒西乌斯的身体之美和身高。他们抬头望着他,好像在仰望某个雕像,某个在各个方面超越人之尺度的巨像。② 当人们注意到他的禁欲和自我节制时,都认为他是一个不动情的铁人,因为他穿着一件破斗篷,光着脚,③ 认为高卢的冬天是奢侈之最,他会在莱茵河快结冰时喝河里的水。实际上,他就这样度过一生,从未喝醉过。

君士坦斯一世派他去罗马,因为他想向那里的人展示他麾下有什么样的伟人。但是,他完全超越一般人,以至于罗马民众无法选择任何一种独特品质来赞赏他。所以,他们只能一个接一个

---

① 指对演说主题的不断细分。
② 此处似乎是对菲洛斯特剌托斯《智术师列传》589 处的模仿,那里叙述的是智术师哈德里安对不懂希腊语的罗马听众造成的影响。
③ 这里兴许是模仿柏拉图《会饮》220a—b 对苏格拉底的描述。

赞赏他的伟大品质,并依次得到他的认可,并为他树立一个真人大小的铜像,题词如下:众城之主罗马向雄辩之王致敬。①

普罗海勒西乌斯返回雅典时,君士坦斯一世允许他索要一份礼物。他要求配得上他品质的礼物,即要求几个小岛向雅典提供谷物供应。君士坦斯一世不仅允准这个请求,而且通过任命他为粮食供给官(stratopedarch)授予他最高荣誉,② 以免有人对他从国库中获取如此巨大的财富感到不满。不过,需要大区长官批准这份礼物,因为这位长官刚从高卢抵达不久。

因此,在我刚刚叙述的雄辩竞赛之后不久,普罗海勒西乌斯去见阿纳托利乌斯,恳求他批准这份礼物,不仅召集自己修习智术的追随者为这份礼物辩护,还召集希腊几乎所有受过教育的人。由于大区长官访问雅典,全希腊几乎所有受过教育的人皆齐聚雅典。会场人头攒动,普罗海勒西乌斯号召他的拥护者发言,大区长官却违背在场人的期望,因为他想测试普罗海勒西乌斯即兴演说的能力。他说道:

> 普罗海勒西乌斯,开始演说吧!因为当你在场时,任何人都没资格讲话和赞美皇帝。

因此,普罗海勒西乌斯就像一匹战马在平原上驰骋,③ 开始赞美皇帝的那份礼物,引证克琉斯(Celeus)和特里普托勒摩斯(Triptolemus),得墨忒耳(Demeter)是怎样寄居在他们中间,

---

① 利巴尼欧斯《书信集》278 提到这尊雕像。
② 这个官职原初是军事官职,负责军队粮食供应,此时已成为城市粮食供给官,对照尤利安《君士坦提乌斯颂》,8c。
③ 一则谚语,对照柏拉图《泰阿泰德》,183d。

从而将谷物作为礼物赐予他们。① 通过这个著名故事，他称赞君士坦斯一世的慷慨，赋予这个古代传说以辉煌和尊严。他在演说时，手势更加生动，对主题的处理全面展示了他的修辞技艺。最后，他获得他所要求的荣誉，这一事实说明他的口才的确名不虚传。

普罗海勒西乌斯的妻子来自小亚细亚的特拉勒斯城（Tralles），名叫阿姆斐克莱亚（Amphiclea）。[493] 他们育有两个女儿，年龄相差无几。可是，当她们到达可爱迷人的年纪，她们的父母高兴得心灵震颤时，竟短短几天内相继离世。普罗海勒西乌斯的悲痛几乎动摇他哲人的沉思。然而，米勒西乌斯的音乐才能克服了这一危机，通过创作出可爱的乐曲，尽他的一切魅力愉悦他的朋友，普罗海勒西乌斯重新恢复理智。

罗马人要求他派一个弟子到他们那里去，普罗海勒西乌斯派了欧西比乌斯，他是亚历山大里亚人。欧西比乌斯似乎特别适合罗马，因为他知道如何取悦和逢迎大人物，而在雅典他被视作煽动家。普罗海勒西乌斯也希望通过派出一个政治演说能力卓越的弟子来增加他的声望。至于欧西比乌斯的演说天赋，可以说，他是一个埃及人，这个民族从感情上热爱诗艺，与赫尔墨斯激发的

---

① ［译注］依照希腊神话，克琉斯是厄琉西斯国王，与妻子墨塔涅拉育有多名子嗣，其中最著名的有特里普托勒摩斯和得摩丰。得墨忒耳化身老妪寻找女儿珀耳塞弗涅的时候，受到克琉斯的热情接待。作为报答，她答应照顾他的儿子得摩丰和特里普托勒摩斯。由于得墨忒耳对他们的照顾非常满意，决定将得摩丰变为不朽之神。她用神圣的油脂涂抹在他的身上，将他抱在怀中向他吹气，并且每天晚上将他偷偷置于家中的火炉里，如同木炭一般煅烧，以将其属于尘世的精神烧去。有一天，得墨忒耳正在烧灼得摩丰之时，不幸被墨塔涅拉撞见，可怜的母亲无法抑制惊悚之情大声嘶叫起来。得墨忒耳因为愚昧的凡人无法理解她神圣的仪式而十分恼火，转而教给特里普托勒摩斯以农耕技术的秘密，让后者来教化所有的希腊人民。

严肃研究无缘。他还有一个敌手,名叫穆索尼乌斯(Musonius),这个人曾跟随他学习智术。我在《天下史》中详细叙述过这个人。当穆索尼乌斯起而反对他时,欧西比乌斯清楚知道他要对付什么人,所以很快转而练习政治演说。

尤利安皇帝统治期间,普罗海勒西乌斯被拒之于教育领域之外,因为他是基督徒。他观察到,厄琉西斯的大祭司就像德尔斐的三角鼎,向所有需要预言未来事件的人开放,他通过奇妙的手法骗到那一预言。尤利安皇帝为了希腊人的利益测量全国土地,以减轻他们的税收压力。于是,普罗海勒西乌斯要求厄琉西斯大祭司问神,这种善行是否会一直持续。大祭司宣布,这种善行不会一直持续,普罗海勒西乌斯以这种方式知晓未来的情形,从而鼓足勇气。

我16岁抵达雅典成为他的学生,普罗海勒西乌斯就待我如子。跟随普罗海勒西乌斯学习5年后,我准备前往埃及,但是我的父母强迫我返回吕底亚。所有人都劝我成为智术师。之后不久,普罗海勒西乌斯里去世。如我所述,他是一位伟大而有天赋的人,他的演说和学生让他名满天下。

11

厄琵法尼乌斯(Epiphanius,公元315—403年)是叙利亚人,他在区分和定义有争议的主题方面非常杰出,但作为一个演说家,他懒散而软弱。作为普罗海勒西乌斯的对手,他的确赢得盛誉。因为人类不满足于敬重一个人,而是喜欢嫉妒,完全是嫉妒的奴隶,以至于当一个人远超其他人之上时,他们会树立另一个人作为他的对手,[494]就像物理学那样,从对立面获得控制原理。厄琵法尼乌斯没有活到高寿,而是死于血液中毒。他的妻子非常美丽,也遭受同样的命运。他们没有孩子。我没有见过厄琵法尼乌斯,因为我前往雅典学习之时,他已去世很久。

12

狄奥法图斯也是阿拉比亚人,他硬挤进修辞大师的行列。我刚刚提到的人类的同一种嫉妒将他树立为普罗海勒西乌斯的另一个对手,仿佛有人拿卡利马科斯(Callimachus)对抗荷马。① 普罗海勒西乌斯一笑置之,他拒绝严肃看待人类及其缺点。我认识狄奥法图斯,经常听他在公开场合演说。但我认为不适合在这本传记中引用他的任何演说或我记得的片段。因为这部传记是记述值得记述之人,而不是要讽刺。据说他发表过一篇葬礼演说纪念普罗海勒西乌斯(因为普罗海勒西乌斯先于他去世)。人们说,他以关于萨拉米斯海战和针对米底人的战争的话结束演说:"马拉松和萨拉米斯,现在已被你们遗忘!你们失去的是吹响光荣胜利的号角!"狄奥法图斯育有两个儿子,他们热衷于奢靡生活和挣钱。

13

我经常听索波利斯(Sopolis)的演说。他是一个竭尽全力模仿古人风格的智术师,竭尽全力达到缪斯的水平。但是,尽管他孜孜不倦敲缪斯的大门,那扇大门却很少对他打开。② 即使它真的打开一条缝隙,那也不过是从里面漏出的神圣灵感的微弱火

---

① [译注]卡利马科斯是公元前三世纪的希腊诗人和学者。
② 关于这个比喻,对照希美瑞欧斯《演说辞集》,61.1。

花。但是，这时他的听众就会激动得发狂，因为他们无法平静地接受哪怕一滴从卡斯塔利亚（Castalia）泉挤出的水。索波利斯有一个儿子，据说也成了修辞学学者。

14

希美瑞欧斯（Himerius，公元310—390年）是比提尼亚人，我从未见过他，尽管他与我生活在同一时代。他前往尤利安皇帝的宫廷，在尤利安面前发表演说，希望能让皇帝支持他，厌恶普罗海勒西乌斯。尤利安驾崩后，希美瑞欧斯在国外度过余生。普罗海勒西乌斯一去世，他就前往雅典。他是一个和蔼和亲、悦耳的演说家。他沉着的文笔具有政治演说的气势和韵味。有时候，他能达到神样的阿瑞斯忒德斯的高度，尽管此种情形很罕见。希美瑞欧斯育有一女。他死于那种神秘的疾病（ἱερᾶς νόσου），① 这种病在他年老时击倒了他。

15

帕纳西乌斯（Parnasius）也生活在同一时代，是一名修辞大师。他的学生不是很多，尽管如此，他还是赢得一定的名声。

---

① 即癫痫。

利巴尼欧斯传

16

[495] 利巴尼欧斯（Libanius）出生于安条克，此城是所谓的科勒叙利亚的首府。① 此城由绰号"胜利者"的塞琉古一世（Seleucus，公元前358—281年，前305年—281年在位）建立。利巴尼欧斯出身贵族家庭，属于第一等级的市民。他很年轻时就是自己的主人，因为他的父母去世得早，② 然后前往雅典求学。③ 尽管他来自叙利亚，却没有跟随厄琵法尼乌斯读书，后者当时极负盛名；他也没有加入普罗海勒西乌斯的学园。之所以如此，可能是他受到阻碍，部分是被一大群同门弟子阻碍，部分是被老师们的名声阻碍。

他掉进狄奥法图斯的学生设计的圈套，④ 因此成为这位智术师的学生。据跟利巴尼欧斯关系亲密之人讲，他在雅典求学时，很少参加学校的讲座和会议，几乎不麻烦他的导师。不过，他凭

---

① 利巴尼欧斯有自传，见《演说辞集》，1。
② 对照利巴尼欧斯《演说辞集》，1.12。
③ 公元336年。
④ 对照利巴尼欧斯《演说辞集》，1.16和1.20。

着自己努力专注于修辞术研究,刻苦勤奋钻研古代作家的风格,以此塑造他自己的精神和演说。那些瞄准目标投标枪的人,有时能成功射中,他们若持之以恒勤奋练习运用武器,就能掌握远距离直射的实用技能,而非掌握正确的知识。利巴尼欧斯就以同样的方式,凭借热情和比较古代作家以便模仿,紧密追随最卓越的古代楷模。

通过追随正确的楷模,紧跟古代伟人的步伐,他收获颇丰。他对自己的口才非常自信,相信自己能与任何以口才为荣的人匹敌。他决心不让自己埋没在一个小城,不想让世人对他的尊敬落到安条克的水平。因此,他渡海到君士坦丁堡,彼时君士坦丁堡刚刚达至伟大,正处于鼎盛时期,需要用行动和言辞来装饰。利巴尼欧斯很快在君士坦丁堡成为一颗耀眼的星,因为他证明自己是一个值得敬重和令人愉悦的教师,他的公共演说极富魅力。但是,他受到一项诽谤性指控,说他与学生有牵连。我不允许自己记下这一指控,因为我的这部传记只记述值得记述的东西。由于受到指控,利巴尼欧斯被逐出君士坦丁堡,[①] 定居尼科米底亚。但是,那项诽谤性的指控也跟到尼科米底亚,顽固地缠着他,所以,他再次很快被逐出尼科米底亚。[②] 不久,他返回他的出生地安条克,在那里度过余生。[③] 不过,他的余生非常漫长。

尽管我在叙述尤利安皇帝统治的书中,恰切地讲过利巴尼欧

---

① 利巴尼欧斯公元340年前往君士坦丁堡,342年离开,参《演说辞集》,1.26-29,1.47。没有任何材料提到此处所谓的诽谤性指控。

② 利巴尼欧斯说,他在尼科米底亚的5年是他一生中最幸福的时光,参《演说辞集》,1.51。

③ 厄乌纳皮欧斯忽略了利巴尼欧斯第二次旅居君士坦丁堡。公元349年,利巴尼欧斯重返君士坦丁堡,353年返回安条克定居,大概约393年去世。

斯的一生，不过我现在仍要详细介绍一下。凡与他交往、跟随他学习的人，没有一个离开时不被他的魅力折服。因为他一眼就能洞察每个人的性情，了解他们灵魂的善恶倾向。的确，他很善于让自己和各种人打成一片，以至于水螅跟他比起来，都显得很蠢。① 每个和他交谈的人都能在他身上看到另一个自己。

[496] 凡是有过这种经历的人，总说他是人类各种性情的一幅图像或蜡像。在一群形形色色的人中间，谁也看不出他到底喜欢谁。因此，那些追求彼此对立的生活方式的人，都会称赞他那些彼此对立的品质，而且每个人都深信利巴尼欧斯赞赏的观点也是他自己的观点。他真是有各种面相，所以对所有人来说，他是那么十全十美。他也逃避婚姻，尽管实际上有一个妇人与他同居，不过她的社会地位要比利巴尼欧斯低。②

他的模拟练习演说，全无雄辩风格的力量，不够生动，缺乏灵感，因此他没有当老师的特质。③ 实际上，他忽视最普遍的演说法则，连学童都知道这些东西。但是，他的书信和类似的作品，成功达到古代楷模的水平。他的这类作品极富魅力和幽默机智，一种精致的优雅弥漫其中，为他的雄辩增色。此外，所有叙利亚—腓尼基人一般交往中表现出来的独特魅力和愉悦，人们也可以在利巴尼欧斯的博学之外，在他身上找到。我指的是阿提卡人称之为敏锐的嗅觉或文雅的机智的品质。④ 这是他培育的真正教养的花朵和桂冠。事实上，他的表达风格完全借鉴自古代谐剧，并且善于表现出令人愉悦的表面，足以迷惑人的耳朵。

---

① 水螅的适应性是公认的常识。对照路吉阿诺斯《海神对话》(*Dialogues of the Sea—Gods*)，4；菲洛斯特剌托斯《智术师列传》，487。
② 对照利巴尼欧斯《演说辞集》，1.12。
③ 对照利巴尼欧斯《演说辞集》，1.20。
④ 对照朗基努斯《论崇高》，34.2。

在他的演说辞中，可以发现最深邃的学识和最广泛的博学，也会遇到与众不同的阿提卡表达和词汇。例如，他不会略掉欧波利斯（Eupolis）、莱斯博迪亚斯（Laispodias）和达马西阿斯（Damasias）对"树"的称呼，他本来知道当今的人们如何称呼这些树。不管何时，只要他发现某个奇怪的表达因其太过古老已被弃用，都会净化这个表达，仿佛那是古代的神圣遗迹。他擦去它的灰尘，重新装饰一番，用一个全新的主题和恰当的情感将之表现出来，就像一位暴发户女主人娇媚的奴隶和女仆，将她衰老的痕迹抚平磨光。由于这些原因，神圣的尤利安也敬重他，敬重他演说的魅力。他的大部分作品仍在流通，任何智识人只要一本接一本读，都会折服于它们的魅力。

利巴尼欧斯还有管理公共事务的才干。在公共演说之外，他会自信地承担和轻松地创作一些更合适取悦剧场听众的作品。后来的皇帝赐予他最高荣誉——他们命令他使用大区长官的荣誉头衔——被他拒绝，他说智术师的头衔更受敬重。这的确是他的功劳，尽管他是一个非常渴望名声的人，但仅让自己享有一位演说家才能赢得的名声，认为其他任何荣誉都庸俗和卑贱。利巴尼欧斯以高寿去世，留给世人对他的天才最深的敬重。我本人并不认识他，因为不幸的命运总是设置这样或那样的障碍，阻挠我与他相识。

17

[497] 阿卡西乌斯（Acacius）出生于巴勒斯坦的凯撒里亚，① 他与利巴尼欧斯生活在同时代。没有人比他更具智术的力

---

① 此人实际上是腓尼基人，只是在凯撒里亚教书。

量和灵感,他的遣词造句铿锵有力,而且善于模仿古代经典作家。他与利巴尼欧斯同时成名,推翻对手的霸主地位,凭借强大的实力保住了自己的优势。因此,利巴尼欧斯写了一篇《论天赋》(*On Genius*)的短篇文章,① 献给阿卡西乌斯。利巴尼欧斯在这篇文章中,明确将他的失败归因于阿卡西乌斯的伟大天才,同时也证明自己的地位和使用博学词汇的准确性,他仿佛不知道荷马并非对诗句的每个音步都煞费苦心,② 而是自始至终努力确保表达之美和韵律之美;仿佛不知道菲狄阿斯(Pheidias)从未想过伸出手为他的女神赢得赞美;仿佛不知道他们一个在人们的耳朵上,一个在人们的眼睛上实施专政;仿佛不知道他们成功的原因无法发现,或很难界定,就像面对美丽可爱的身体,并非所有人都欣赏同样的地方,而被美俘虏的人也不知道是什么俘虏了他。因此,阿卡西乌斯迅速跻身一流演说家之列。但是,在赢得巨大声誉后——看起来取得的成就将远超利巴尼欧斯,阿卡西乌斯竟年纪轻轻去世。如果他得享高寿,所有人,至少真正热爱学问的人对他的敬重不会低于利巴尼欧斯。

18

尼姆斐底安努斯(Nymphidianus)是士麦那人,他有两个兄弟,一个是哲人马克西姆斯,另一个是克劳迪安努斯(Claudianus),后者也是一位非常杰出的哲人。尼姆斐底安努斯尽管从未在雅典求学,却在修辞技艺方面证明配得上智术师称号。尤利安皇帝将草拟皇帝诏令的任务交给他,任命他为皇帝秘书,他用希

---

① 这篇文章已散佚。
② 对照普鲁塔克《年轻人应当如何聆听诗歌》(*Quomodo quis suos*),80d。

腊语替皇帝写信。① 尼姆斐底安努斯在创作模拟示范演说（μελέτας）和把握演说主题方面技艺高超，② 但是演说竞赛（προάγωσι）和哲学辩论不是他的长项。他得享高寿，远远超过他的兄弟马克西姆斯。

---

① 参菲洛斯特剌托斯《智术师列传》，607。
② ［译注］μελέτη指修辞教师为给学生授课所写的演说习作。

智术师—医生合传

19

那时①有很多著名医生,其中塞浦路斯的芝诺(Zeno of Cyprus)建立了一个著名的医学学派。② 芝诺一直活到智术师尤利安努斯的时代,在他之后,同时代人普罗海勒西乌斯成为他的继承者。普罗海勒西乌斯将自己的医术训练得和演说术一样好。普罗海勒西乌斯的学生们有的从事演说术,有的选择医术,有的二者兼修。不过,不管是继承他的医术还是他的演说术,他们都在言辞和事迹两方面非常成功。

20

玛格努斯(Magnus)出生于幼发拉底河边的那座安条克城,现在叫作尼西比斯。他曾是芝诺的学生,为了让他的修辞拥有力量,他借用亚里士多德关于身体有选择意志的理论($τῶν σωμάτων$

---

① 尼姆斐底安努斯和克劳迪安努斯兄弟生活的时代。
② 关于芝诺的声誉,参尤利安《书信集》17。

τῶν προαιρετικῶν φύσει)，① [498] 迫使医生在修辞问题上保持沉默。不过，人们更多认为他是一个演说家，而非一个医生。古代作家记载道，阿基达马斯（Archidamus）被问他是否比伯里克勒斯更强大，他回答说："不，即使我把伯里克勒斯摔倒，他也会通过宣传他没有被摔倒而夺走胜利。"② 玛格努斯常常以同样的方式证明，其他医生治好的病人仍在生病。

那些恢复健康之人尽力表达他们对医生的感激之情，玛格努斯则在谈话和提问方面胜过其他医生。他在亚历山大里亚有一所公共学园，前往那里参加他讲座的人，要么只是想亲眼见见他以表达崇拜之情，要么是钦佩他的教诲。这一点他们从未失望过，因为他们要么能获得轻松流利表达的能力，要么通过勤奋钻研获得一些实践能力。

21

奥利巴西乌斯（Oribasius，公元320—400年）出生于帕加马，实际上这要归功于他的名望，正如那些出生在雅典的人：每当有人赢得雄辩之名，就传言说他们的缪斯是阿提卡人，他们的楷模出自阿提卡。奥利巴西乌斯出身于父母两系皆很好的家庭。他很小就非常优秀，掌握有助于美德和完善美德的各种知识。他刚接近于成年，就追随塞浦路斯的芝诺求学，成了玛格努斯的同门师弟。但他胜过玛格努斯，玛格努斯需绞尽脑汁表达想法，而他天生就擅长这一点。同时，他争取在医学上达到一流，以便在

---

① 玛格努斯似乎是一名基督教医生，他借用亚里士多德《尼各马可伦理学》iii.2处审慎选择目的的理论，说服病人他们能自主决定是健康还是生病。

② 对普鲁塔克《伯里克勒斯传》8处的模仿。

一个凡人有可能向神靠拢的范围内，仿效他故乡的保护神。① 由于奥利巴西乌斯年纪轻轻就享有盛名，尤利安被提升为凯撒时，他作为私人医生随侍左右。他在其他方面也非常卓越，帮助尤利安成为皇帝。不过，我在叙述尤利安统治的书中，已经详细记述过这些事件。

然而，正如俗语所说，"百灵鸟皆有冠"，所以奥利巴西乌斯也有嫉妒他的敌人。由于他非凡的名望，尤利安之后的皇帝们剥夺他的财产，还想取他的性命，但不敢这么做。然而，他们用其他方法犯下他们羞于公开犯下的罪行。他们将他流放到蛮夷那里，就像雅典人常常将他们中德高望重之人逐出雅典。不过，雅典的法律只允许雅典人将德高望重之辈逐出雅典，除此之外，没有更进一步的惩罚。然而，尤利安之后的皇帝们在放逐奥利巴西乌斯的同时，又规定将他流放到最野蛮的蛮夷那里，让蛮夷成为他们的阴谋的执行者。

但是，奥利巴西乌斯在被扔到敌国后，仍表现出伟大的美德。这些美德不限于此地，或受所在的民族的生活方式的限制，而是展现出稳定和永久的独立性，不管何时何地都表现一样，就如我们所知的数字和数学真理一样永恒。［499］他立即在蛮夷统治者的宫廷赢得极大声望，并成为一流人物。自始至终，他在罗马帝国都广受敬重，蛮夷则像敬拜神一样敬拜他，因为他治好一些患有陈年旧疾之人，又把一些濒临死亡之人救活。的确，他所谓的不幸又变成他的好运的原因。因此，皇帝们放弃对抗奥利巴西乌斯显出的强大力量，允许他从流放中返回。

获准返回罗马帝国后，他尽管不是很富有，因为他唯一拥有的财富就是他的德性，却娶了一位出身名门、既富有又高贵的妻

---

① 指医神阿斯克勒皮奥斯。

子。他们育有四个孩子，到现在还活着，希望他们都高寿！我写作这部传记时，奥利巴西乌斯还在世，愿他长命百岁！不仅如此，他还得到后来的皇帝的同意，以早期判决不公正为由，从国库中收回他原先被剥夺的财产。如此，智慧始终与他同在。但凡任何真正的哲人见到奥利巴西乌斯，与他交谈，都会学到他应该敬重的东西。他身上散发出的和谐与魅力，在与他的交往中体现得淋漓尽致。

22

伊奥尼库斯（Ionicus）是萨尔迪斯人，他的父亲也是著名医生。作为芝诺的学生，伊奥尼库斯非常勤奋，医术高超，赢得奥利巴西乌斯的敬重。他在医学理论和实践及其所有分支获得最高技艺后，在每一次治病经历中都表现出独特的能力，对人体解剖了如指掌，同时致力于研究人的本性。因此，他理解现存的每种药物的组成和混合，掌握最熟练的医生用来治疗伤口的各种膏药和敷料，无论是止血还是消除伤口上的污秽。此外，他在包扎受伤的肢体、截肢或解剖方面也很有创造力，是这方面的专家。他对所有这些技艺的理论和实践都了如指掌，甚至那些为自己的医术而自豪的人也对他知识的准确惊讶不已，公开承认，通过与伊奥尼库斯交谈，他们才真正掌握前辈医生所说的准则，从而能应用它们，尽管在这之前，这些准则众所周知，但它们的含义已完全模糊。

这就是伊奥尼库斯在医术方面的成就，不过他也精研哲学的各个分支和两种预言术。一种预言术是为了有益于医学才赐予人，如此医生们就能诊断各种疾病。另一种预言术源于哲学，仅限于那些有能力接受和保护哲学的人，并只在他们中间传播。伊奥尼库斯还精准透彻地研究修辞术、演说术，同时对诗艺也有所染指。这部传记完成之前不久，伊奥尼库斯去世，留有两个儿子，他们都值得敬重和铭记。

还有一个医生名叫忒翁（Theon），他大约于同一时期在高卢享有盛名。

克律桑提乌斯传

23

[500] 我现在必须再次从我中断的地方回到哲人身上。这部传记因克律桑提乌斯而起,他从我孩提到最后一直教育我,仿佛写这部传记是某种法律义务。然而,我不会仅仅为了表达感激而赞美他。由于他尊崇真理胜过一切,并首先教导我这一点,所以我不会玷污我从他手里得到的礼物。我将节制我的叙述,少谈一些真理,因为这是我们达成的协议。

克律桑提乌斯是元老级别,是他的城市出身最高贵的人。他的祖父叫英诺森提乌斯(Innocentius),后者积攒起相当规模的财富,获得的声望远超一般市民,以至于当时在任的皇帝委托他编撰法典。实际上,英诺森提乌斯的某些作品仍存世可见,它们部分用拉丁语写成,部分用希腊语写成,是他那公正而深刻的思想的见证。它们包含了对这些主题的综合处理,以使对它们感兴趣的人受益。

克律桑提乌斯年轻时,父亲就去世了。也是从那时起,他就由于天性的神圣品质,钟爱哲学,独自前往帕加马,跟随著名的埃德希乌斯学习。当时,埃德希乌斯正处于教学能力的巅峰,克律桑提乌斯求知若渴，张大嘴巴狂饮埃德希乌斯伟大而独一无二的智慧，永不疲倦地聆听埃德希乌斯的讲座，专心致志于学习，显示出他是首屈一指的人物。他有一副不屈不挠、坚如磐石的体格，能经受各种严酷的训练。他对柏拉图和亚里士多德的学说如数家珍后，转向别的哲学学派，深入研究各个哲学分支。

当他精熟演说术这门学科，通过不断练习完全掌握这一领域进行即兴演说的能力，开始很自信地在公共场合演示他训练有素的天才。因为他非常清楚什么该说、什么不该说，这赋予他辉煌且令人印象深刻的修辞能力，帮助他在困难时赢得胜利。接着，他全身心探究诸神的本性和毕达哥拉斯倾注心血的那种智慧，如毕达哥拉斯的弟子阿尔库塔斯（Archytas）、泰安那的阿波罗尼欧斯以及那些将阿波罗尼欧斯当作神敬拜的人那样专心致志，这些人都似乎是仅有一具躯体、必死的凡人。克律桑提乌斯废寝忘食地致力于哲学研究，牢牢抓住每个哲学分支的第一原理，以之作为自己的指导。因此，如柏拉图所说，他灵魂的羽毛让他得到极大启迪和提升，结果他在智慧的每个分支都达至完美，并且精通所有预言术。因此，我们可以说，他与其说是能预见未来的事件，不如说他准确地洞察和理解一切，仿佛与神同在。

花了相当多时间在这些研究上，与马克西姆斯合作完成最艰巨的任务后，克律桑提乌斯离开他的合作者。[501] 因为马克西姆斯天性善妒和顽固，并且直接反对诸神给出的征兆，不断强求更多的征兆。克律桑提乌斯则相反，他会利用第一次显现的征兆，然后通过逐渐推导，进而改变已经出现的迹象。如果他得到想要的征兆，他就遵守；如果没有得到，他就调整他的决定，以适应可能出现的任何情况。

例如，当尤利安皇帝召唤他和马克西姆斯一同前往君士坦丁堡，尤利安派来护送他们的卫兵毫不客气地采用色萨利人的强悍方式，他们二人就这件事求问诸神。神非常直白地反对他们前往，任何人，就是一个商人都能明白无误地判断征兆的含义。但是，马克西姆斯迟迟不愿离开那些牺牲。献祭仪式完结后，他不停哀号哭泣，恳求诸神赐予他不同的征兆，改变命定的进程。马克西姆斯固执地多次献祭，总是歪曲克律桑提乌斯给出的解释，最终他凭自己的意志和心意解释神的启示，牺牲只给出他愿意接受的征兆。然后，马克西姆斯踏上不幸的旅程，那次旅程是他所有麻烦的根源，而克律桑提乌斯待在家，[没有前往]。

首先，尤利安皇帝对马克西姆斯的迟到很恼火；其次，我认为尤利安猜到部分真相，即克律桑提乌斯本来不会拒绝召唤，如果他没有注意到即将发生之事的不祥预兆。因此，皇帝写信给克律桑提乌斯，再次召请他前往。皇帝的信不单单是写给克律桑提乌斯一人。在一封特别的信中，皇帝力劝克律桑提乌斯的妻子帮他说服她的丈夫。克律桑提乌斯再次求助诸神，诸神仍给出同样的答复。当这样的事重复几次后，皇帝也被说服。然后，克律桑提乌斯被任命为吕底亚的高级祭司，因为他清楚知道会发生什么，履行职务时并不粗暴。

他不像其他人匆忙狂热地建造神庙，也没有严厉处罚过任何基督徒。由于他性情温和，整个吕底亚的神庙恢复工作几乎没有进行。无论如何，当他提出不同的政策时，似乎没有什么本质创新，也没有任何重大普遍的变化，而是一切都在友好的氛围中趋于平缓，变得平静祥和。由于这些做法，只有他一个人赢得赞赏，而其他人却被暴风雨吹得七零八落。因为，突然间有些人吓得惊慌失措，而先前被打败的又再次变得尊贵。尽管如此，克律桑提乌斯还是赢得人们的敬重，因为他不仅善于预测未来，而且正确地运用他的预见。

这就是克律桑提乌斯的整个性情，不管他是柏拉图的苏格拉底再世，还是仿效苏格拉底的抱负，他从少年时代起就认真依照苏格拉底塑造自己。他具有一种质朴无华、难以言表的纯粹，并且他的言谈有所表现，他说的每一个字都有一种使听者陶醉的魅力。与人交往中，他对每个人都和蔼可亲，所以每个离开他的人都确信克律桑提乌斯偏爱自己。[502] 就如人们关于俄耳甫斯的说法，俄耳甫斯最迷人、最甜美的歌曲轻柔流畅地流淌，潜入所有人的耳朵，甚至触动缺乏理智的动物，克律桑提乌斯的口才也是如此，被调制得适合所有人，与各种不同的性情相适应。

但是，让他参加哲学讨论或辩论的确不容易，因为他认为在这样的竞赛中，人会变得心怀怨恨。没人能轻易听到他炫耀自己的学问，或因学问而自命不凡，或对他人傲慢。相反，他通常很尊重别人的见解，即便他们的评论毫无价值，他甚至会为不正确的见解鼓掌，即便他没有听到前提假设，也会自然倾向于赞成，以免伤害到任何人。如果一群有学问的人争执某些问题，他认为应该参加讨论，那地方就会安静下来，仿佛那里没有一个人。

其他人非常不愿意面对他的提问、他的定义以及凭记忆引经据典，以至于会退出讨论，小心翼翼地避免讨论或矛盾，以免失败太过明显。许多对他只是略知一二、根本没有深入他的灵魂的人，指责他智慧欠缺，仅称赞他温和的性情，但是当他们听他讨论一个哲学主题，展开他的观点和论证，他们就会得出结论：克律桑提乌斯是一个与他们自以为认识的完全不同的人。辩证法论辩会让他激动得仿佛变了一个人，他的头发会竖起来，眼睛表明他内在的灵魂一直在围绕他说出的观点起舞。

克律桑提乌斯活到很高寿的年龄。在他漫长的一生中，除了关心他自己的家庭和农庄以及靠诚实赚到的金钱，毫不关心一般的人类事务。他比别的富人更容易忍受贫困，此外他的饮食非常朴素，从不挑拣食物。他从没吃过猪肉，其他肉类吃得很少。他以最大的勤勉和虔诚敬拜诸神，从未放松阅读古代作家的作品。到了老年，他仍与年轻时一样。80多岁时，他亲手写的书比别人年轻时读过的书都多。由于不断工作和运用，他写字的手指末端变得弯曲。工作完成后，他就站起来与我一起在大街上散步消遣，会悠闲地散步很长时间。这时，他会讲一些有趣又令人愉快的故事，以至于不知不觉走得双脚酸痛。克律桑提乌斯很少沐浴，但他总是看起来刚刚沐浴过。他与那些当权者交往时，如果他看起来过分无拘无束，这不是由于他傲慢或骄傲，相反应该理解为他是对权力和权威的本性完全无知的纯朴之人。他跟这类人交谈时，语言非常亲切风趣。

克律桑提乌斯在我年幼时教我读书，当我从雅典返回吕底亚后，他对我的仁善没有丝毫减少，相反一天比一天增加。[503]他对我的影响如此之大，以至于我一大清早就与学友讨论修辞术，指导那些渴望学习修辞术的人。中午过后不久，我又到克律桑提乌斯那里，在他指导下学习神的学说和哲学学说。这种生活持续多年，在此期间，老师从未厌倦教诲他忠实的崇拜者，对接受他教诲的我来说，这项任务就像过节。

当基督教不断壮大、逐渐篡夺所有人的思想时，过了很长一段时间，有一位名叫尤斯图斯（Justus）的小亚细亚行省总督从罗马来。尤斯图斯正值壮年，品质高贵且美好，尚未抛弃祖先的古老仪式，他是那种快乐且有福的敬拜形式的热心信徒。他经常光顾神庙，完全服膺各种占卜，并为他对这些事物的热情和修复神庙方面的功绩感到非常自豪。尤斯图斯跨海到君士坦丁堡，当他发现那里的首席官员希拉里乌斯（Hilarius）也一样对祖先的仪式充满热情，于是在萨尔迪斯凡是没有祭坛以及能找到遗迹的地方建造临时祭坛，力图着手重建神庙。公开献祭后，他派人召请学问上有名望的人。这些人来得很快，因为他们敬重尤斯图斯，部分是因为他们认为这是展现自身能力的机会，部分是相信他们自己的奉承力量，就像相信他们自己的学识一样，希望通过这种方式获得荣誉和财富。

因此，当尤斯图斯举行公共献祭时，他们全都在场，我当时也在场。尤斯图斯亲自献祭，目不转睛地盯着以各种姿势躺着的牺牲，他问旁观者："牺牲以这样的姿势躺着，意味着什么？"逢迎者热情地赞美，说他能从牺牲的姿势预见未来，吹捧说他是唯一拥有这种知识的人。但是，那些比较高贵的人用指尖捋着胡子，脸上现出严肃的表情，凝重地摇头。他们凝视着躺在地上的牺牲，每个人都提出不同的解决方案。尤斯图斯无法抑制地大笑，转而对克律桑提乌斯大吼道："尊敬的先生，你怎么看？"

克律桑提乌斯平静地回答，他反对这个过程。克律桑提乌斯说：

> 如果你也希望我发表看法，首先，如果你真的理解占卜之法，告诉我这是哪种占卜法，它属于哪种占卜，你在哪里学到，用什么方法学到。如果你告诉我这些，我就告诉你这些预兆的含义。除非你告诉我这些东西，因为诸神已经揭示未来，否则我不会回答你的问题，不会回答你的探询，不会谈论未来，不会将未来和刚刚发生的事情联系起来。因为这样会一次提出两个问题，但没有人会同时提出两个或更多的问题。[504] 当事物有两个不同的定义时，一个解释不足以应对。

尤斯图斯然后大声说，他学到了一些以前不知道的东西，他以后会私下请教克律桑提乌斯，汲取他的知识。

也有其他有智慧之名的人，被克律桑提乌斯的名声吸引，赶来与他切磋。但是，不管这种切磋何时发生，当他们离开时，都确信他们无法赶上克律桑提乌斯的演说天赋。这事就发生在加拉太的赫勒斯滂提乌斯（Hellespontius of Galatia）身上，他是一个各方面都很有天赋的人。如果没有克律桑提乌斯，他将会证明自己配得上第一名。他非常热爱学问，甚至于到天下各地旅行，希望能找到一个比他更博学的人。他带着高尚的言行来到萨尔迪斯，享受与克律桑提乌斯交往的乐趣。不过，这一切都是后来发生的。

克律桑提乌斯有一个儿子，埃德希乌斯去世后，他给这个儿子取名埃德希乌斯。从孩童起，小埃德希乌斯就是一个长着完美羽翼的人，如柏拉图所描述的，人的灵魂有两匹马，小埃德希乌斯的灵魂只有那匹好马，他的理智从未衰退。他是一个勤奋的学生，头脑敏锐，勤于敬拜诸神。他彻底地从人的弱点中解脱出来，虽然仍是一个凡人，却拥有完整的灵魂。无论如何，他的身体在运动时如此轻盈，以至于看起来不可思议，需要真正的诗人来描述它升得有多高。

他与诸神的亲密关系是如此不拘礼节和亲近，以至于他只要把花环戴在头上，抬头凝望太阳，就会立刻说出一贯无误、受神最完美的模型启发的神谕。他既不懂写诗的艺术，又没有受过语法训练。尽管他在一生中从未生过病，还是在20岁左右时就去世。面对这一不幸，他的父亲显出他是一个真正的哲人。不管是巨大的灾难让他变得冷漠，还是他为儿子有福的命运狂喜，事实上他［不为丧子之痛］所动。孩子的母亲也模仿他的父亲，超越一般女人的天性，没有哭天抢地地哀号，她承受悲痛的方式得到应有的尊严。

这些事情过去后，克律桑提乌斯继续他惯常的研究。当很多重大的公共灾难和骚乱降临,吓得所有人魂飞魄散之时,只有克律桑提乌斯岿然不动,镇静如常,以至于有人可能会认为他活在另外一个世界,而非大地之上。大约在这时,赫勒斯滂提乌斯来见他,二人会面和交谈,尽管只是略有拖延。他们会面后,赫勒斯滂提乌斯被克律桑提乌斯漠视一切的生活迷住,准备与克律桑提乌斯一同生活,通过跟随他学习,恢复自己的青春活力。因为他很懊悔如此长时间生活于惊惧中,没有学到任何有益的知识,就垂垂老矣。因此,他全力以赴追求这个目标。

碰巧克律桑提乌斯必须按他的习惯切开一条静脉,我当时依他的意也在场。[505]医生们提出应让血液自由流出,我基于正确的治疗方法,认为放血毫无道理,命令停止放血。我这样做是出于我有充分的医学知识。赫勒斯滂提乌斯听说发生的事,立即赶来,愤愤不平地大声恸哭道,一个年龄如此大的人从胳膊上放这么多血,是一场大灾难。但是,当他听到克律桑提乌斯仍能说话,没有受到损伤时,他对我说:"全城都在指责你做了一件可怕的事,但是,他们看到克律桑提乌斯无恙时,会立刻闭嘴。"我回答说,我知道什么是正确的治疗方法,赫勒斯滂提乌斯于是做出一个动作,仿佛他要整理书本,去听克律桑提乌斯上课。但是,事实上,他离萨尔迪斯而去。不久,他的胃染上疾病导致身体状况急转直下,于是改变行程前往比提尼亚的阿帕美(Apamea),在严肃劝告他的伙伴普罗科皮乌斯(Procopius)只应敬重克律桑提乌斯之后,在那里去世。然后,普罗科皮乌斯依照他的劝告前往萨尔迪斯,向克律桑提乌斯叙述了这些事。

在第二年同一个季节,初夏时节,克律桑提乌斯因病求助同样的治疗方法,尽管我事先就告诉医生们,他们必须像往常那样等我到来,但是他们到达时没有通知我。克律桑提乌斯伸出胳膊给医生,由于放血量过大,他的四肢松弛,各处关节疼痛异常,不得不躺在床上。奥利巴西乌斯被立即招来，由于克律桑提乌斯的缘故，他凭借高超的医术，近乎违背自然法则，运用缓解疼痛的热敷，克律桑提乌斯僵硬的四肢几乎恢复活力。不过，年老还是占了上风，因为此时克律桑提乌斯已近 80 高龄。由于过度热敷，再加上年老对他的影响，体温迅速上升。高烧 4 天后，他离开人世，前去接受他应得的命运。

24

克律桑提乌斯的哲学继承者是拉克戴蒙人厄琵格努斯（Epigonus of Lacedaemon）和萨尔迪斯的博洛尼西阿努斯（Boronicianus of Sardis），这两人都配得上哲人的头衔。不过，博洛尼西阿努斯更慷慨地向美惠女神献祭，具备一种与同伴密切交往的特殊才能。愿他长命百岁！